해양국가 일본, 그리고 사무라이

해양국가 일본, 그리고 사무라이

10

신종대 지음

이 저서는 2017년 부경대학교 CORE사업운영지원금의 지원을 받아 수행된 저서임

책머리에

　어떤 사회나 국가를 이해할 수 있는 문화코드는 여러 가지가 있다. 지금까지 많은 연구자들은 일본인들만이 가지고 있는 독특한 사고방식이나 의식구조를 다양한 주제를 가지고 연구해 왔다. 여기에 필자는 일본을 이해 할 수 있는 문화코드로 무사계급을 추가하고자 한다.

　프랑스의 사회학자가 엠마뉘엘 토드Emmanuel Todd에 의하면 가족제도, 가족관행이 그 민족이 만드는 이른바 조직의 행동 패턴에 영향을 준다고 했다. 또 일본근세역사학자인 이소다 미치부미磯田道史는 '가족에게서 일어나는 일은 회사에서도 국가에서도 일어난다.'고 했다.

　오랫동안 일본은 같은 동아시아 문화권에 속하는 한국이나 중국, 베트남과는 다른 독특한 무사문화를 만들어내었다. 에도 막부가 붕괴되고 150년이 지난 지금도 일본은 무사들이 완고하게 지켜온 전통이 일본인들의 생활 깊숙이 영향을 미치고 있다. '사무라이 블루', '사무라이 재팬'이라는 말이 있다. '사무라이 블루'는 일본남자축구대표팀, '사무라이 재팬'은 프로야구일본대표팀의 애칭이다. 이것은 무사·사무라이라는 단어가 일본인들의 마음속에는 선명하게 각인되어 있다는 것을 의미한다.

700여 년 동안 지배층이 문인文人이 아니라 칼 찬 무사였다는 것은 이들에 의해 형성·발전되어 온 전통이나 문화가 일본인들의 일상생활은 물론 행동패턴, 사고방식 속에 숨 쉬고 있다는 것은 어쩌면 당연한 것일는지도 모른다.

'잇쇼겐메이一所懸命'라는 단어가 있다. 현대일본어 가운데 사용 빈도가 많은 단어 중 하나로 일본인들의 근본정신이라고 해도 과언이 아닐 정도로 일본인들과 관계가 깊은 단어이다.1) 이것은 무사들의 근본정신으로 일본인들의 의식 속에 연연히 계승되어 왔다. 이처럼 오늘날 일본사회, 일본인들에게서 볼 수 있는 고유의 특성을 무사들의 생활방식과 정신에서 찾을 수 있다.

일상생활에서는 무사들의 스테이터스 심벌이었던 다도茶道, 결혼식 때 입는 하오리하카마羽織袴, 스모선수의 머리스타일인 오이쵸大銀杏, 근면하고 예의바른 일본인 등 이런 것들은 사실 무사와 깊은 관계가 있다.

다도는 중세시대 무사들 사이에서 한 사람의 제대로 된 무장이 갖춰야 하는 덕목으로 인식되었다. 즉 시를 즐기고 다도를 할 줄 알아야 한다는 것이 당연한 것처럼 여겨졌다. 다도를 취미로 할 수 있을 때, 비로소 한사람의 무장으로 인정했다는 이야기이다.

다도는 취미로만 한정되었던 것은 아니었다. 오다 노부나가織田信長는 다도를 가신단 통제의 일환으로 잘 활용한 인물로 알려져 있다. 노부나가는 논공행상으로 다기와 다회를 열 수 있는 권리를 나눠주

---

1) 가마쿠라시대의 무사들이 조상대대로 고생하면서 개간했거나 목숨을 걸고 싸워 획득한 영지를 목숨을 걸고라도 지켜내야만 한다는 심정을 나타낸 표현이다.

기 시작하면서 전국 다이묘들 사이에서 크게 유행을 하게 된다. 오다 노부나가는 '다도는 곧 정치이다茶の湯は御政道'라고 말할 정도로 다도를 정치적으로 이용했다.

현재 남자의 정장예복으로 많이 착용하는 하오리하카마羽織袴는 에도시대에는 무사들의 약식예복이었다. 에도시대 중기 이후에는 서민남성들이 최고예복으로 입기 시작했다. 메이지시대가 되면서 태정관포고太政官布告에 "다섯 개의 검은 문양이 들어간 하오리하카마"를 남성의 예복으로 한다고 정하면서 지금의 남자예복이 되었다.

사무라이도 서민도 기본적으로 사카야키月代형 머리 스타일에 상투를 트는 것은 바뀌지 않지만, 상투 크기나 굵기, 휘어진 정도 등은 신분·직업과 나이, 취미 등에 따라 차이가 있었다. 물론 무사나 서민 모두 두 번 접은 상투 모양이 기본이고, 사무라이의 틀어 올린 머리는 일반적으로 큰 은행잎 모양이었다. 현재 스모선수의 쪽진 머리로 묶은 오이초大銀杏는 상투 앞부분을 커다란 은행잎처럼 과장한 것으로 본래 사무라이의 묶은 머리였다.

무사의 영향은 눈에 보이는 일상뿐만 아니라 조직과 의사결정 등의 행동패턴에서도 나타난다. 이것은 역사의 철칙이지만 오랜 기간 동안 육성되어 온 조직문화는 쉽게 없어지는 것은 아니다. 에도시대의 막부 정치와 지방 번 조직은 현대 일본의 정치 일번지인 나가타쵸永田町정치 및 행정조직, 군대조직, 기업문화에도 반영되고 있다. 이뿐만 아니라 무사의 영향은 일본인들의 이름체계와 친족관계에도 남아 있다. 따라서 본 총서에서는 동아시아 3국 가운데 무사계급의 전통이 뿌리 깊게 남아 있는 일본의 생활문화사를 중심으로 꾸몄다.

일러두기

1. 인명과 서적명(書籍名)은 본문에서 원어를 병기하였다.
2. 외래어로 굳어진 외국어는 표준 표기대로 하고, 기타 고유명사나 음역하는 외국어는 발음에 가장 가깝게 표기한다.
3. 단행본, 정기간행물에는 『』를, 논문은 「」를 사용하였다.
4. 인명은 한국에서 널리 알려진 이름으로 표기하였다. 가령 도쿠가와 이에야스(德川家康)의 경우 덕천가강이라 하지 않고 도쿠가와 이에야스라 표기한다.

목 차

서언

무사를 모르면 일본사를 알 수 없다고 하면 이상하게 들릴는지 모른다. 사실에 기초해 일본이라는 나라의 현실을 생각해보면 무사라는 것에 대한 고찰이 매우 중요하다고 말하고 싶다. 본래 가마쿠라시대부터 메이지 유신에 이르기까지 일본의 정권을 담당해 온 것은 무사였다는 것은 틀림없는 사실이다. 군사적인 안정과 안보가 얼마나 확보되었느냐에 따라 시대 정치와 경제에도 큰 영향을 미친다. 이것은 예나 지금이나 변함이 없다. 무사라고 하면 영웅적인 무장의 활약, 피가 끓어오르는 전투의 용감함, 이른바 말 타고, 칼을 휘두르는 이미지를 떠올릴지도 모른다. 물론 무사를 이야기할 때 이것을 빼고 설명하기란 쉽지가 않다. 하지만 본 총서에서는 전투를 업業으로 하는 무사가 아닌 생활인으로서의 무사에 초점을 맞추어서 2부 구성으로 꾸몄다.

먼저 제1부 해양국가 일본의 역사와 문화에서는 제1장. 동·서양의 문화교류와 해양국가 일본, 제2장. 역사를 보는 관점, 제3장. 일본의 역사와 문화로 구성하였다.

제1장에서는 인류의 문화교류과정을 간단하게 살펴본다. 인류의 역사가 시작되고, 문명은 동서양의 활발한 문화교류를 통해서 발달해

왔다. 동양과 서양의 문화교류가 섬나라 일본에는 어떤 영향을 미쳤는지를 소개한다. 이것은 본격적인 일본문화의 속살을 보기에 앞서, 유라시아 대륙을 무대로 하는 동양과 서양의 문화교류, 일본과 동서양의 문화교류라는 관점에서 일본문화, 역사가 어떤 과정을 거치고, 영향을 받으면서 지금에 이르게 되었는지를 알아보기 위함이다. 지리적으로 보면 동아시아의 끄트머리에 위치하고 있는 일본열도가 동서양의 문화교류와는 상관없이 독자적인 역사와 문화를 만들었을 것 같지만, 그렇지 않다. 오히려 외부로부터 유입되어 들어온 인적/물적 요소가 일본역사를 변화시켰으며, 일본적인 문화를 만들어내었다고 할 수 있다. 원시시대에서 고대로 넘어가는 시기에는 동양으로부터, 그리고 중세에서 근세, 근세에서 근대로 넘어가는 시기에는 서양의 영향을 받으면서 지금의 일본이라는 국가가 만들어졌다. 세계사적인 시점視点에서 보면, 분명, 일본도 시차는 있었지만, 동서양의 문화교류의 영향권 안에 있었다는 것을 알 수 있을 것이다.

역사라는 것은 단순히 과거를 알고 현재를 아는 것에 머물지 않고 미래까지도 예상할 수 있다. 역사의 흐름을 알기 위해서는 몇 가지 관점을 가지고 보는 것이 중요하다는 생각을 하게 된다. 그래서 2장에서는 역사 속에 내재하는 의외의 사실과 필자가 설정한 다섯 가지의 관점을 기술하였다. 3장에서는 일본의 역사와 문화를 시대별로 기술하였다.

제2부 무사문화에서는 제1장. 무사란 누구인가. 제2장. 무사와 일본·일본인, 제3장. 무사의 생활과 문화, 제4장. 닌자(忍者)로 구성하였다.

제1장에서는 시대별 무사 유형과 무사와 일본인의 이름, 제2장에서는 무사문화가 만들어낸 일상 및 행동패턴, 제3장에서는 중세와

근세 무사의 생활과 문화, 그리고 교양생활에 대해서 기술하고 있다. 제4장에서는 쿨 재팬Cool Japan의 대표주자로 많은 관심을 받고 있는 닌자에 대해서 지면을 할애하고 있다.

중세 무가武家에서 성姓, 氏, 名字과 이름名前은 주군과 가신의 종적 관계뿐 아니라 무사 상호간의 횡적 연대를 강화 발전시키기 위한 수단으로 인식되었다. 무사계급이 일본역사와 문화에 끼친 영향은 헤아릴 수 없을 정도로 많다. 그 가운데 본 총서에서 특히 주목한 것으로 무사와 일본인의 이름, 그리고 양자제도이다. 성姓, 氏, 名字이 동족명同族名을 나타내는 반면 개인적인 호칭인 이름名前은 부모가 자녀에게 붙여주는 단순한 기능밖에 없었던 것이 아니라 사적 결합私的結合을 효율적으로 맺어주는 매개체로 기능했다.

중세 무사에게 있어서 성은 친족집단의 심벌이자, 족적연결고리로써 기능하고 있었다. 한편, 이름은 개별적인 주종 관계를 나타내는 키워드라고 인식되고 있었다. 그뿐만 아니라 성과 이름은 무가에서는 권력과의 상관관계를 엿볼 수 있는 중요한 포인트가 되는 것이다.

일본의 역사 과정으로 보면 이름은 근대 메이지시대明治時代를 전후로 크게 바뀐다. 메이지 정부는 태정관포고太政官布告를 통해 이름名前을 하나만 사용하도록 했다. 메이지 이전 일본인은 오랫동안 복잡한 이름 체계複名体系를 하고 있었다. 남성은 실명実名과 통칭通称을 병칭하는 등 일생 동안 여러 차례 개명改名해 몇 가지 이름을 갖고 있었다. 성인이 되기 전에는 아명, 성인이 되고 난 후에는 공적인 경우에 사용하는 이름과 사적으로 사용하는 이름 등 복명을 가지고 있었다. 하지만 한 사람이 여러 개의 이름을 가진 이유를 쉽게 설명하기는 쉽지 않다. 이는 전근대 일본사회에 대한 전반적인 지식과 이해가 있어야 가능하게 된다. 또한 같은 시대에도 남성의 이름과 여성의 이름에는 상당한 차이가 있었다.

일본은 지배·피지배 계층에 관계없이, 양자제가 발달해 있었다. 에도시대 무가에서는 비교적 신분이 낮은 계층으로부터 인재를 찾아내 주인으로 했다. 양자제는 무가에 한하지 않고 조닌·농민의 이에家에서도 볼 수 있는 대표적인 의제적 친족관계일 뿐만 아니라 일본의 보편적인 가계계승 방식이었다. 그리고 일본의 양자제를 생각해 볼 때, 흥미로운 사실이 몇 가지 있다. 그 중 하나가, 에도막부 말기·메이지 초기, 역사의 전환기에 활약한 인물 중에는 양자가 많았다는 것이다.

제1부

해양국가 일본의 역사와 문화

제1장. 동·서양의 문화교류와 해양국가 일본

1. 지리적 지식과 이해

(1) 지리적 지식의 확대

인간은 지구상의 각 지역에서 다양한 사회적 집단을 형성하고, 자연을 적극적으로 이용하여 자원을 개발하고 산업을 발전시켜왔다. 이뿐만 아니라 오랜 옛날부터 다른 지역 사람들과의 교류를 통하여 생활을 향상시키고 문화를 발전시켜왔다.

지리적 지식은 이러한 인간의 사회생활이 지역에 따라서 어떠한 특색을 가지고 있는가를 밝히는 것으로 중요하다.

지리적 지식이란, 지표상에서 인간생활의 전개에 관한 정보로 지리적 지식은 사회가 발달하고 인간들의 생활 영역이 확대되어감에 따라 풍부해지고, 보다 넓은 범위에 걸쳐서 얻을 수 있게 되었다.

원시사회의 지리적 지식은 인간들이 생활하고 행동하는 범위와 물자교환에 의해서 맺어진 범위에 한정되었다. 고대·중세시대는 국왕·귀족·외국과 교역하는 상인 등 일부 특권 계층을 제외하고는 제한된 토지에 정주하면서 생활하는 일반인들의 지리적 지식은 좁았다.

15 · 6세기 대항해시대(지리적 발견 시대)가 되면서 유럽인들은 먼 바다로 항해하여 새로운 지역에 진출하려는 노력을 통하여 교역 활동과 포교 활동을 통해서 세계 각지의 지리적 지식을 유럽인들에게 확대시켰다.[2]

18 · 19세기, 산업혁명에 성공한 유럽 제국은 근대 공업의 발전과 동시에 자본과 무력을 배경으로 세계 각 지역을 식민지 · 반식민지로 분할하여, 유럽 중심의 국제적 분업 체제를 구축하였다. 그 결과, 세계 각 지역은 유럽을 중심으로 하나로 연결되기에 이른다. 상품 경제의 확대와 국제 정치의 긴밀화에 의해서 생겨난 지리적 지식은 각각의 국가의 사회 · 경제 발전 조건으로 큰 역할을 다 하였다.

현대의 지리적 이해, 근대국가에 있어서 국민교육의 보급은 경제 발전을 위해서는 빠뜨릴 수 없는 것이 되었다. 그 결과 국내외의 지리적 지식은 넓게 국민 전체의 것이 되었다. 세계인들이 상호 간의 이해를 깊이하기 위해서는 자신의 국토와 세계 각 지역에 대해서 정확하면서도 과학적인 지리적 이해를 가질 필요가 있다. 그것은 사람들의 생활 향상에 기여할 뿐만 아니라 세계 각 국이 상호 간의 문화를 존중하고 평화로운 국제관계를 실현하기 위해서도 필요한 것이다.

(2) 민족과 문화, 그리고 인종

인간은 다양한 집단을 이루면서 생활하고 있다. 민족이란 의식주와 언어 · 문화 · 종교 · 풍속 · 습관 등 문화의 공통성과 결합에 의해서 특징 지워진 사회집단으로, 사람들이 장구한 역사 속에서 공통의

---

2) 콜럼버스(1446-1506)의 신대륙발견, 바스코 다 가마의 인도항로발견, 마젤란의 세계일주, 18세기 쿠크 선장의 태평양 탐험 등.

전통을 계승하며 지역적인 연대의식을 형성시켜 왔다. 이처럼 세계의 각 민족은 각각의 민족을 특징짓는 공통의 문화적 요소를 가지고 있으며, 인간관계에서 가장 기초적이며 자연발생적인 사회집단이다. 그러나 언어나 의식주처럼 민족이 형성되기 전부터 있었던 요소도 있어, 개개의 문화적 요소의 분포는 민족의 분포와 반드시 일치하지는 않는다. 또한 동일민족 안에서도 문화적 요소의 지역적 차이가 있는 지역문화가 형성되었다.

한편 문화는 경제활동과 관계가 깊고, 상품경제의 침투로 인해서 획일적인 문화가 보급되어 가는 경향이 있다. 19세기 이후 세계에 널리 퍼진 유럽문화가 좋은 예이지만, 제2차 세계대전 후 민족의 자립과 동시에 민족문화와 지역문화를 소중히 여기는 움직임이 강해졌다.

인간을 체질적인 특징에 따라 분류한 것을 인종이라고 한다. 민족과 인종은 다른 개념으로 민족의 차이가 동시에 인종의 차이를 의미하는 것은 아니다. 그러나 이질적인 민족 사이에서는 인종적인 차이를 볼 수 있는 경우가 있기 때문에, 민족의 대립이나 우월의식에 근거한 인종적 편견 또는 인종차별이 발생하기도 한다.

현대 세계에서 각 민족은 특색 있는 근대적 국가를 형성하고, 국내적으로는 여러 지역에서 다양한 생활을 펼치고 있으며, 국제적으로는 정치적·경제적 단위로 교류하는 등 상호간에 밀접한 관계를 유지하고 있다. 이처럼 국가는 정치주권과 경제활동의 지역적 단위이며 또한 일반적으로 문화적 통일체로서도 기능하고 있기 때문에, 현대 세계를 지역적으로 고찰하는 가장 기본적인 단위가 되고 있다.

따라서 인간집단의 사회적 결합에 대한 고찰과 동시에 사람들과 지표의 자연과의 관계에 대해서도 구체적으로 고찰 할 필요가 있다.

각각의 사회를 구성하는 사람들의 생활의 무대가 되고 있는 자연은 자연환경이라고 불리며, 사회의 존재와 무관계로 고찰 할 수 있는 자연과는 구별해서 취급해야 한다.

옛날부터 인간의 사회생활과 문화는 자연환경에 의해서 숙명적으로 결정 지워졌다는 생각環境決定論과 현대 세계를 정확하게 파악하기 위해서는 사회적으로 생활하는 인간들이 주체적으로 자연환경을 이용하고, 때로는 자연환경을 개조하면서 살아가는 방법環境可能論을 배워야만 했다.

사회라는 집단생활에 있어서 인간은 자연환경이 잠재적으로 가지고 있는 다양한 가능성을 끌어내어 현실생활에 기여할 수 있도록 활용함으로써 사회생활을 유지하고 있다. 자연환경은 어디까지나 현실에서 사회생활을 해나가기 위한 조건에 불과하며, 자연환경이 사회생활을 실현한다든지 결정한다든지 하지는 않는다. 인간사회에 있어서 자연환경이 가지는 역할은 각각의 국가가 어떠한 사회체제를 취하고 있느냐에 따라서도 다를 수가 있으며, 또 그들 국가·사회가 발전함에 따라 자연환경이 가지는 의미도 역사적으로 변화해 간다.

반면, 사회환경이란, 자연환경에 대한 인간과 인간과의 사회적인 관계, 즉 사람들 생활의 상호관계와 국내 및 국제적인 정치·경제·사회적인 관계를 말한다. 따라서 인간과 자연과의 관계를 나타내는 자연환경과는 기본적으로 다르기 때문에 분명히 구별해서 파악하여야 한다.

1장에서는 일본이라는 지역 및 국가, 그리고 일본인을 깊이 이해하는데 필요한 기본적인 지식을 제공한다. 인류의 역사가 시작되고, 활발한 문화교류를 통해서 인류 문명은 발달해 왔다. 먼저 본격적인 일본문화의 속살을 보기에 앞서, 인류의 문화교류과정을 간단하게 살펴보고, 동양과 서양의 문화교류가 섬나라 일본에는 어떤 영향을 미쳤는지를 소개한다.

일본에 관한 이야기를 시작하기 전에, 우선 이 열도 사회를 일본이라 부르고, 그 주민들을 일본인이라 부르게 된 역사적 과정에 대해 확인해둘 필요가 있을 것이다. 일본사회나 일본인, 일본문화도 모두 역사 과정 속에서 생겨난 것으로 이해해야 할 것이며, 그 과정은 현재에도 진행 중이다. 사회나 문화라는 틀로 일본을 설명하게 되면 일본에 대한 고정관념이나 이미지를 만들어내게 되고, 그것을 먼 과거에까지 투영하거나 열도의 구석구석까지 적용함으로써 대상을 실체화하기 쉽다. 이는 아무리 조심을 하더라도 쉽게 피할 수 없는 문제이다. 일본이라는 관념이 도대체 언제 어떻게 성립하였는가 하는 문제는 일본의 역사나 사회, 문화를 다루는 데 가장 기본적인 과제라고도 할 수 있을 것이다.

2. 열도의 입지 조건

일본의 사회와 문화를 규정하고 있다고 생각되는 요인으로 자연환경과 기후 등 일본열도의 입지 조건을 들 수 있다.

동아시아에서 일본이 처한 입지 조건으로는 무엇보다도 대륙으로부터 바다를 사이에 두고 주변에 위치하고 있다는 것을 들 수 있고, 그것이 중화 문명권 안에서 열도 사회의 주변성을 규정해왔다고 할 수 있다. 그 점에서 한반도와의 차이는 명료해진다. 조선은 대륙의 동쪽 끝 반도부에 위치하기는 하지만 대륙의 한 구석을 차지하고 있었기 때문에 역대의 왕조사회는 중화문명의 영향을 직접 받았고, 특히 조선왕조는 정치적으로도 명나라 및 청나라에 대한 책봉 체제 안에 편입되어왔다. 하지만 다른 한편으로는 반도라는 주변적인 입지가 내륙으로부터의 군사. 정치적인 영향에 대하여 완충지대로서의 조건을 갖추고 있고, 문화면에서는 중화라는 대전통의 강한 영향에 노출된 반면 독자의 토착적인 문화 전통을 유지할 수 있는 조건을 갖추었다고 할 수 있다.

이에 비하면 일본열도는 한반도로부터 더 나아가 바다를 사이에 둔 주변부에 위치하고 있었으므로, 정치. 군사뿐 아니라 문화면에서도 중화문명의 체계적인 세계관으로부터 받는 영향이 한반도보다도 훨씬 한정되어 있었다. 유교라는 인간관. 사회관을 공유하면서 상정돼온 동아시아의 사회질서에서 일본은 그 외변부에 자리하고 있었다고 하지 않을 수 없다.

유교의 가르침을 적극적으로 받아들인 한반도 사회와 비교하면 열도 사회의 주변성이 명료하게 드러난다. 조선에서 볼 수 있는 것과 같이 유교의 규범 체계를 생활 안에서 실천하는 것을 이상으로 내건 유림 사회가 일본에서는 성립하지 않았다. 에도시대의 사무라이 사회에서조차 고전의 소양으로서 단편적으로 배우기는 해도 세계관으로부터 국가나 가족 그리고 개인의 행동 규범에 까지 미치는 보편적인 이념 체계로서 유교를 수용했다고는 할 수 없다. 또한 유교의 사회 이념에 기초한 인민 교화와 사회 통치를 내세운 것으로 스스로의 정통성을 입증하는 왕조도 일본에서는 성립하지 않았다. 조선에서는 문인 지식층뿐 아니라 농촌의 서당에서조차도 사서오경이 교재로 사용되었던 것에 비해, 일본에서는 유교의 이념에 기초한 민중의 교화 기관은 거의 볼 수 없었던 것이다. 마찬가지로 불교의 수용 양상도 과연 불교의 세계관을 어디까지 체계적으로 수용하였는지 수상할 정도이다.

다음으로 열도의 지리적. 생태학적 특징을 기후, 지형, 자연재해를 중심으로 간단하게 소개하면, 먼저 국토 면적 가운데 약 75%가 산지로 이 가운데 농업을 포함해 경제 활동을 할 수 있는 평지는 전국토 가운데 약 20% 정도에 불과하다.

산지는 비교적 젊고 험준하고, 국토의 대부분은 해발 천 미터 내외로 각지에 활화산과 휴화산이 많고 거주 가능한 곳은 하천의 침수와 범람으로 이루어진 충적沖積 평야, 하천 유역이나 산간의 분지로 통행이 불편하다. 이처럼 국토의 대부분이 산지인 관계로 예전부터 통행이 불편했다. 이런 자연적 환경으로 인한 불편은 지역적 특색을 달리하면서 발달해 왔다. 그리고 이러한 지형적 분할은 지방 분권적인 문화를 만들어 내었으며, 정치적으로는 중세 봉건제 사회의 성립에 유리했다고 할 수 있다.

고대 일본은 국토가 여러 개의 자치적인 소국가로 분할되어 있었다. 8세기경에 확정된 68개 국으로 표기하는 지방 행정 단위는 현재 일본의 행정 구역인 47도(1都, 東京都)・도(1道, 北海道)・부(2府, 大阪府・京都府)・현(43縣)의 원형이 되었다. 일본은 자연적 환경으로 인한 분할에도 불구하고 정치적으로나 문화적으로 통일성과 균질성을 가지고 있다. 일찍이 7세기에는 단일민족이라는 의식이 형성되었다. 단일민족이라는 생각은 수백 년간의 봉건체제가 이어졌음에도 불구하고 줄곧 일본인들의 마음속에 자리 잡고 있었다.

1억 2천7백만 명이 살고 있는 일본이지만 일본만큼 균질적인 국민은 많지 않다. 국토면적이 일본보다 작은 영국도 민족 간의 대립이 존재하고 있는 것에 비하면 일본은 그런 대립이 거의 없다.

세계의 어디에서나 농민은 자신들의 생활기반인 대지에 강한 집착을 가지고 있다. 오랜 농경문화의 전통이 남아 있는 일본인들도 이런 보편적인 감정뿐만 아니라, 자연에 대한 강렬한 미의식을 가지고 있다. 일본은 어디에서라도 바다까지 110킬로 이상 떨어진 곳은 없다. 어디에서나 산을 볼 수 있고, 많은 강수량으로 산림이 풍부하며 4계절이 뚜렷하여, 자연의 경치가 매우 맑고 아름다운 곳을 즐겨 찾았다. 남북으로 이어지는 열도 내의 지역적 편차가 각지에 다양한 생활문화를 초대하였다는 것을 들 수 있다.[3]

열도를 구성하는 홋카이도北海道. 혼슈本州. 시코쿠四国. 규슈九州의 네 개 주요 섬만 보더라도 북단에서 남단까지 위도로 보면 북위 45도에서 31도까지, 거리로 하면 1,900킬로에 이르며, 나아가 홋카이도로부터 남서 지역의 오키나와 제도 끝까지 포함하면 대략 3,000킬로가 된다. 위도의 차에 따라 기후의 차가 크고, 북단의 오호츠크 해안에는 매년 겨울이 되면 아무르 하구에서 흘러오는 유빙이 표착하여 해안까지 모두 메워버리고, 남단의 서남 제도 일대에는 산호초 사이로 열대어가 헤엄치고 있고, 식물도 열대. 아열대성의 것들을 풍부하게 볼 수 있다. 벚꽃의 개화도 규슈, 시코쿠에 비해 홋카이도에서는 2개월 가까이 늦어진다.

또한 우리의 동해 쪽인 혼슈本州의 서쪽에서는 겨울에는 대륙으로부터 바다를 넘어 불어오는 습한 계절풍이 눈을 내리게 하고, 평야부에서도 적설이 1미터에 달하는 곳도 적지 않으며, 배후에 높은 산악지대가 자리 잡고 있는 산간부에서는 적설량이 2미터에 이르는 곳도 있다. 이러한 호설 지방에서의 겨울 동안의 생활은 눈에 대한

---

3) エドウイン・O・ライシャワー/福島正光訳(1990)『ザ。ジャパニーズ・トウデイ』文芸春秋社 pp20~21.

대책이 큰 과제가 되곤 하는데, 한편으로는 이러한 계절적 특성 때문에 겨울 동안의 부업으로서 가내 수공업이 발달하고, 이것이 지바地場산업으로 발전하는 예도 적지 않다. 지바산업地場産業이란, 일정 범위의 지역에서 어떤 특정 업종의 중소기업들이 모여 있는 것으로 지바산地場産이라고도 한다. 반면, 태평양 연안의 관동 지방에서는 건조한 계절풍을 맞게 되는 겨울은 옛부터 화재에 대한 대책이 큰 과제였으며, 특히 목조건물이 나란히 서 있는 곳이나 에도와 같은 대도시에서는 방화나 소방을 위한 자치적인 협력 조직이 발달했다.

한편, 북쪽의 홋카이도나 미나미 지시마南千島 열도, 남서부의 잇키壱岐. 쓰시마対馬島, 고토五島 열도, 도카라トカラ. 아마미奄美. 오키나와沖縄 제도 등의 섬 지역은 지리상으로 보면 열도 안에서도 더욱 주변부에 위치하는데, 바다를 넘은 교류라는 점에 주목한다면 오히려 외부를 향해 열린 입지 조건이라고 할 수 있다. 이 점에 유의하면 혼슈 등의 중심부의 상황을 열도 전체에까지 일반화하여 섬나라로서의 고립성이나 폐쇄성만을 강조하는 것은 문제가 있을 것이다.

열도 내에서 이와 같이 남북 간, 오모테 니혼表日本 우라 니혼裏日本, 연해 도서부와 내륙부와의 사이에서 볼 수 있는 기후상이나 지리적인 편차가 열도 사회 각지에 생업을 비롯한 생활에 큰 다양성을 제공하고 있는 것이다. 또한 그와 동시에 바닷길이나 하천, 육로를 통한 열도 내의 물자의 유통이 일찍부터 이루어졌고, 이것이 열도 사회의 통합을 가능하게 했다고 할 수 있다.[4]

---

4) 이토 아비토 지음/임경택 옮김(2009) 『일본 사회 일본 문화』 소와당, pp61~63.

3. 문화교류와 문화의 발전

세계사적 관점에서 보면 이질적인 문화가 만나는 곳에 새로운 문화의 발전이 일어나는 경우가 많다. 인더스 문명과 기원전 1,500년경 중앙아시아에서 인도·이란 등으로 이주한 아리아민족[5]이 만나면서 고대인도사상이 발전하였으며, 아시아의 여러 민족이 중국과 인도의 문화와 만나면서 각각의 문화 발전이 일어났다든지, 헤브라이즘[6]과 헬레니즘[7]문화가 만나면서 유럽 문명이 형성되고, 이 유럽 문명과 아시아·아프리카의 토착문화가 만나면서 현대 중국과 미국, 라틴아메리카의 각각의 독자적인 문화가 형성되었던 것처럼 여기에서는 유라시아 대륙을 무대로 하는 동양과 서양의 문화교류, 그리고 일본과 동서양의 문화교류에 대해서 살펴보기로 한다.

(1) 동양과 서양의 문화교류

유라시아 대륙의 동쪽에는 중국과 인도, 서쪽에는 오리엔트[8]와 같이 세계에서 가장 오래된 문화권은 오랜 옛날로부터의 활발하게 문화교류를 해왔다. 예를 들면 기원전 2,500년 전부터 서 아시아산

---

5) 인도·유럽어족에 속하는 언어를 사용. 기원전 1,500년 경 중앙아시아에서 인도·이란 등으로 이주한 고대민족.

6) 고대 이스라엘 민족의 사상과 문화에서 유래하는 정신. 특히 기독교의 근간을 이루는 유일신 신앙을 말함.

7) 그리스적 사상과 문화에서 유래한 정신. 알렉산더의 동방원정 이후 그리스와 오리엔트 문화가 만나 생겨난 역사적 현상. 그리스 문화가 보급되어 동방적인 전제국가가 성립했으며, 문화는 세계시민주의, 개인주의적 경향이 강하고, 자연과학이 발달했다. 시기적으로는 기원전 334년 알렉산더의 동방원정부터 로마의 이집트병합(기원 전 30년)까지이고 지역은 그리스, 마케도니아, 알렉산더의 원정지역까지 포함한다.

8) 세계 최고의 문명이 형성된 아시아 남서부와 이집트를 통칭. 고대 동방. 넓게는 동북아프리카도 포함하며, 보통은 아시아를 지칭하지만 때로는 그 가운데에서도 극동지방을 가리키기도 한다. 반면, 오쿠시텐트(Occident)는 라틴어로 서방, 해가 지는 곳이라는 의미이다.

채문彩文토기9)가 극동의 중국 황하유역까지 전해졌다.

유라시아 대륙을 두고 동서를 연결하는 문화교류의 주요 루트에는 초원의 길(스텝루트), 비단길(실크로드), 그리고 해상의 길이 있다.

초원의 길은 유라시아 대륙 북부를 동서로 벨트 모양으로 펼쳐진 초원을 무대로 살아 온 유목·기마민족이 이용하던 교통로로 기마민족인 스키타이인들의 스키타이 문화가 대표적이다.

스키타이인은 기원전 6세기에서 3세기에 걸쳐 흑해 북안에 건설된 이란계 유목 기마민족으로 오리엔트와 그리스의 금속 문화의 영향을 받아 무기, 차 마구 등이 발달된 문화로 유명하며, 동물 장식을 특징으로 하는 독특한 미술을 만들어 냈다.

비단 길(실크로드)은 유라시아 대륙 내부의 사막에 산재散在하는 오아시스를 타고 가는 교역로로 최근에는 오아시스루트라고 부르기도 한다. 중국에서 서양으로 전해지는 대표적인 상품인 비단에서 명칭이 유래했다.

1세기경 인도에서 불교가 중국으로 전해진 길이기도 하다. 그 후, 오랫동안 동아시아에 불교가 전래되는데 중요한 역할을 담당하였다. 이 루트의 중앙부에 해당하는 인도의 간다라에서는 기원전 1세기 경, 그리스 조각의 영향을 받은 불교가 발달하여, 그리스·이란·인도의 문화가 융합된 불교미술, 간다라미술이 성립되었다. 이 간다라미술은 동쪽으로 전파되어 중국과 한반도를 거쳐 일본에 전래되었다.

이 루트를 통해 그리스의 파르테논 신전의 기둥 양식인 엔터시스식 기법이 고대 일본의 사원건축에도 전해져, 우리에게는 법륭사法隆寺로 알려진 호류지의 기둥에서 그 영향을 확인 할 수 있다.

---

9) http://www.karakusamon.com/orient/mugi_yagi.html

그리고 6세기 경 고대국가의 기틀을 마련한 쇼토쿠태자聖德太子(574~622)의 이름에서도 동서양의 문화교류를 짐작할 수 있는 흥미로운 사실을 발견할 수 있다. 쇼토쿠라는 호칭은 죽어서 후세에 붙여진 이름으로 생전에는 우마야도오지厩戸皇子, 즉 마구간왕자라고 불리었다. 마구간왕자라는 이름은 일본의 오래 된 역사서『니혼쇼키日本書紀』에 '성스러운 아이는 마구간에서 태어난다.'는 데서 유래했다고 한다.

이 이야기는 예수 그리스도의 탄생과 매우 유사하다는 것을 알 수 있을 것이다. 쇼토쿠태자는 예수가 태어나고 약 600여 년이 지난 후의 인물이다. 예수의 탄생과 관련 있는 '성스러운 아기는 마구간에서 태어난다.'는 전설이 6세기경, 일본에서도 회자되었다는 것은 단순히 우연의 일치라고 보고 지나치기는 어렵다. 시간의 차이는 있지만, 예수의 탄생과 관련된 이 이야기가 일본까지 전해져 일본의 고대사의 기초를 만든 쇼토쿠태자의 탄생신화로써 각색되어진 것으로 추정할 수 있다. 실제로 경인京人이라고 불리는 기독교인이 고대 일본 조정을 방문했다는 기록이 이를 뒷받침해 준다.

해상의 길에서는 계절풍을 이용해서 이집트와 인도가 오랜 옛날부터 무역을 해 왔으나 166년에는 로마 황제 마르크스 아우렐리우스 안토니우스(121-180)가 보낸 사절이 바다를 통해 중국으로 갔으며, 1498년 포르투갈의 바스코 다 가마(1469년경-1524)가 희망봉을 돌아 유럽-인도 항로를 열었다.

바스코 다 가마는 이전부터 인도양을 무대로 활약하고 있던 아랍인 뱃사람의 도움을 받았다. 이것을 계기로 먼저 포르투갈인이 아랍 상인들을 제치고 동양의 각 지역으로 진출하고 스페인, 네덜란드가 뒤를 이었다. 17세기에는 영국과 프랑스가 이들을 대신해서 해상에서의 주도권을 장악하면서 유럽의 문화가 정치력과 경제적 지배력을 앞세워 아시아 각 지역으로 전파되어 나간다.

근대 아시아는 유럽의 문화를 받아들이면서 서구화와 근대화가 시작되었으며, 한편에서는 민족주의(토착주의·전통주의)가 대립과 통합을 반복하게 된다. 일본의 역사와 문화도 이처럼 예외 없이 동서양의 교류의 연장선상에서 형성·발전해 왔다는 점을 놓쳐서는 안 될 것이다.

(2) 대항해시대와 일본

지금까지 동서양의 문화교류의 루트에 대해서 알아보았다. 그런데 오랜 옛날부터 동서양이 초원의 길이나 비단길처럼 육로를 이용하는 방법이 있음에도 불구하고 유럽인들이 위험부담이 많은 해상의 길을 선택하게 된 이유는 무엇 때문일까? 유럽인들이 바다로 가게 된 이유, 좀 더 정확하게 말하자면 유럽인들이 바다로 갈 수밖에 없었던 이유를 알아보고, 유럽인들의 눈에 비친 일본에 대해서 소개하기로 한다.

콜럼버스가 신대륙을 발견하기 전까지만 하더라도 서 유럽은 인도와 중국에 팔 수 있는 경쟁력 있는 기술과 상품이 별로 없었다. 당시 유럽은 문화나 기술력이 아시아나 이슬람권에 비해서 상대적으로 허약했다. 비단, 자기, 향신료와 같은 고급 소비재에서 종이에 이르기까지 유럽은 많은 물품을 동방에서 수입해야 했다.

그러다가 1453년, 오스만 세력이 콘스탄티노플을 점령하게 되자, 서 유럽에서는 새로운 무역 루트를 찾기 위해서 미지의 세계와도 같은 대서양으로 나가게 된 것이다. 동쪽 무역로를 이용하려면 오스만 제국에게 비싼 통행료를 바쳐야 했기 때문에 육로를 경유해서 풍요의 땅인 인도와 중국으로 가기에는 힘이 부쳤기 때문이다.

전통적인 교역로였던 육로가 막히게 되면서 바다로 진출하게 된 유럽국가들 가운데 선두 주자는 이베리아 반도에 있는 작은 나라 포르투갈이었다. 이 작은 나라가 유럽의 해상 팽창의 전위 역할을 하면서 아프리카, 아시아, 남아메리카 세 대륙에 걸친 해상제국으로 발전해 나간다.

국토 면적 9만 제곱킬로미터에 인구는 1백만 명에 불과했던 소국이 단기간에 광대한 교역망을 건설한 것에 대해서 역사가들은 기적에 가까운 일이라고 했다. 작은 나라가 세계로 뻗어나가기 위해서는 우선 많은 인구 유출이 불가피했다. 16세기에 해외로 나간 포르투갈인은 대략 10만 명으로 추산되는데 이는 전체 인구의 10퍼센트에 해당하는 것이며, 남자 인구로만 본다면 35퍼센트의 비중이었다.

또 외국에 나간 사람들 가운데 다수가 사망했는데, 인구대비비율을 계산해 보면 각 세대마다 남자 인구의 7~10퍼센트가 희생된 셈이다. 포르투갈의 기적은 이런 엄청난 희생을 대가로 얻어낸 것이었다.[10]

당시 유럽은 인도와 아시아에서 수입하는 후추 등의 향신료가 큰 인기를 끌면서 그 무역이 활성화되었다. 결국 향신료를 확보하기 위한 무역은 새로운 식민지 개척으로까지 이어지게 되었다. 그 경쟁에서 선두를 점한 포르투갈이 아프리카 남단의 희망봉을 발견하고 인도항로를 개척하면서 경쟁국인 스페인은 제네바 상인 콜럼버스를 통해 새로운 항로 개척에 주력하게 된다.[11] 세계사에서 근대를 주도

---

10) 주경철(2002) 『문명과 바다』 산처럼, pp78~79.

11) 콘스탄티노플이 이슬람교도들에게 들어간 뒤로 제노바에서 상인 훈련을 받았던 콜럼버스가 자연스

하게 되는 유럽제국의 등장은 오스만 제국의 성립이라는 위기를 기회로 바꾸어 버린 포르투갈과 스페인에 의해서 시작된 것이다.

역사의 발전과정을 보면, 필연보다는 우연이 역사를 바꾸어 버리는 경우가 많은데, 대항해시대의 개막은 그 전형적인 경우라고 할 수 있을 것이다. 이후 포르투갈과 스페인은 식민지로 끌어들인 아메리카에서 대량의 금과 은을 약탈했으며, 남미가 원산지인 고구마와 감자가 전파되면서 유럽은 고질적인 기근에서 벗어날 수 있었다고 한다. 그 덕분에 유럽은 늘어만 가는 아시아와의 무역적자를 만회할 수 있었다. 요즘 식으로 표현하면 '바다로 나간 것이 대박!'이었던 것이다.

남유럽 국가인 포르투갈과 스페인이 힘들고 위험한 해상무역에 달려들어 어느 정도 사업이 안정되고 큰 이윤을 창출하자 후발 주자로 네덜란드나 영국, 프랑스와 같은 서유럽 국가들이 본격적으로 바다로 진출하기 시작했다.

1) 대항해시대 이전

그런데 유럽인들이 바다를 선택하게 된 이유나 콜럼버스가 신대륙을 발견한 것이 '일본'과 어떤 관계가 있을까?

바다를 특정 세력이 '지배'한다는 개념이 만들어진 것은 공격적으로 해외 팽창을 시도하던 근대 유럽에서부터다. 이전까지 대부분의 문명권에서는 육지와는 달리 바다는 통치의 대상이기보다는 그저 텅 빈 공간 혹은 누구나 왕래할 수 있는 공로公路라는 인식이 일반적이

레 값이 싸게 먹히는 무역로를 찾으려면 서쪽으로 갈 수밖에 없었던 것이다. 당시 스페인과 포르투갈에는 제노바 사람들의 공동체가 여럿 있었고 그곳에서 그는 기회를 엿보았다. 대서양 연안 국가 포르투갈은 이미 남쪽 아프리카 연안을 따라 항해하면서 아시아로 가는 루트를 찾고 있었으므로 콜럼버스에게는 서쪽 루트밖에 선택의 여지가 없었다. 그 결과 아메리카 대륙을 발견하게 되었던 것이다.

었다. 아프리카 동해안으로부터 일본에 이르는 광활한 아시아의 바다는 바로 그런 인식 그대로 누구나 왕래하며 교역을 하는 장소였다.

해적과 같은 방해 요소가 없진 않았지만, 전반적으로 아시아의 바다는 자유로운 상업 무대였다. 상업 활동 중심지인 항구 도시들은 대부분 이방인 상인들의 진입과 활동을 막지 않았다. 후일 유럽 상인들이 비교적 쉽게 아시아의 교역 네트워크에 참여할 수 있었던 것도 원래 이 지역에서 이방인 상인들을 용인하는 특성 때문이었다.[12]

이런 식으로 발전해 오던 인도양 세계에 15세기부터 큰 변화가 연이어 일어났다. 이전의 초 장거리 항해 루트가 점차 권역별로 나누어져서, 아라비아 해, 벵골 만, 남중국 해 등이 각자 어느 정도 독립적인 세계가 됐다. 이런 구조적인 변화와 동시에 중국의 해외 활동에도 큰 변화가 일어났다.

잘 알려진 대로 대항해시대(지리상의 발견) 이전, 명나라의 환관 정화(鄭和)는 사상 최대의 선단을 지휘하여 아프리카 동해안까지 순항하여 인도양 세계 전체에 위세를 떨쳤다. 중국 역사에서 환관이 그렇게 중요한 군사적 직책을 맡은 것은 처음이었다. 기록에 의하면 "그의 눈썹은 칼 같았고, 이마는 넓었으며 호랑이 이마 같았다." 그의 입은 "바다 같았고," 언변은 청산유수 같았으며, 그의 눈매는 "요동치는 강물에 비친 빛처럼 번쩍였다." 고 기술하고 있다.

1371년 운난 성에서 태어난 정화鄭和는 그의 선조는 색목인, 원나라 때 몽골 정권에 귀순한 서방계 민족으로, 이슬람 교도였다. 주원장이 명나라를 세울 때 운난 성에서 포로가 되어 훗날 영락제가 되는 연왕 주체에게 헌상되었다. 그는 영락제의 명령으로 1405년부터

---

12) 주경철 앞의 책, pp19~20.

1433년까지 총 일곱 차례의 대규모 해상 원정을 통해 인도, 사우디 아라비아, 아프리카, 메카, 이탈리아 등 37개국을 순항했다. 그가 원정대를 이끌게 된 데는 연왕의 왕권 찬탈 과정에서 공을 세워 총애를 받았기 때문이기도 하지만, 그가 이슬람교도 출신의 색목인이라는 점이 크게 작용한 것으로 보인다.

35세의 정화는 황제의 명을 받들어 차근차근 원정준비를 해나갔다. 온 국가가 동원된 사역이었다. 함대의 중심이 되는 서양보선西洋寶船 가운데 가장 큰 것은 길이가 151.8미터에 폭이 61.6미터였다. 중간급도 126미터의 길이에 51.3미터의 폭이었다. 영국의 학자 밀스에 따르면, 보선의 적재중량은 약 2,500톤, 배수량은 약 3,100톤 규모라고 한다. 보선의 돛이 아홉 개나 되는 배도 있었다. 100년 뒤 대항해시대를 주도했던 포르투갈이나 스페인 범선들과는 차원이 달랐다.

1405년 가을, 317척에 이르는 함대는 2만7,000명 규모의 대원들을 이끌고, 남해원정에 올랐다. 그리고 1430년 선덕제 5년의 마지막 원정에 이르기까지 무려 7차에 걸친 대원정은 동서양 바다의 역사에 가장 획기적인 사건이었다. 그의 원정대는 동남아와 인도양을 샅샅이 훑고 다녔다. 동남아의 해역은 중국의 내해나 다름없었다. 난징에서 동남아, 동남아에서 인도양에 이르는 해로는 중국인들의 바다가 되었다.

중국 경덕진景德鎭의 자기磁器나 항주杭州의 비단제품이 해로를 통해서 전해졌고 대신 동남아와 인도양의 향신료나 특산물, 기린을 비롯한 진귀한 짐승들이 중국으로 반입되었다. 중국인들은 아프리카까지 시선을 넓혔다. 중국인들의 거대한 디아스포라diaspora도 이때부터 시작되었다.

정화의 원정 이후, 동남아 곳곳에 무역에 종사하는 화교 공동체가 생겨났다. 마닐라, 말라카 어느 곳을 가든지 화교들은 정화의 초상 앞에서 기도를 올린다. 삼보공三寶公 정화는 바로 화교들의 수호신이 된 것이다. 이러한 중국이 바다를 포기하자 서양은 바다를 향해서 뛰어들었다. 중국의 '해상 후퇴'와 곧바로 이어진 유럽의 '해상 팽창'은 세계사의 큰 흐름을 갈라놓는 중요한 분기점이다.

인도양은 물론이고 멀리 아프리카 호르무즈 해협까지 진출했던 명대의 중국이 왜 바다에서 발을 빼고 물러났을까? 루이즈 리베이츠의 설명을 바탕으로 살펴보기로 하자. 첫째, 대운하가 1415년에 개통되어 남쪽의 곡물이 북경으로 바지선에 의해서 운반될 수 있었다. 땅은 넓고 자원이 풍부한地大博物의 중국이 바다를 버리고 내륙으로 침잠할 수 있게 된 것이다.

둘째, 재정적 어려움이 가중되자 내륙과 해양 '두 개의 전선'을 지속적으로 관리하기가 힘들어졌다. 대륙강국continental Power이 해상강국sea power의 지위까지 넘볼 수 없다는 지정학적 징크스에서 거대 중국도 자유롭지 않았다. 북방 초원의 몽골족들의 위협도 만만찮았다. 더구나 황제가 몽골군에게 잡히는 수모를 겪은 토목의 변土木의 變(1449)이나, 장성長城을 우회했던 알탄 칸의 침입도 있었다. 여기에 조정의 재정도 제국 성립 당시와 달리 크게 악화되어만 갔다. 1448년에 있었던 황하의 범람은 정부의 재정을 더욱 고갈시켰을 것이다.

셋째, 문인관료들은 이런 상황을 적절하게 이용하여 바다와 무역을 통해 권력을 유지하고 있던 환관 세력들을 밀어내는 데에 성공했다. 1477년 병부시랑兵部侍郎은 정화 원정대가 남긴 문서를 모두 압수하여 불태워버렸다고 한다. 과거에 대한 기록을 모두 지워 다시금 해양 원정 이야기가 나오는 것을 막으려고 했던 것이다. 이 사건 이후 원양선박의 건조 기술이나 화약과 대포생산 기술은 점차 중국 장인들의 기억 속에서 사라져갔다.

중국 조정이 바다의 통제권을 버리고자 한 그 순간, 서양은 바다를 향해서 뛰어들었다. 1488년 바르톨로뮤 디아스가 희망봉을 돌았다. 600여 년 전 조선 태종 시대에 만든 세계지도 혼일강리역대국도지도混一疆理歷代國都地圖(1402)는 디아스가 희망봉을 발견한 1488년보다 무려 86년이나 앞서 나왔지만, 확실하게 아프리카의 존재를 그려놓았다. 1498년에 바스코 다 가마가 인도의 캘리컷에 닿았다. 캘리컷은 정화가 수차례 이용했던 원정대의 중간 기착지였다. 마르코 폴로(1254~1324)의 『동방견문록東方見聞錄』을 애독했던 콜럼버스도 1492년에 대서양을 건너 서인도 제도에 도착했다. 이제 바다는 서양의 무대가 되었다.[13)

2) 마르코 폴로의 동방견문록과 지팡구

지금까지 대항해시대를 연 유럽과 유럽의 대항해시대 이전, 중국의 인도양으로의 진출, 그리고 포기를 소개했다. 역사에서 만약이라는 가정은 없지만, 해외 원정으로 중국 내의 상업혁명이 촉진되고, 중국 중심의 세계 무역이 발달하면서 중국이 서양보다 앞서 주체적으로 근대화를 이룩했다면 어땠을까? 궁금해지는 대목이다.

지금부터는 유럽인들의 눈에 비친 일본에 대한 이야기를 해보기로 하자. 주인공은 마르코 폴로이다. 그는 1271~95년에 유럽에서 아시아까지 여행했으며, 17년 동안 중국에 머물렀다. 이 경험을 기록한 여행기 『밀리오네』는 흔히 마르코 폴로의 『동방견문록』으로

---

13) 이성형(2003) 『콜럼버스가 서쪽으로 간 까닭은?』 까치. pp44~46.

알려져 있는데, 지리학의 고전이 되었다. 마르코 폴로가 쓴 이 책 속에 지팡구, 바로 일본이 나온다.

지팡구의 유래는 중국어 '지·팡·쿠오'에서 '지팡구'로, 유럽에는 마르코 폴로가 처음으로 소개했다고 전해진다. 16세기 경, 포르투갈 인들이 남 중국어 발음을 차용해서 '쟈팡Japan' 이라고 부르면서 일본의 영문표기가 되었다고 보는 견해가 일반적이다.

중세 유럽인들의 세계관은 아시아의 여러 지역을 직접 보고 왔다는 각종 '여행기'들에 의해 확인되고 더 강화됐다. 마르코 폴로의 『동방견문록』에는 실제 그가 본 내용뿐 아니라 그가 들었던 소문, 심지어는 그가 믿고 염원하는 것, 상상하는 것까지 뒤섞여 있었다.

그가 그리는 아시아의 모습이 대개 엄청난 과장으로 부풀려져 있는 것도 이 때문이다. 예컨대 중국의 항저우杭州에는 모두 1만 2천 개의 돌다리가 있고, 게다가 이 다리의 아치가 얼마나 높은지 그 아래로 배들이 돛대를 접지 않고도 쉽게 지나다닐 수 있었고, 지팡구는 "헤아릴 수도 없이 금이 나는 곳"으로 "보도步道들도 순금으로 되어 있고 두께는 두 손가락 정도나 된다."고 적고 있다.[14]

『맨드빌 여행기』는 더 심하다. 중세 말부터 근대 초까지 최고의 베스트셀러였던 이 책의 작가는 단 한 번도 유럽 땅을 떠나본 적이 없이 여러 여행기들의 내용을 짜깁기해서 아시아를 몽환적으로 그렸다.

아시아 각지에는 두루미와 싸우는 피그미족, 개미머리를 가진 사람. 머리는 없고 배에 눈이 달린 사람, 엄청나게 큰 발 하나만 가지고 있어서 이것을 양산처럼 사용하여 햇빛을 가리는 사람들이 살고

---

14) 松田 毅一/E・ヨリッセン 著(1983) 『フロイスの日本覚書』 中央公論社.

있다는 식이었다.

과연 이런 내용의 '여행기'들을 당시 사람들은 신뢰하고 있었을까? 하는 의문이 든다. 그러나 놀랍게도 많은 사람들은 이런 내용을 그 대로 받아들였다. 『동방견문록』과 『맨드빌여행기』을 애독했던 콜럼 버스도 『동방견문록』의 여백에는 꼼꼼하게 주석을 달아놓았다고 한 다. 콜럼버스는 중세적인 세계관을 그대로 믿고 항해를 떠난 것이 다.15) 1494년에 대서양을 건너 서 인도 제도에 도착하면서 이제 바 다는 서양의 무대가 되었다.

금과 더불어 유럽인들이 동양에 대해 관심을 가지게 된 이유 중 하나는 앞서도 언급한 향신료인 후추가 있다. 당시 향신료 무역의 중심지로 말레이시아의 말라카를 들 수 있다. 지금도 말라카 해협은 온갖 물류가 지나가는 중요한 해로이지만 당시에는 인도양과 자바, 그리고 남 중국을 잇는 중계항으로 전략적 가치가 높은 곳이었다. 이곳을 1511년에 포르투갈인들이 장악하여 난공불락의 요새 아 파 모사A Famosa를 세웠다.

이후 1641년에 네덜란드인들이 포르투갈인들을 밀어내고 짭짤한 수익을 누렸지만 네덜란드인들도 1795년에는 영국인들에게 밀려난 다. 태평양전쟁 때에는 일본인 천지였다가 1957년 비로소 말레이시 아는 식민지 열강의 손에서 벗어나서 독립을 쟁취한다.

『동방견문록』은 4권으로 이루어져 있다. 각 권의 구성을 보면 제1 권은 이태리를 출발해서 중국에 도착하기 전까지로 주로 중동과 중 앙아시아에서 경험한 것들을 기술하고 있다. 제2권에서는 중국과 쿠 빌라이의 궁전에 관한 것. 제3권에는 지팡구日本·인도·스리랑카,

---

15) 주경철, 앞의 책. pp71~72.

동남아시아와 아프리카 동안 지역에 관한 것. 마지막 제4권에서는 몽골에서의 전쟁과 러시아에 관한 것들이 기술되어 있다.

지금부터는 동방견문록 속에 언급된 지팡구, 일본에 대해서 살펴보기로 한다. 많은 유럽인들은 마르코 폴로의『동방견문록』에 언급된 지팡구를 '황금으로 가득한 땅'으로 기억했다.

다음은『동방견문록』속의 지팡구에 대한 기술의 일부이다.

> '중국대륙 동쪽 1500해리 해상에 있는 큰 섬', '그 나라 국왕의 궁전은 순금으로 만들었다', '진주가 대량으로 생산된다.', '몽골의 쿠빌라이가 이 나라를 정복하려고 대규모의 군대를 파견했으나 태풍 때문에 실패했다.'

지금부터 이 기술의 진실 여부를 알아보도록 하자. 이 중, 세 가지는 맞고, 하나는 잘못 된 기술이다. 진주가 대량으로 생산된다는 것은 일본에 관한 것이 아니라 태평양 한 가운데 있는 멜라네시아나 폴리네시아의 섬들에 관한 정보인데 일본에 대한 것처럼 기술되어 있다.

'중국대륙 동쪽으로 1,500해리 거리에 있는 큰 섬'은 맞는 설명이다. 1,500해리를 킬로로 환산하면 약 2,778킬로미터가 되는데 대체적으로 정확한 설명이다. 당시 중일무역은 항주를 중심으로 이루어지고 있었다. 1,500해리라는 표현은 복건 성福建省 남동부의 항구도시인 천주泉州에서 규슈 북부까지의 거리와 일치한다. 마르코 폴로는 일본에 대한 정보를 이 천주에서 들은 것으로 추정된다.

지팡구라는 말도 중국 남쪽 말로 일본 발음인 'ji-pen-quo'에서 왔다는 것이 이를 뒷받침하고 있다. 한편, 천주는 인도항로의 기점이기도 해서 마르코 폴로의 일본에 대한 정보는 이슬람 상인들로부터 들었을 가능성이 높다.

다음 "그 나라 국왕의 궁전은 순금으로 만들었다"는 얘기는 '황금의 나라 지팡구'에 대한 설명으로 맞는 것일까? 『동방견문록』에 기술된 곳은 당시의 수도 교토가 아니라, 혼슈 동북쪽인 오슈 히라이즈미平泉라는 곳으로 추정된다.

이 지역은 교토의 귀족인 후지와라藤原 씨와는 다른 후지와라奥州藤原氏 가문이 3대에 걸쳐 100년 동안 지배를 하고 있었다. 히라이즈미는 교토 다음으로 큰 도시로 궁전이 아니라, 주손지中尊寺라는 절의 금색당金色堂이 모델이었다고 전해진다.

당시 히라이즈미의 인구는 10만~15만 명으로 추정되는 큰 도시였다. 금색당은 3칸의 작은 건물인데, 네 벽부터 지붕까지 모두 금박을 입혔다. 나전과 유리로 장식한 수미단須彌壇에는 33체의 황금불이 안치되어 있으며 칠보로 장식한 기둥이 주위를 둘러싸고 있다.

히라이즈미는 고대부터 금의 산지로 유명한 곳이었다. 막대한 금 생산이 오슈 후지와라 씨가 번영할 수 있는 경제적 기반이 되었다. 마르코 폴로가 원나라에 체류 중이던 13세기 경, 오슈 지방의 호족 안동 씨安東氏는 혼슈 북쪽 아오모리青森의 도사十三항을 경유해서 중국과 독자적인 교역을 하고 있었는데, 여기에서 금색당의 이야기가 중국으로 전해진 것으로 추정된다.

네 번째, 몽골의 침략에 대한 기술도 맞는 이야기이다. 몽골은 1274년과 1281년 두 차례에 걸쳐 일본 원정을 했으나 공교롭게도 폭풍이 불어 실패로 끝났다. 일본에서는 이 때 불었던 폭풍을 신이 바람을 일으켜 외세의 침략을 막았다고 해서 신풍神風, 즉 '가미가제'라고 부르고 있다.

4. 일본과 세계의 문화교류

(1) 일본의 기층基層문화

지금까지 동서양의 문화교류와 중세시대 유럽인들이 일본에 대해서 어떻게 인식하고 있었는지를 살펴보았다. 지금부터는 일본문화의 형성과 발전과정에 대해서 알아보도록 하자. 먼저 일본의 기층문화에 대해서 소개하고 나서, 일본과 아시아의 문화교류, 그리고 일본과 서양의 문화교류를 소개한다.

우리는 예기치도 않던 우연한 만남이 인생을 바꾸는 경우를 영화나, 드라마 또는 실생활에서 경험하기도 한다. 일본의 역사를 보면 역사의 중요한 터닝 포인트가 되는 시기, 모두 외국과의 우연한 만남이 역사의 물줄기를 크게 바꾸어 놓는다.

원시시대에서 고대로 넘어가는 시기에는 한반도에서 도래인들이 건너오면서부터 시작되었다. 일본열도를 찾아 온 도래인의 수는 당시로서는 엄청난 숫자였다. 이들은 상당한 지식과 기술을 보유한 집단들이었다. 『나의 문화유산답사기』로 유명한 유 홍준 교수는 이들을 고대에 한반도에서 일본으로 건너간 '이주민 집단'이라고 부르는데, 적절한 표현이라고 생각한다.

일본역사의 시작점이라고 할 수 있는 조몬시대繩文時代는 약 1만년 가량으로 역사 발전이 완만하게 진행되었다. 비유하자면 잔잔한 호수와 같은 시기였다고 할 수 있을 것이다. 호수는 표면에서 봤을 때는 눈에 띄는 변화가 느껴지지 않지만, 수면 하에서는 끊임없이 생명체들이 움직이면서 변화를 만들고 있다.

그래서 조몬시대를 눈에 띄는 큰 변화는 없지만, 조금씩 그리고 서서히 흘러가고는 있었기 때문에 단색으로 그려진 흑백의 시대라고 비유할 수 있을 것이다. 그러다가 일본열도에 도래인들이 들어오면서 호수에 큰 돌이 던져진 것처럼 예상치도 못했던 파장을 일으키기 시작했다. 이 파장은 호수의 모양을 바꾸어 버릴 정도의 변화를 가져왔다고 할 수 있다. 이렇게 시작된 야요이시대弥生時代를 기점으로 외부로부터의 문화수용과정을 거치면서 독특한 일본의 문화와 전통이 만들어진다.

그러나 여기에서 우리가 간과해서는 안 되는 것은 일본적인 문화 가운데 많은 부분은 다른 지역이나 국가들과의 교류를 통해 지금의 모습이 만들어졌다는 것이다. 이 책 속에서 다루고 있는 일본문화의 대부분은 이런 과정 속에서 형성되고 발전해 온 것들이다.

일본역사에서 우연한 만남의 두 번째는 중세 말인 전국시대戰国時代로 이번에는 서양과의 만남이다. 일본과 서양과의 만남도 처음 아시아와의 만남에서 그랬듯이 우연한 만남에서 시작된다.

대항해시대를 연 유럽에서 가장 먼저 아시아로 진출한 나라는 포르투갈과 스페인으로 일본에 맨 먼저 들어 온 것도 이 두 나라이다. 르네상스와 종교개혁을 경험한 유럽은 15~16세기 기독교 포교와 해외무역 확대, 식민지 개척을 위해 세계 각지로 진출했다. 아시아에는 1498년 포르투갈인 바스코 다 가마Vasco da Gama가 아프리카의 희망봉을 돌아 인도의 캘커타에 도착했다. 그 후, 포르투갈은 인도의 고아와 중국의 마카오를 거점으로 하고 아시아 각국과의 무역을 확대시켜나갔다.

이런 과정에 1543년 포르투갈 상인이 중국으로 가는 무역선을 타고 가다가 규슈의 남쪽 섬 다네가시마種子島에 표착한 것이 처음이다. 이것을 계기로 서양과의 교류가 시작되었다. 이 때 화승총, 일본어로는 뎃포鉄砲의 위력을 알게 된 다네가시마 영주 다네가시마 도키타카種子島時堯는 바로 뎃포를 구입하고, 뎃포와 화약제조법을 배우게 하였다. 뎃포 제조법은 곧바로 일본 각지에 전해지면서, 일본에서도 뎃포 제작이 가능하게 되었다. 그로부터 6년 후, 스페인 선교사 프란시스 자비엘(1506~52)이 들어와 2년 3개월가량 머물면서 기독교를 전파한다.

이처럼 일본역사는 처음에는 도래인들에 의해 고대가 시작되었고, 그 다음에는 유럽인이 들어오면서 전국시대가 끝나고 근세가 시작되었던 것이다. 그리고 서양과의 만남은 근세 말~근대 초기에 다시 한 번 더 거세게 다가온다.

(2) 일본과 아시아의 문화교류 : 우연한 만남(1)

일본문화를 구성하고 있는 기층문화, 즉 문화의 원류는 다섯 가지로 추정할 수 있다. 첫 번째, 남태평양의 멜라네시아 계통의 모계적 수렵민 문화. 두 번째, 남 중국 산지山地, 동남아시아 계통의 모계적인 화전민 문화. 세 번째, 중국 동북부, 한반도를 경유해서 건너 온 북방내륙의 퉁구스계의 부계중심의 화전·수렵문화. 네 번째, 중국 강남의 수전 벼농사 문화. 다섯 번째, 아시아 내륙의 부권적·씨족적인 기마 유목민 문화. 이렇게 지역과 특징을 달리하는 이문화가 일본 열도에 순차적으로 전해지고 이들 문화가 조화를 이루면서 발전되어 온 것으로 여겨진다.

연구자에 따라 주장이 다소 차이가 있을 수는 있으나, 결국 일본문화는 장구한 세월에 걸쳐 이루어진 숙성된 문화교류의 산물이라고 할 수 있다. 따라서 일본문화의 특징은 다양한 문화가 일본열도에 들어와 오랜 세월에 걸쳐 혼재重層性되어 왔으며, 외래문화를 거부하기보다는 적극적으로 수용하는 유연성柔軟性을 가지고 있다고 할 수 있다.

1) 고대 : 중국과 아시아의 문화를 수용하면서 발전

역사시대에 들어와서도 일본문화는 중국과 아시아의 문화를 적극적으로 받아들이면서 발전했다. 특히 5세기에서 6세기에 걸쳐 백제를 비롯한 한반도에서 건너온 도래인渡來人들은 한자를 비롯해서 유교와 불교, 양잠·직조 기술 등 당시로서는 최첨단의 정보와 지식을 전해주었다. 이들 도래인들에 의해 일본의 고대국가는 시작되었다고 해도 과언이 아니다.

지금은 이들을 도래인이라고 부르지만 일본에서는 처음부터 그렇게 불렸던 것은 아니다. 종전에는 '귀화인歸化人'이라고 불렸다. 그러나 귀화라는 개념은 문명화되지 않은 중국 주변의 이민족이 중국 황제의 덕을 흠모하여 문명국 중국에 이주하여 산다는 뜻으로 중화사상적인 발상에서 나온 표현이다.

그러나 한반도에서 이주해 들어 온 사람들을 귀화인이라고 부르는 것은 적절치 않기 때문에 '도래인'이라고 불러야 한다는 주장을 1969년 재일작가 김 달수金達壽 씨가 제안한 이래 '도래인'이라고 부른다.

도래인의 중심은 한반도계라고 할 수 있으며, 도래인들에 의해 일본에 전해진 것 가운데 불교는 고대 일본 형성기에 지대한 영향을 끼치게 된다. 인도에서 시작된 불교는 67년에 중국으로 전해지고 384년 백제에 전파되었다. 그리고 불교가 일본에 전래된 것은 538년으로 백제 성명왕이 왜倭 조정에 불상을 보낸 것을 공식적인 불교

전래 시기로 본다.

그런데 불교수용은 단순히 종교상의 문제만이 아니다. 불교는 인도의 카스트제도와 부족제도를 초월한 보편적 교의가 중심인 종교이다. 고구려·백제·신라도 불교를 수용하여 국가기구의 중앙집권화가 이루어졌던 것처럼 불교수용은 세계적 추세였다. 따라서 일본에서의 불교수용은 호족 연합정권인 야마토大和 조정을 중앙집권적인 율령국가로 변혁한다는 것을 의미했다.

여기에서 잠시, 도래인과 불교전래에서 잘 알려지지 않은 매우 흥미로운 사실을 하나 소개하기로 하자. 지구상에 현존하는 기업 가운데 역사가 가장 오래된 기업이 오사카에 있는 곤고구미金剛組라는 회사이다.

곤고구미는 일본의 사원건축전문회사로 578년에 창업하였으며, 사원건축, 설계·시공, 성곽이나 문화재의 복원과 수리를 주로 하는 회사로 일본에 불교를 전해준 백제와 인연이 깊다. 창업년도가 578년이기 때문에 1440년이 된 회사이다. 쇼토쿠 태자聖德太子가 백제로부터 초빙한 사원 건축 기술자 중 한 명인 금강중광金剛重光이 세운 회사이다. 지구상에 존재하는 가장 오래된 기업이 바로 일본에 불교를 전해준 도래인이 세운 회사라는 사실이다.

도래인들의 일본 이주는 한반도의 국내 정세와 맞물려 일본으로 정치적 망명을 한 경우라고 할 수 있다. 일본 고대사는 이들의 이주로 인해 본격적인 태동을 시작했다. 왜 조정에서도 적극적으로 중국과 대륙의 선진문물을 받아들이려는 노력을 아끼지 않았다. 왜 조정에서는 이들 지역과 국가에 인재를 파견했다. 관리와 유학생, 유학승으로 조직된 사신단 파견이 그것이다. 사신단 파견은 선진 문물을 받아들이기 위해서 왜 조정에서 파견한 공식적인 외교사절이었다.

왜 조정은 수나라와 당나라에 사신단를 파견했다. 이들을 견수사遣隋使・견당사遣唐使라 부른다. 607년 제2회 견수사로 간 오노노 이모코小野妹子가 수 양제隋煬帝에게 가지고 간, 국서의 한 부분이 일본이라는 국호가 되었다는 이야기는 유명하다.[16]

일본의 국호의 기원에 대해서 말했으니 우리나라의 국호인 '대한민국'이 언제, 누구에 의해서 만들어진 것인지, 알고 넘어갈 필요가 있다. 그러나 안타깝게도 '대한민국'이 어떻게 해서 만들어졌는지 아는 사람이 별로 없다.

2002년 월드컵 열기가 뜨겁던 때, 우리는 붉은 색 티셔츠를 입고 거리에서, 집에서 대한민국을 외치면서 응원한 기억이 있을 것이다. 그때 우리들과 함께 많은 외국인들이 붉은 셔츠를 입고 '대한민국'을 외쳤다. 그런데 그때 외국인으로부터 '대한민국'이 무슨 뜻이에요? 라는 질문을 받았다면 우리는 어떻게 대답을 했을까?

당연히 대한민국 국민으로 살아왔지만, 별로 관심을 가지지 않고 있었다면 매우 당황스러울 것이다. 우리는 모두 외국 갈 때는 대한민국 여권을 가지고 간다. 전 세계적으로 한류 열풍이 거세게 불고 있다. 예전에 비해 나라의 격, 국가의 위상이 많이 올랐다는 것을 실감할 수 있을 것이다. 실제로 많은 외국인들이 우리나라에 관심을 가지고 있다. 그 외국인들이 '대한민국'이라는 국호에 대해서 물어오면 이제는 당황하지 말고, 신석우申錫雨(1895~1953)라는 분이 제안한 것이라고 알려주면 된다.

신석우 선생은 대한민국의 국호를 발의한 인물로 독립 운동가이다. 상하이 대한민국 임시정부의 교통총장을 지낸 분이다. 신석우

---

16) '해 뜨는 곳(日本國)의 천자(천황)가 해지는 곳(中國)의 천자(황제)에게 국서를 보낸다.'에서 일본이라는 국호가 유래하였다는 것은 유명하다.

선생은 임시정부의 첫 임시 의정원 회의에서 대한민국의 국호를 발안했다. 나라를 빼앗길 때는 '대한제국'이었으나 언젠가 독립될 나라는 백성이 주인인 나라, 즉 '대한민국'으로 하자는 것이 받아들여졌다는 이야기이다.

신석우 선생은 언론인으로서 1924년 조선일보를 인수하여 조선일보의 사장을 지내며 문자 보급 운동과 신간회 운동 등 항일운동에 힘썼으며, 광복 후인 1949년에는 주 중화민국 대사를 지냈으며, 1995년 대한민국 정부로부터 건국훈장 독립장이 추서 되었다.

이야기를 다시 사신단으로 돌아가면 역사가 짧았던 수나라(581~618)에 비해 당과의 외교는 오랫동안 지속되었다. 견당사는 630년부터 894년까지 약 260년 동안 15차례에 걸쳐 파견되었다. 20년에 한 번 꼴이었다.

견수사나 견당사 파견의 주목적은 중국의 선진 정치체제인 율령, 문화·문물, 특히 학문과 불교를 받아들이기 위해 인재를 직접 파견했다는 것이다. 당시 당나라에는 실크로드를 통해서 인도는 물론 오리엔트와 그리스의 문화가 들어왔기 때문에 일본은 당을 매개로 해서 세계 각국의 다양한 문화를 흡수할 수가 있었다.

아스카飛鳥문화·하쿠호白鳳문화·덴표天平문화로 이어지는 일본의 초기 고대문화는 이처럼 유라시아 대륙을 중심으로 하는 동서양의 문화교류의 산물이라고 할 수 있다. 예를 들면 아스카문화를 대표하는 호류지法隆寺는 우리에게는 담징의 금당벽화로 유명한 절이다. 이 절의 기둥은 중간이 볼록 나온 모양이다. 이것은 그리스의 파르테논 신전에서 볼 수 있는 엔터시스entasis 식 양식으로 만들어진 것이다. 안동 봉정사의 극락전, 부석사의 무량수전의 배흘림 기둥양식이 바로 엔터시스 식 양식이다.

또 덴표문화의 정수라고 하는 나라奈良 도다이지東大寺의 쇼소인正倉院 창고에는 페르시아, 서역에서 건너온 수하 미인도樹下美人圖, 이란 산 유리잔, 인도·중앙아시아의 오현五絃 악기 등 당시로서는 진기한 보물들이 보관되어 있다.

고대 일본 초기의 문화는 전 세계적인 문화교류의 기반위에 꽃을 피웠던 것이다. 견당사는 위험한 항로, 태풍, 그리고 계절을 고려치 않은 항해 일정, 당의 쇠퇴(907년 멸망), 신라·당의 민간 무역선과 발해 사절의 빈번한 왕래, 왜 조정의 재정난 등의 이유로 894년에 폐지된다. 견당사 폐지 후, 중일 관계는 거의 단절되고, 중세시대에 들어가서는 공식적인 대외 관계는 한동안 없어진다.

그 후, 문화면에서 중국의 영향은 줄어들고, 이때부터는 일본적 특징이 강한 문화가 시작된다. 10~11세기에 이르면 대륙문화의 영향과 수용을 토대로 일본의 풍토와 사상이 조화된 문화현상이 일어난다. 이 문화현상은 문학과 예술분야를 중심으로 나타나게 되는데 이를 '국풍문화国風文化'라고 부른다. 가나仮名문자의 발달은 문화의 국풍화를 부채질했다.[17] 헤이안시대는 일반적으로 국풍문화 시대라고 한다. 국풍문화의 주체는 귀족계급이었다.

역사시대에 들어와서도 일본문화는 중국과 아시아의 문화를 적극적으로 받아들이면서 발전했다. 특히 5세기에서 6세기에 걸쳐 백제를 비롯한 한반도에서 건너온 도래인들은 한자를 비롯해서 유교와 불교, 양잠·직조 기술 등 당시로서는 최첨단의 정보와 지식을 전해 주었다. 이들 도래인들에 의해 일본의 고대국가는 시작되었다고 해도 과언이 아니다.

---

17) 칙선와가집(勅撰和歌集), 모노가타리(物語), 일기문학 등.

2) 중세의 아시아와의 교류

역사학자 세키 유키히코関幸彦는 일본의 중세를 '선례가 될 만한 모델이 없는 시대'라고 말한다.[18] 이것은 고대는 중국과 한반도로부터의 영향이, 근세와 근대는 서양과의 만남이 결정적으로 작용하였으며 당시 일본은 이들 지역과 국가를 모델로 했었던 반면, 중세는 참고할만한 모델이 없이 시작된 것이라는 것을 표현한 말이다. 일본의 무사시대는 이렇게 시작된 것이다.

무사의 시대가 시작되면서 일본은 공식적인 대외관계는 한동안 뜸해진다. 그러나 전혀 없었던 것은 아니다. 가마쿠라鎌倉 말기의 건장사선建長寺船(1325)[19]과 무로마치室町 초기의 천용사선天竜寺船,[20] 감합부勘合符를 이용한 의한 대명対明무역 등이 중세의 대외관계였다.

중세시대 동아시아의 해상은 왜구의 활동이 활발했다. 왜구는 1350년에 보편적으로 나타나 14~15세기의 왜구는 적게는 2, 3척에서 많게는 수백 척 규모의 선단으로 한반도와 중국 연안을 침략했다. 고려의 수도 개성까지 침략할 정도의 무력을 가지고 있었다. 이들은 쌀을 비롯한 식료품과 주민들을 약탈했다. 잡아간 주민들은 노동력으로서 일본 국내와 류큐 등지로 인신매매로 팔렸다. 중국에서는 산동山東, 강남 연안에 출몰하기도 했다. 조선에서는 왜구의 근거지로 쓰시마対馬와 잇키壹岐, 히젠마쓰라肥前松浦로 판단하고 이들을 삼도三島의 왜구라 불렀다. 이 가운데 쓰시마는 농지가 부족하여 주민들은 필요한 생활물자를 어업이나 교역뿐만 아니라 해적행위를

---

18) 関幸彦(2008)『武士の時代へ』 NHK出版 p.9.

19) 가마쿠라시대 대외무역선의 하나로, 건장사 조영비를 확보할 목적으로 막부가 元에 파견한 상선.

20) 아시카가 다카우지(足利尊氏)가 천용사 조영에 필요한 자금조달을 위해 元에 파견한 무역선. 막부는 이 배가 일본으로 돌아온 후에는 수익에 상관없이 엽전 5,000관문을 내도록 했다. 막부는 그 대신 해적으로부터 이 배의 안전을 보장했다.

통해서 획득하는 경우가 많았다.

이러한 왜구는 동아시아 3국의 바다를 활동무대로 삼았다. 지금과는 달리 당시는 국가의식이나 민족의식이 강하지 않아 해양을 가까이에 둔 여러 민족이 잡거雜居하는 이들 지역에서 국적이나 민족을 따지는 것은 큰 의미가 없지만 지금의 국가개념에서 봤을 때 왜구는 일본인, 조선인, 또는 이들 사이에서 태어난 사람들로 구성된 잡거집단이었다고 보는 것이 일본 학계의 입장이다. 왜구의 활동이 고려가 망하는 원인이 되었다는 사실은 유명하다. 고려는 규슈 단다이九州探題 이마가와 료준今川了俊과 슈고다이묘守護大名 오우치 요시히로大內義弘에게 왜구활동 금지를 요구한다. 이마가와는 왜구에게 붙잡혀온 사람들을 송환하는 등 고려와의 관계 개선에 노력한다. 그러나 1392년 왜구를 물리치는데 공이 있던 이성계가 조선을 건국하면서 조선은 점차 무력으로 진압하던 것을 전답을 나눠주는 회유책으로 왜구대책을 바꾸어 버린다. 명나라의 영락제永樂帝와 무로마치 막부의 아시카가 요시미쓰足利義滿의 왜구대책도 빛을 발하기 시작했다. 그 결과 조선에 투항하거나 해적행위를 멈추고 무역에 종사하는 자들이 생겨나면서 왜구는 약화되었다.

16세기가 되어 일본을 근거지로 하면서 중국 연안을 중심으로 왜구가 출현한다. 이들은 복건 성福建省과 절강 성浙江省 출신들로 명나라의 해금海禁정책을 무시하고 밀무역을 행하는 무장 세력들이었다. 여기에 포르투갈과 일본의 무역선이 합류한다. 이 가운데 히라토平戶, 고토五島를 거점으로 동남아시아 일대까지 폭넓게 활약한 인물이 안휘 성安徽省 출신 왕직王直이었다. 명나라 관헌에게 투항한 왕직이 처형된 것은 1559년이지만 이때가 소위 말하는 후기 왜구의 절정기였다. 이후 명나라는 무력으로 제압하는 한편, 1567년에는 해금정책을 완화해서 민간인의 해외무역을 인정하는 쪽으로 정책을 바꾼다. 그러나 일본으로의 도항을 여전히 금지했다.

1368년에 성립한 명나라는 해금정책을 취하면서 민간인의 해외무역을 금지하고 명나라 황제의 책봉을 받은 나라와는 조공형식의 무역을 허용했다. 요시미쓰가 쇼군이 된 것은 명나라가 건국하는 해였으나 일본은 남북조 내란기였기 때문에 그 지위는 불안했다. 한편, 규슈에서는 남조 편에서 싸우고 있던 가네요시 친왕懷良親王에게 명나라는 왜구진압과 명나라에 대한 진공進貢을 요구했다. 가네요시 친왕은 처음에는 이것을 거부했으나, 1371년 명나라로부터 책봉된다. 중국 측 사료에는 가네요시를 국왕 료카이良懷로 기록하고 있다. 막부 측은 충격이었다. 1371년 규슈 단다이 이마가와 료준이 일찍이 다자이후大宰府를 점령하고 가네요시를 추방한 것은 대외관계를 의식한 때문이었다. 그러나 고려, 조선이 왜구문제로 골머리를 앓다가 이마가와 료준, 오우치 요시히로와 관계를 구축하자 요시미쓰 입장에서는 슈고다이묘의 저항이라는 국내문제가 외교문제와 연동해서 어려운 상황에 직면했다. 1395년 이마가와 료준을 규슈 단다이에서 해임하고, 1399년 오우치 요시히로大内義弘 토벌은 서 일본 지배권을 확립하는 동시에 유력 슈고다이묘와 외국과의 관계를 끊고 요시미쓰 자신이 직접 중국을 중심으로 하는 동아시아 외교에 뛰어들었다는 것을 의미한다. 요시미쓰는 조아祖阿와 고이츠미肥富를 명나라로 파견하여 '일본준삼후도의日本准三后道義'라는 이름으로 상표문上表文을 보냈다. 다음해 이들이 명나라 사신과 함께 귀국, 요시미쓰를 일본 국왕으로 인정하는 대통력大統曆을 하사하는 취지의 조서詔書를 보냈다. 요시미쓰는 명나라 사신을 맞이하여 명나라 황제의 조서를 책상에 올려두고 분향한 후 세 번 절하고 무릎을 꿇고 받았다. 명나라 사절이 일본에 체류 중에 중국에서는 정변이 일어나 영락제가 즉위했다. 1403년 요시미쓰는 영락제에게 '일본국왕원日本國王臣源'이라는 이름으로 상표문을 보내고, 이에 대한 답으로 '일본국왕지인日本國王之印'을 받았다. 1410년에는 한 차례의 조공이 인정되어 감합부勘合符 100통을 받았다. 이것으로 정식으로 명나라의 책봉을 받게 되었던 것이다. 이것은 히미코卑弥呼와 왜 오왕倭五王 이후 처음 있는 일이었다. 요시미쓰와 명나라 사이의 외교를 담당했던 것은 젯카이絶海 주신中津과 같은 오산五山의 선승禪僧들이었다. 이들은 외교문서를 기초起草하거나 분석을 담당하였는데 한문은 물론 중국어회화가 가능한 자들로 일본국왕의 중국외교를 배후에서 지탱하였다. 요시미쓰 자신도 송·원시대의 서화를 수집하는 등 중국에 대한 취미를 가지고 있었다.

감합무역은 명나라 황제에게 조공하는 나라가 진상품을 가지고 조공하면 이에 대한 보답으로 황제의 하사품回賜品을 받는 형식의 무역이다. 진상품 외에도 북경에서 거래되는 공무역, 영파寧波, 북경, 그리고 북경에서 영파에 이르는 연도의 3곳에서 이루어지는 사무역이 있었다. 감합은 1383년에 샴, 참파チャンパ, 캄보디아에 교부된 것이 처음으로 이후 많은 나라들이 교부받았다.[21]

요시미쓰의 외교자세는 당시에는 비판을 받았으나 아시아에서는 이상할 것이 없는 외교방식이었다. 참고로 명나라의 책봉을 받은 나라 가운데는 가장 많은 171번이나 진공을 한 류큐왕국琉球王国이 있다. 1429년에 쇼하시尚巴志에 의해 성립된 류큐왕국은 중국과의 조공무역뿐만 아니라 일본이나 동남아시아 각국을 연결하는 중계무역을

---

21) 日本史教育研究改編(2002) 『Story日本の歴史』 山川出版会, pp130～132.

통해 번성하였다. 이 무역은 민간인뿐만 아니라 류큐왕국이 관여하는 공적인 무역이었다. 아시아에서 중국을 중심으로 정치와 경제가 하나가 된 국제질서가 형성되었던 것이다.[22]

이처럼 14세기 말~16세기 중국과의 조공무역으로 관세는 없고, 체재비와 그 외의 경비까지 명의 부담이었기 때문에 그만큼 일본의 경제적 이익은 컸다. 이때 명과의 무역은 왜구와 사무역선을 구별하기 위하여 명에서 교부받은 감합부라 불리는 도항 증명서를 지참하였기 때문에 '감합무역'이라고 한다.

다음은 중세 일본과 고려와의 관계에 대해서 살펴보도록 하자. 10세기 동아시아는 변혁기에 접어들었다. 907년 당나라가 망하고 5대 10국의 혼란기를 거쳐, 송나라(북송 960~1127)이 건국한다. 한반도에서는 신라가 망하고 918년 고려왕조(~1392)가 들어선다. 일본에서는 율령체제가 약화되면서 후지와라 씨에 의한 섭관정치가 시작된다. 중국의 북쪽에서는 거란족이 건국한 요遼나라가 남쪽 베트남에서는 대월大越, 운남에서는 대리大理가 건국했다.

고려를 건국한 왕건은 920년에 일본과의 통교를 원했다. 그러나 말기의 신라와의 통교를 끊고 있던 일본은 이를 거절하고 이후에도 응하지 않았다. 후지와라 씨는 송나라와의 교역에 강한 관심을 표명했으나 고려에 대해서는 계속적으로 '적대시'했다. 이러한 자세는 원정시대院政時代에도 변하지 않았다.

그러나 9세기 후반부터 대외교류, 교역은 국가가 관장하던 것에서 변하기 시작했다. 예전같이 국가 간의 정치수단으로 관계를 가지는 것에 대한 필요성이 없어지는 대신 유력한 상인이나 호족들이 독자

---

22) 村井章介(1993)『中世倭人伝』岩波新書 동씨(1988)『アジアのなかの中世日本』校倉書房.

적으로 경제활동을 전개하기 시작했다. 원의 근신近臣이나 승려들의 대외활동도 활발해졌다. 다이라 씨平氏는 대송무역에 주력했다. 한반도에서도 금주金州에 일본에서 오는 무역선을 맞이하기 위한 시설客館이 들어서고 상인들이 활발하게 왕래했다.

13세기에 들어서 대제국을 건설한 몽골은 1231년부터 계속적으로 고려를 침략했다. 고려 측에서는 강하게 저항하였지만, 1359년 원의 복속 하에 들어갔다. 그 후, 몽골이 중국을 지배하면서 건국한 원은 일본침략을 결정한다(1274, 1281). 이때 원으로부터 강한 요구를 강요받았던 고려의 삼별초와 같은 저항은 원의 일본 침략을 지연시키는 효과가 있었다.

원의 침략은 원과 고려의 관계를 냉각시켰지만 이미 활발하게 이루어지고 있던 이 지역의 교류는 오히려 자극을 받았다. 원의 침공 후 남송 및 원과 일본의 인적 물적, 문화교류는 예전에 보기 힘들 정도로 활황을 띠게 되었다. 그러나 이때 왜구의 활동이 본격화되었다. 왜구는 고려에서 보면 국가의 존망을 바꿀 만큼 중대문제로 대두되었다. 고려는 수차례에 걸쳐 왜구금지를 요구하였다. 그러나 가마쿠라 막부는 이미 말기로 그 다음에 생긴 겐무정권建武政權이나 무로마치室町 막부 모두 주변에 대한 통제력이 약해, 왜구를 단속할 만큼의 통제력을 가지고 있지를 못했다. 특히 간노의 조란観応の擾乱(1350~)과 뒤이은 내란의 시대에 왜구의 활동은 더욱 심해졌으며 막부에서 이들을 통제하기에는 역부족이었다. 이런 가운데 고려를 멸망시킨 이성계는 1391년 조선(~1910)을 건국한다. 중국에서는 이보다 20년 앞서 원이 멸망하고 명나라가 성립하고 일본에서는 남북조내란이 끝나가고 있었다.

이성계는 1392년 일찍이 막부에 왜구금지를 요구하고 서 일본의 다이묘에게도 같은 요구를 하였다. 남북조 내란을 끝내고 자신감을 가지고 있던 쇼군 아시카가 요시미쓰는 이에 응하면서 조선과 막부의 왜구 금지 노력과 회유책으로 인해 왜구는 급속하게 감소했다. 이것을 계기로 일본국왕 요시미쓰와 조선의 왕은 1404년 대등한 선린외교에 입각해 국교를 체결했다. 600여 년 만에 열린 정식 국교였다. 또한 양국은 명을 종주국으로 하는 책봉외교를 맺으면서 동아시아의 국제관계는 안정되어갔다. 조일관계는 예전에는 볼 수 없었던 활발한 교류가 이어졌다.

무로마치 막부는 도쿠가와德川 막부와 같은 쇄국정책鎖国政策을 취하지는 않고 국가에 의한 통교를 일원화하지는 않았다. 이런 이유로 조일朝日간의 외교는 특이한 형태로 진행되었다. 국가 간의 사신교환은 물론 호소가와細川 씨나 오우치大内 씨와 같은 유력 슈고다이묘守護大名, 쓰시마 번주対馬藩主 소 씨宗氏, 이전에 왜구·해상세력들이 각각 조선과의 교류를 가지고 있었다. 이 가운데 소 씨는 원래 왜구의 중심이었지만 조선으로부터 도항증명서文引 발급자의 지위를 인정받아 조일무역의 총괄하는 역할을 맡았다. 게다가 막부로부터는 슈고守護에 임명되었으며 조선으로부터는 매년 하사품으로 쌀과 잡곡을 받았다. 예전의 왜구·해적 그리고 상인의 유력자는 조선에 투항해서 형식상으로는 조선국왕의 신하가 되어 통교권을 받았다. 이렇게 해서 교역은 조선에 대한 조공과 이에 대한 답례回賜형식으로 이루어졌으며 일본으로 봐서는 큰 경제적 이익이었다.

조선은 대마도에서 가까운 부산포·염포鹽浦·내이포乃而浦(薺浦) 세 곳三浦에 일본배의 입항장을 만들고 '왜관'이라 불리는 접대소 겸 상관을 두고 사자使者와 무역을 허용했다. 많을 때는 한해에 200척의 무역선이 들어왔다. 삼포에 정주하는 일본인恒居倭人 수도 늘어 15

세기 말에는 3,000명이 넘었다고 할 정도로 제대로 된 일본인마을이 형성되었다. 이들은 무역 외에 근처의 농지를 경작하거나 어업, 밀무역을 했다.[23]

무역품으로는 일본으로부터는 동·유황·금 이외에 남해무역에서 들어 온 소목蘇木·후추 등이 조선으로부터는 면이 교역품의 중심이었다. 동은 일찍이 1510년 이후부터는 은으로 대신했다. 이와미石見에 광산이 발견되면서 조선으로부터 전해져 들어온 정련법精練法의 영향으로 은을 대량으로 생산할 수 있었다. 면은 전국다이묘들에게 있어서 병사들의 옷과 뎃포에 불을 부치는 도구로, 범포帆布 또는 어망 재료의 필수품이었지만 이때만 하더라도 일본에서는 생산량이 많지 않았다. 조선의 면이 그 수요를 충족시켜주었다. 문화면에서도 불교경전(고려판 대장경)·불화·불상, 도자기 등이 있었다.

조일간의 무역은 양자의 이해관계로 인해 때로는 긴박한 상황이 발생하기도 했다. 1510년의 삼포왜란과 같은 충돌도 일어났다.[24]

3) 근세의 아시아와의 교류

근세시대의 일본과 아시아와의 교류에 대해서 살펴보기로 하자. 일본은 오랜 역사 동안 세계의 주요 국가들 중에서 가장 고립된 나라였다. 지리적으로는 동아시아의 끝자락에 있는 섬나라라서 16세기에 서양과의 교류가 시작되기 전까지는 한반도·중국과의 교류가 대부분이었다. 먼 곳으로부터의 영향력은 양국을 통해 여과되어 전해졌었다. 근세 일본은 이러한 지리적 관계보다 더 강력하고 분명하

---

23) 日本史教育研究改編(2002) 『Story日本の歴史』 山川出版会, pp133~135.

24) 日本史教育研究会編(2016) 『日本の歴史』 新泉社.

게, 그리고 제한적으로 외국과의 교류를 선택한다. 바로 에도江戶 막부의 쇄국정책(1638~1853)이다.

히데요시의 조선 침략은 중국과의 관계를 악화시켰다. 막부는 조선과 류큐를 통해서 명나라와 국교회복에 노력을 했지만, 명의 해금정책海禁政策도 있고 해서 실현되지는 못했다.

조선과는 쓰시마의 소 씨가 조선인 포로송환을 위한 교섭노력의 결과, 1609년 을유조약乙酉條約이 맺어지면서 국교가 회복되었다. 무역은 쓰시마 번을 통해서 이루어지게 되었으며, 부산에 설치되어 연간 20척의 무역선이 파견되었다.

조선으로부터는 당초 조선 침략 당시 일본으로 끌려간 조선인을 송환시킬 목적으로 회답 겸 쇄환사回答兼刷還使가 일본으로 파견되었다. 이 사절은 4번 째 이후에는 통신사로 불리고, 평균 400명이 넘는 인원으로 쇼군이 바뀔 때마다 방일하였다. 이때 일본 각지에서는 한시문과 서화를 통한 문화교류가 활발하게 이루어졌다.

15세기 이래 류큐왕국은 중계무역으로 번성하였으나, 1609년 막부의 허락을 얻은 사쓰마 번의 시마즈 이에히사島津家久에 의해 정복당했다. 요로도島論島 이북 아마미奄美 제도는 시마즈 씨의 지배하에 들어가고, 특산품인 설탕을 상납시켰다. 게다가 쇼군이 바뀔 때마다 경하사慶賀使, 국왕이 바뀔 때마다 사온사謝恩使를 에도에 파견하는 의무를 지웠다. 또 사쓰마 번은 명과의 종속관계를 유지시켜 조공무역으로 인한 중국의 산물들을 수중에 넣었다.

에조지蝦夷地에는 많은 아이누가 살고 있었다. 가키자키蠣崎 씨가 세력을 확대하여 히데요시·이에야스가 그 지위를 인정하면서 마쓰마에松前 씨로 바꾸고 마쓰마에를 거점으로 에조지를 지배했다. 에조지에는 쌀 등의 농산물 수입이 없었기 때문에 마쓰마에 번에

서는 가신들에게 아이누와의 교역권을 지교知行로 부여하였다商場知行制. 그러나 실제는 이 무역은 상인이 맡았으며場所請負制, 일본의 옷감을 비싼 값에 팔고, 연어·다시마·청어를 부당하게 헐값에 사들여 오랫동안 아이누가 불리한 조건으로 거래를 할 수 밖에 없었다. 1669년 샤쿠샤인シャクシャイン난이 일어났지만 마쓰마에번이 진압하였다. 쇄국정책은 주로 서양을 대상으로 한 것이었지만 아시아와의 교류도 중국과는 규슈 남쪽 나가사키長崎에 한정되었으며, 조선통신사에 의한 조선과의 국교관계를 제외하면 아시아 각국과의 교류는 거의 단절되었다. 그런데 아이러니하게도 근세, 즉 에도시대에 오늘날 일본을 대표하는 전통문화가 만들어졌다는 사실이다.

그 이유로 가장 먼저 거론되는 것이 '쇄국' 또는 '쇄국정책'이었다. 에도시대 일본은 17세기 초에서 19세기 중반까지 약 2세기 동안 국제적으로 고립된 상태였다. 막부가 국민들에게 외국과의 자유로운 교류를 금지하는 정책을 폈다.

어떤 이유로 이런 현상이 일어났는지 이상한 생각이 들겠지만 이 시기에 쇄국정책을 폈던 나라는 비단 일본뿐만이 아니었다. 청나라를 비롯해 동아시아의 몇 나라가 쇄국 혹은 그와 비슷한 상태에 놓여 있었던 것에 주목할 필요가 있다. 쇄국은 어쩌면 당시 동아시아의 외교 역사에서 보면 소극적인 형태의 국제질서였는지도 모른다.

그러나 사실, 쇄국하기 전 일본 국민은 역사상 보기 드문 국제화 시대를 체험하고 있었다. 이미 16세기 중반에 포르투갈 선박이 규슈의 남단 다네가시마에 표착해 서양식 총을 전했고, 스페인의 선교사 프란시스코 자비엘이 일본에 와서 기독교 포교를 시작했다. 그것은 유럽 대항해시대의 물결이 아시아의 동쪽에 도달하여 일본인이 처음으로 서양의 물자·사상과 접촉했다는 것을 의미한다. 이전부터 동중국해에서 활약하던 일본의 무장 상선단은 포르투갈·스페인에 자극받아 동남아시아 각국에 진출해 각지에 일본인 거리를 건설하고 있었다는 것은 잘 알려진 사실이다.

쇄국을 맞이하는 17세기 초, 해외 일본인 거리에 살았던 일본인은 5,000명이나 되었다고 한다. 만약 막부가 쇄국정책을 취하지 않았다면 17세기 중반에 극동에서 동남아시아까지 진출한 일본은 당시 동인도회사를 경영했던 유럽의 여러 나라와 벵갈 만 부근에서 결전을 벌였을지도 모른다. 물론, 쇄국정책에 의해 그런 사태는 일어나지 않았고, 해외에 거주하던 일본인들은 귀국하지 못하고 다른 지역에 남겨지게 되었다. 남미 페루에도 일본인들이 생업에 종사하면서 살고 있었다.[25] 당시, 규슈를 중심으로 기독교의 확산도 상상을 초월하는 것이었다. 자비엘이 포교를 시작한 지 20년째 되는 해에는 서일본 각지에서 200곳 이상 성당이 생겼고 반세기를 지나면서 신도 수가 수만 명에 달했다.

그러나 16세기의 내란이 수습되어 새로운 사회질서가 편성됨에 따라 지배자에게 기독교의 교리와 외국인 선교사, 그리고 신도들의 결집은 방해가 되기 시작했다. 1587년을 정점으로 선교사의 국외추방과 함께 신도들에게 가혹한 탄압이 가해지기 시작한다. 기독교는 쇄국정책의 좋은 구실 중 하나였다.

에도 막부가 기독교를 탄압하고 쇄국정책을 결심하게 된 사건이 에도시대 초기인 1630년에 규슈에서 일어난다. 기독교 신자들을 중심으로 일어난 대규모 반란이었다. 시마바라 아마쿠사의 난으로 알

25) 縄田善彦(2001)『日本とは何か』 講談社, p71.

려진 농민봉기였는데, 이 사건의 주체는 기독교 신자인 농민들이었지만, 난의 발단은 지역 영주의 악정에 불만을 가진 농민들의 봉기였다. 그러나 기독교 신자들이 중심이 된 이 농민봉기는 출범한지 얼마 안 되는 막부에게는 기독교신자들에 의한 체제붕괴로 비춰졌던 것이다.

이처럼 쇄국정책의 이유가 언뜻 보기에는 막부의 종교 금지 정책의 일환으로 보일 수도 있지만, 사실 막부가 기독교를 경계하게 된 것은 일본과의 무역을 독점하려는 네덜란드의 공작이 작용했기 때문이다. 스페인, 포르투갈보다 뒤에 동아시아 무역에 뛰어든 네덜란드는 신교의 나라였기 때문에 구교의 나라들과는 달리, 종교를 배제한 무역을 일본에 제시하였던 것이다.

기독교는 받아들일 수 없었지만 그렇다고 무역에 따른 이윤을 포기하고 싶지 않았던 막부에게 네덜란드는 스페인과 포르투갈을 대신할 수 있는 최대의 교역국으로 인식되었던 것이다. 이것은 막부가 전부터 해외무역을 독점하기 위해 미리 치밀한 계획을 짰다는 것을 의미한다.

막부는 지방 영주인 다이묘들이 해외무역을 통해 이윤을 남기고 있다는 사실을 알고 있었다. 해외무역을 통한 다이묘들의 경제적 이윤을 막부의 통제 하에 두려면 자유무역을 금지할 필요가 있었던 것이다. 이것은 다이묘가 막부보다 더 부유해지는 것을 막는 효과도 있었다. 막부는 쇄국정책을 펴는 동안 규슈의 나가사키에 통상 항구를 설치하여 특정 상인집단에 의한 네덜란드, 중국과의 무역을 허용했다.

정리하자면 막부는 기독교를 배제하고 무역의 이익을 자신들이 독점하기 위해 쇄국정책을 이용했다. 처음부터 나라를 완전히 폐쇄하여 고립시키려던 계획은 아니었던 것이다. 그런데 이쯤 되면 쇄국이라는 용어가 누구에 의해서 언제부터 사용되기 시작했는지가 궁금해진다. '쇄국'이라는 용어는 독일인 엥겔베르트 켐벨(켐퍼라고도함)이 쓴『일본지』26)를 1801년享和元 나가사키의 통역관인 시즈키다다오志筑忠雄가『일본지日本誌』중의 일부를 '쇄국론鎖國論'이라고 번역한 것이 계기가 되었다.27)

대내외적으로 여러 방면에 걸쳐 일본에 큰 영향을 끼친 이런 상황을 오늘날 우리는 시즈키志筑의 용어를 빌려 쇄국이라고 부르고 있다. 그런데 엄밀히 말해서 에도시대의 쇄국은 외국과의 교류를 일절 중단한 형태라기보다는 막부에 의해서 엄격하게 제한되고 통제된 것이었다고 보는 것이 정확할 것이다.

어쨌든 쇄국정책의 결과로 해외로 나가거나, 나가있던 사람들의 귀국도 금지되는 등 일본인들의 해외에 대한 관심은 이전보다 줄어들 수밖에 없었다.

그러나 정반대적인 측면도 있다. 쇄국정책 하에서 200년 동안 국내 자원이 개발되어, 국내 시장을 중심으로 하는 경제가 발달했고, 부의 축적이 진척되었으며 세련된 기술의 발달도 진행되었다. 오늘날의 일본적인 전통문화. 생활양식과 가치관이 형성된 것도 이 시기였다.

(3) 일본과 서양의 문화교류 : 역시 우연한 만남

일본과 서양과의 만남도 처음 아시아와의 만남에서 그랬듯이 우

---

26) 독일어판으로는 부록 제2장, 네덜란드어판으로는 부록 제6장에 해당된다.

27) 日本史敎育硏究会編(2016)『日本の歷史』新泉社. p115.

연한 만남에서 시작된다. 대항해시대를 연 유럽에서 가장 먼저 아시아로 진출한 나라는 포르투갈과 스페인으로 일본에 맨 먼저 들어 온 것도 이 두 나라이다.

르네상스와 종교개혁을 경험한 유럽은 15~16세기 기독교 포교와 해외무역 확대, 식민지 개척을 위해 세계 각지로 진출했다. 아시아에는 1498년 포르투갈인 바스코 다 가마가 아프리카의 희망봉을 돌아 인도의 캘커타에 도착했다. 그 후, 포르투갈은 인도의 고아와 중국의 마카오를 거점으로 하고 아시아의 각국과의 무역을 확대시켜 나갔다.

이런 과정에 1543년 포르투갈 상인이 중국으로 가는 무역선을 타고 가다가 규슈의 남쪽 섬 다네가시마에 표착한 것이 처음이다. 이것을 계기로 서양과의 교류가 시작되었다. 6년 후 스페인 선교사 프란시스 자비엘(1506~52)이 2년 3개월가량 머물면서 기독교를 전파했다. 이 때 화승총의 위력을 알게 된 다네가시마 영주 다네가시마 도키타카種子島時堯는 바로 뎃포를 사, 뎃포와 화약제조법을 배우게 하였다. 뎃포 제조법은 곧바로 이즈미和泉(현 오사카의 사카이堺), 기이紀伊(현 와카야마 현)의 내고로根來, 오미近江(현 시가 현)의 구니토모國友에 전해졌다. 이렇게 해서 뎃포 제조는 일본에서도 가능하게 되었다.

중국에서 개발된 총과 화약은 주변의 여러 문명권에 전파됐다. 그런데 특이하게도 일본은 중국으로부터 총이 전래된 것이 아니라, 1543년에 포르투갈 상인(또는 모험가라고 하기도 한다) 페르낭 멘데스 핀투Fernão Mendes Pinto(1509?~83)에 의해 서양식 총기가 전해진 것으로 알려져 있다.

핀투가 표착하여 총기를 전해준 섬 이름을 따서, 일본 최초의 총을 다네가시마라고 불렀다. 그 후, 포르투갈인들이 날아가는 새를 맞추어 떨어뜨리는 시범을 보여주자 조총鳥銃이라는 이름을 붙였다고 한다. 어쩌면 이런 에피소드 이전에 이미 서양식 총기가 들어와 있지 않았을까 하는 견해도 조심스럽게 제기되고 있다. 하여튼 중요한 것은 이 무렵 일본은 서양에서 들어온 총을 수용한 후 자체 개발을 통해 얼마 후에는 서양식 총보다 성능이 우수한 총을 개발하게 된다.

일본인들은 서양 물품을 똑같이 모방하는 재주가 좋아서 대장장이들이 조총을 똑같이 만들어내기 시작했고 단기간에 일본 전역에 30만정의 총이 보급됐다고 한다. 그들은 이처럼 기술적으로 모방하고 따라가는 데에 그치지 않고 총의 사용방식을 창의적으로 개발했다. 초기의 총은 다루기 어려운 물건으로 악명이 높았다. 탄환을 장전하여 발사하기까지 28단계의 조작을 해야 했기 때문에 우선 그 자체가 아주 힘든 일이었을 뿐 아니라, 무엇보다 시간이 너무 오래 걸렸다. 총이 많이 개량된 16세기에도 여전히 한 발을 발사하기까지 몇 분이 소요됐던 것이다. 사정이 이렇다 보니 총을 발사한 후, 다시 장전하는 동안 적이 돌격해오면 어떻게 대처할지 난감한 일이었다.

이런 단점을 보완한 해결책이 연속발사방식이었다. 사수들이 열을 지어 앞줄의 사수들이 쏘고 나면 그동안 장전을 마친 다음 줄이 발사하고 다시 그다음 줄이 발사하는 식이었다.

1575년(6월 28일) 유명한 오다 노부나가織田信長(1534~82)는 나가시노 전투에서 이렇게 발전한 연속발사방식으로 강적 다케다 군을 제압하고 천하통일의 기반을 확보했다는 것은 일본사에서는 유명한 이야기이다. 이때 오다 노부나가 부대는 조총 사수들을 23열로 세워서 빠른 속도로 쏘게 함으로써 20초마다 1천 발의 발사가 가능했다.

당시 일본인들은 포르투갈인, 스페인인, 그리고 이태리인들을 남쪽 바다에서 올라온 이민족이라는 의미로, 남만인南蠻人이라 불렀다. 이들은 기독교를 비롯하여 의학, 천문학, 역학, 예술분야는 물론, 화승총, 화약, 조선술, 항해술, 측량술, 광산 등 다양한 분야에서 새로운 기술을 전해주었다. 이들 유럽인들에 의해 전해진 유럽문화를 일본인들은 남만문화南蠻文化라고 불렀다. 그리고 남만문화는 아즈치모모야마安土挑山문화에 큰 영향을 끼치게 된다.

앞에서도 소개한 바와 같이, 에도 막부에 의한 쇄국정책(1639~1854)은 기독교 금지가 주목적이었기 때문에 네덜란드는 종교를 배제하고 무역만을 하겠다는 조건으로 국교를 맺고 200년 가까이 일본과 독점무역을 했다. 마침 이 기간 동안에 눈부신 발전을 이룩한 유럽의 근대과학은 네덜란드를 통해서 일본으로 전해졌다. 일본에서는 네덜란드의 한자음 표기인 '화란和蘭'의 '난蘭' 자를 따서 난학蘭學이라고 불렀다.

에도시대 말, 개항에 이어 시작된 근대 메이지시대는 그 동안의 쇄국정책으로 둘러쳐져있던 여러 제약들이 사라지고 정부 주도의 부국강병, 식산흥업정책들이 서양의 문물·제도를 적극적으로 받아들이면서 추진되었다. 이렇게 해서 서양문화를 모방한 문명개화의 시대가 열린 것이다.

개국 이후, 문화 유입은 유럽으로부터의 유입이 압도적 우위를 차지했다. 이것은 오랫동안의 봉건적 억압과 인습으로부터 일본인들을 해방시키고, 공장과 철도, 우편, 학제가 도입되면서 서구화의 생활양식을 가능하게 만들었다. 그러나 한편으로는 전통문화를 무시하거나 홀대하는 경향이 생기면서 서구화만이 능사라고 믿는 사회적 풍조가 생겨나기도 했다. 일본인들은 봉건제 사회였던 에도시대와 근대 메이지 시대를 다음과 같이 표현하면서 두 시대를 이미지하고 있다. 봉건 시대를 '상투 튼 머리를 두들기면 완고고루頑固固陋한 소리가 들린다.', 반면, 일본을 세계사의 주변국에서 강국으로 변화시킨 메이지 근대국 가를 '서양식 머리를 두들기면 문명개화하는 소리가 들린다.'고 표현 할 만큼 일본인들은 근세를 고리다분하고 발전이 없는 사회로, 근대 를 스스로 문명사회로 진입해서 단기간에 세계강국이 된 것에 대한 자긍심과 찬사를 보내는 상반된 평가를 가지고 있었다.

제2장. 역사를 보는 관점

　역사는 지나간 과거의 사회와 사람들의 생활을 다루는 학문이다. 사실事實과 그 배경 및 원인에 대해서 연구하는 것이다. 그러나 현재라는 시간 속에서 역사의 흔적을 아는 것도 중요하다.

　예를 들면, 지금 사용하고 있는 단어들 가운데는 역사의 흔적을 느낄 수 있는 것들이 많이 있다. 예전에는 지방에서 수도로 가는 것을 '올라간다.'라고 했다. 이것은 수도는 정치의 중심지였기 때문에 '높은 곳'이라는 인식을 가지고 있었기 때문이다. 그래서 '올라간다.'고 했던 것이다. 지금도 수도로 가는 열차를 '상행열차', 지방 가는 열차를 '하행열차'라고 한다.

　산업과 기술이 발달한 21세기의 현재도 예전에 만들어진 단어나 사고방식 속에서 생활하고 있다. 아직 오래 전의 역사가 지금도 살아있는 것이다. 매일 반복되는 일상 속에서 역사를 느껴보는 것은 중요하다. 이처럼 지금의 생활 속에서 역사의 흔적을 알 수 있으면 이것을 통해서 미래를 예측하고 준비할 수도 있기 때문이다.

　역사라는 학문은 단순히 과거를 알고 현재를 아는 것에 머물지 않고 미래까지도 예상할 수가 있다. 역사학자 카E.H Carr는 역사를 '현재와 과거사이의 끊임 없는 대화'라고 했다. 우리가 역사를 배우는 이유는 과거의 사실을 반추하여 현재의 상황을 이해하고, 보다 진보적이고 발전적인 미래를 준비하는 것이기 때문에, 과거와 현재 및 미래는 시간적으로 구분되는 것이 아니라, 역사 속에서 연속적인 과정 중의 일부라고 볼 수 있다는 것이 카의 주장이다. 아울러 역사를 전부 암기할 필요는 없다. 중요한 것은 역사의 흐름을 아는 것이다. '역사 공부는 몇 마디 말로 요점 정리한 과거 사실을 읽고, 외우는 것이 아니라, 그 당시 사람들이 살아가고 생각하고 느낀 것들을 우리 나름대로 다시 해석해보는 것인 것이다.[28]

1. 역사 속에 내재하는 '의외의 사실'

우리가 알고 있는 역사적 사실 가운데는 우연한 것이 계기가 되어 예상치도 못했던 결과나 사회적 현상을 불러일으킨 경우가 많다. 여기에서는 기존에 가지고 있던 관념이나 이미지와는 다른 의외의 역사적 사실 몇 가지를 소개한다.

(1) 세계 최고最古의 기업 곤고구미金剛組와 금강중광金剛重光

여기에서는 한국이나 중국과는 다른 일본의 이름체계에 대해서 알아본다. 현존하는 최고最古의 기업인 곤고구미를 창업한 금강중광이 백제인이라는 사실을 아는 사람은 많지 않다. 일본식으로 발음하면 곤고 시게미쓰이다. 이 이름이 백제에서 사용하던 것인지, 일본에 건너와서 개명한 것인지는 알 수 없다. 그러나 이름만 보면 당연히 일본인일 것이라고 생각하게 된다. 왜냐하면 백제에서 쓰던 이름이었다

---

28) 주경철(2009) 『문화로 읽는 세계사』 사계절.

고 할 경우 성姓이 한 자, 이름이 두 자인 지금 우리들이 사용하는 이름체계와는 다르기 때문이다. 오히려 성과 이름이 각각 두 자인 경우가 많은 일본인들의 이름과 유사하기 때문이다.

일본은 무사계급과의 관련성이 깊다. 한국은 중국의 영향을 받아 지금의 성명체계가 만들어졌다. 이병수李丙洙[29]는 지금과 같이 한자를 사용하는 중국식 이름체계를 사용하기 시작한 것은 신라의 경우, 6세기 중엽 이후로 한국에서 성은 10세기 초, 고려 태조 왕건이 즉위하면서 급속하게 전국으로 확대되었다고 한다.[30] 그렇기 때문에 중국식 이름체계의 영향을 받기 전에는 계백階伯, 을지문덕乙支文德, 흑치상지黑齒常之, 우륵于勒, 솔거, 설총薛聰, 온달溫達, 관창官昌처럼 족명族名보다는 개인의 명칭을 이름으로 사용했다고 할 수 있다. 이것은 인도유럽어족과 유사하다.

일본인들의 이름은 한국이나 중국과는 다르다. 그러나 일본 역시 중국식 이름체계의 영향을 받았으나 몇 차례의 전환기를 거치면서 지금과 같은 묘지名字, 苗字 + 나마에名前로 된 이름체계가 보편화되었다고 할 수 있다.[31]

---

29) 이것은 고려 14대 문종(文宗 1047~82년)과 24대 원종(元宗 1260~74년)이 과거 응시자에게 성과 본관 記載를 의무화했다. 그리고 조선 시대에는 법제도상으로 경국대전의 戸口式(戸籍簿의 書式)에 기재를 의무화하고 그것을 기준으로 해서 1442년(세종15)부터 성이 다른 자를 양자로 삼는 것을 금지(異姓養子)하고, 1667년(현종10)부터 동성불혼제를 강제하면서 전국적으로 정착되었다. 이병수(1988) 「朝鮮の姓一韓国・北朝鮮の現行制度を中心に一」(黑木三郎外編『家の名・族の名・人の名』三省堂) pp269-279.

30) 신라에서는 '성'을 왕실이나 귀족층이 독점적으로 사용했기 때문에 일반 관원이나 민중들에게까지 보급되지는 않았다. 그리고 도입기부터 著姓偏重이 심해 '성'에 시조나 中祖의 발상지명을 본관(本貫)을 붙여서 말하지 않으면 族(宗)의 구별이 어렵다.

31) 첫 번째 전환기는 사가(嵯峨) 천황(786~842)대라고 할 수 있다. 그는 재위 기간 중에 (1) '源氏'姓의 개시 (2)童名(幼名)의 개시 (3)한자 2자의 실명의 개시 (4)系字(게이지)를 도입했다. 이 가운데 동일 세대인 형제간에 사용되던 게이지(系字)는 고산죠 천황 대에 이르면 부자손으로 한 자씩 상속하는 도오리지(通字)로 전환된다. 거의 같은 시기에 후지와라(藤原)・오에(大江) 등 대부분의 씨족에서도 동일한 현상을 볼 수 있다. 형제가 횡적인 관계에서 한 자씩 공유하던 게이지에서 부자손으로 이어지는 종적인 관계에서 한 자를 공유하는 도오리지(通字)로 선환하게 된다. 이러한 경향은 원정기(院政期)를 전후로 해서 대부분의 가계에서 도오리지를 사용하게 되었다. 도오리지를 '나노리노 이치지(一字)'

법적으로 묘지+나마에와 같은 이름체계가 정착된 것은 메이지시대明治時代이후부터라고 할 수 있다.[32] 메이지 이전까지만 하더라도 일본인들은 실명實名 나노리과 통칭通稱을 같이 사용複名했으며, 이름은 매우 복잡하고 알기 어려운 것이었다. 그런데 묘지사용은 중세 무사계급의 출현과 밀접한 관계가 있다. 중세는 고대적 우지氏와 중세적 묘지가 혼용되던 시기로 일본식 이름체계가 정착되어가는 과도기에 있었다고 할 수 있다.

(2) '최초'라는 단어가 가지는 '의외성'

일본 역사의 전개 발전과정을 보면 고대는 중국을 모델로 해서 율령국가가 시작되었으며, 메이지 이후에는 서구열강을 모델로 했었다. 그러나 중세는 선례가 될 만한 모델이 없이 시작하였다.[33] 새로운 시대로의 이행을 갈구하는 사회적 요망에 부응하는 형태로 출발한 무가정권의 성립은 모든 것이 선례가 될 수 있는 획기적인 사건이었다.

선례가 된다는 것은 어떤 기준이 된다는 것을 말한다. 그러나 성립 당시 가마쿠라 막부鎌倉幕府[34]에는 어느 누구도 선례를 만들어야

또는 '이치지(一字)'라고도 부른다. 도오리지는 한 자인 경우가 많으나, 세이와 겐지(淸和源氏)의 경우, '요시(義)'였으나 臣籍降下 이후 게이지로 사용되던 '요리(賴)'자가 두 번째 도오리지가 되었다. 도오리지 사용은 이후에도 이어져 오다 가(織田家)의 '노부(信)', 도요토미 가(豊臣家)의 '히데(秀)', 도쿠가와 가(德川家)의 '이에(家)' 등도 같은 맥락이라고 할 수 있다.

32) 메이지 4년(1871) 폐번치현을 계기로 근대국가가 성립하고, 같은 해 4월 호적법이 공포되고, 국민들을 파악(통제)하기 위한 수단으로 호구조사를 하고 이것이 치안유지 수단으로 이용되었다. 호적은 가족을 '이에'로 표시하고, 이미 메이지 3년에 평민들도 묘지를 사용할 수 있다는 태정관포고에 의해 '우지'가 '家名'을 표시하도록 하면서 '우지'는 행정뿐만 아니라 兵籍取調를 위해서 활용되었다. 그러나 명치 초년의 '우지'는 막번체제 하의 무사적 '우지'관념을 계승하고, 由緒・혈통・조상의 表象이 되었다. 더욱이 처의 '우지'의 경우, 남편의 '이에'를 상속하지 않는 한 '所生の氏'를 사용하도록 했다. 黒木三郎 편『家の名・族の名・人の名』三省堂 1988, p23.

33) 關幸彦(2008)『武士の時代へ』NHK出版, p1.

겠다고 생각한 사람은 없었다. 막부를 연 초대 장군 미나모토노 요리토모源賴朝 조차도 그의 머릿속에 새로운 왕조를 창조해야겠다는 야망이 있었던 것은 아니었다.

후쿠다 이쿠오福田以久生는 요리토모의 거병擧兵을 다음과 같이 기술하고 있다. "요리토모의 거병은 철저한 준비나 주도면밀한 계획하게 이루어진 것은 아니다. 이토 씨伊東氏나 사가미相模의 오바 씨大場氏와 같은 헤이시 편平氏方의 공격이 임박하자 선제공격을 한 것이다. 첫 전투에서는 성공하였지만, 두 번째 전투인 이시바시야마 전투石橋山の戰い에서 패하고 아와安房로 탈출하는 과정을 보면 각지의 같은 편과의 연락이 닿지 않았다."35)

후쿠다의 설명에서 알 수 있듯이 요리토모의 거병은 새로운 시대로의 이행을 갈구하는 사회적 분위기 속에서 모치히토 친왕以仁親王의 영지令旨를 명분삼아 동국東國 무사들을 규합하여 헤이시 타도의 선봉에 섰던 것이지, 귀족정권의 적대자로서 귀족정권을 타도할 목적으로 일어났던 것은 아니었다. 그러나 고대적 정치체제를 모태로 하면서 무가 사회적 주종원리와 통치방식을 수용해 가는 과정에 무가정권으로서의 틀이 갖추어졌던 것이다. 이것이 일본 역사상 최초의 무가정권이며, 봉건체제의 선례가 된 것이다. 그렇기 때문에 가마쿠라 막부가 처음부터 제대로 된 제도나 시스템을 가지고 시작한 것은 아니었다. 정권으로서의 틀이 갖춰지고 체제가 안정되기까지는 상당한 시간이 필요했다.

---

34) 미나모토노 요리토모(源賴朝)가 가마쿠라(현재의 가나가와 현 가마쿠라 시)에 설치한 막부이다.

35) 福田以久生(1995)『武者の世』吉川弘文館, p12.

(3) 전국시대 무장戰国武将과 차노유茶の湯, 그리고 조선의 도자기

1) 스테이터스 심벌로서의 차노유

'문무양도文武兩道'라는 말이 있다. 전국시대 무장은 '무'뿐만 아니라 '문'도 겸비해야 한다고 생각을 했다. '무'를 대표하는 것이 검술, 창술, 마술 등이며, '문'은 와카和歌와 렌가連歌, 그리고 다도가 있다. "그저 강하고 거칠기만 해서는 안 되고, 교양을 갖춘 사람이 정말 무사다."라는 생각은 오래 전부터 있었다고 생각되지만, 전국시대가 되면서 그것을 더 강하게 인식하게 되었다.

무사의 교양이라고 하면 예전에는 와카와 악기류, 예를 들어 피리나 북 등이 주류였다. 그러나 전국시대에는 거기에 꽃꽂이華道, 지금은 다도茶道라는 이름을 익숙한 차노유가 더해졌다. 특히 차노유는 무장들의 필수 교양 과목과 같은 것이었다.

차노유가 무장들의 스테이터스 심벌이 되어 있었다는 것을 단적으로 말해주는 것이 오다 노부나가의 "차노유가 곧 정치이다"라는 생각이다. 노부나가는 휘하의 무장들이 마음대로 다회를 여는 것을 막고, 허가제로 하였다.

노부나가가 차노유를 정치적으로 이용한 것은 2가지 이유에서이다. 하나는 무장들이 전공을 올렸다면 그 전공의 대가로 명품다기를 하사하고, 다회를 열 수 있는 권리를 허가함으로서 무장들의 충성경쟁에 불을 붙였다는 점이다. 노부나가에게 다회를 열 수 있는 권한을 허락받는다는 것은 매우 명예로운 것이었다.

다른 하나는 가신단의 교양 수준을 높이는 것이었다. 차노유를 배우는 것은 단순한 예의범절의 습득만은 아니었다. 달리 말하면, 전인격全人格의 형성이라는 점과도 관계있는 것으로 노부나가는 차노유를 통해서 가신들의 정치적 자질을 향상시키려 한 게 아닐까 생각된다.

2) 전란으로 허해진 마음을 부드럽게 해준다.

언제 싸움에서 죽을지도 모른다는 긴장감은 정신 위생상 큰 마이너스이다. 흔히 너무 팽팽한 줄은 끊어지기 쉬운 것처럼 언제까지 긴장 상태가 이어지면 몸이 성하지 않는다. 그렇기 때문에 긴장 상태에 있는 몸과 마음을 해방시켜 줄 필요가 있다. 그 중 하나가 다도였던 것이다.

전국다이묘戰国大名의 거성이 있던 곳의 발굴 조사에서 다기가 출토되는 경우가 있다. 전국다이묘 클래스라면 이미 언급한 스테이터스 심벌로서의 차노유의 범주에 들지만, 산에 거성이 아니라 가신들의 지키는 지성支城에서도 다기가 출토되는 경우가 있다. 보루砦 정도의 산성 발굴 조사에서도 찻잔 등이 출토되고 있다.

3) 동료, 부하와의 커뮤니케이션

스루가駿河의 다이묘 이마가와 요시모토今川義元가 가이甲斐 다케다 신겐武田信玄이 사신으로 보낸 고마이 고하쿠사이駒井高白齋에게 차노유를 대접한 것이 『고하쿠사이키高白齋記』에 적혀있다. 차노유는 손님 대접으로 사용되고 있었다. 다도는 전국다이묘의 외교에도 중요한 역할을 하고 있었다.

그리고 또 한 가지 주목할 만한 것은 동료 및 부하와의 커뮤니케이션 도구로 차노유가 이용되었다는 것이다. 사쓰마薩摩, 오스미大隅, 휴가日向 3개국에서 세력을 휘두르고 있던 전국다이묘 시마즈 요시히사島津義久의 중신 가운데 우와이 각켄上井覚兼이라는 부장副將이 있었다. 휴가 미야자키 성日向宮崎城의 성주로 요시히사의 로주老中, 즉 가로 중의 한 사람이었다. 그의 일기인『우와이 각켄 일기上井覚兼日記』에 차노유에 대해 기술하고 있다. 일기에 차노유에 관한 구절이 나오는 것은 1576년으로 각켄 32세 때의 일이다.

내용은 이렇다. 대개의 경우, 전투가 끝나면 각켄이 동료와 부하들을 자신의 집으로 불러 차노유뿐만 아니라 장기, 바둑, 주사위 놀이-목욕-차노유-주연이 순서대로 행해졌다는 것을 알 수 있다. 마음이 통하는 사람들과 장기나 바둑을 즐기고 나서 목욕을 한 후, 개운해진 몸과 마음으로 차노유를 즐겼던 것이다. 이는 동료들 간의 커뮤니케이션 그 자체였던 것이다.

그런 점에서 차노유는 '일미동심一味同心', 즉 연대감을 다지기에 충분한 취미였다고 할 수 있다. 특히 진한 차는 하나의 다기에 담아 돌려 마시기를 했는데 이것은 연대감을 강화시키기에는 충분한 것이었다.

그리고 차노유에는 또 하나의 효용이 있었다. 차를 마시는 다실은 밀폐된 공간이다. 밀담을 나눈다는 것은 차노유 본래의 취지와는 다르기는 하지만 노출되지 않고 중요한 얘기를 나눌 수 있는 최적의 장소 역할도 했다.

예를 들면, 오우치 요시타카大內義隆의 가신 사가라 다케토相楽武任가 남긴 기록을 보면 요시타카의 가신 스에 다카후사陶隆房(晴賢라고도 함)가 모반謀反을 도모하기 위해서 같은 요시타카의 가신이었던 아오카게青景義著를 다회에 초대했다고 적고 있다. (「毛利家文書」)

당시 명품다기로 애용되던 다기 가운데 조선의 도자기가 있었다. 나중에 히데요시가 조선을 침략하면서 많은 조선의 도공들이 일본으로 끌려간다. 이것은 당시의 무장들이 비싸고 귀한 조선의 도자기를 얻기 위해서 도공들을 데려갔던 것이다. 이들은 조선에서 끌려간 도공들에게 귀한 대접을 해 주면서 조선의 도자기 기술이 일본에서 꽃을 피우게 되었던 것이다.

조선 도자기의 생산 규모와 생산 조직을 기초로 어림잡아 보면 세종시대에도 규모가 큰 가마가 전국에서 사백 수십 곳이 있었고, 노보리 가마 한 개당 수십 명의 제작 집단이 필요했다.

더구나 소규모의 가마가 그보다는 7, 8배 더 있었다고 가정하면, 당시의 도공들은 분업을 기본으로 하고 있었으므로, 사기장인 한 사람만 데려가면 되는 것이 아니라 생산 라인 그 자체가 옮겨갔다고 할 수 있다.

(4) 전국시대戦国時代의 상인은 무사와 동격

전국시대와 에도시대의 가장 큰 차이점은 신분문제를 들 수 있다. 전국시대는 신분간의 이동이 일반적이었다. 신분의 유동성은 전란의 시대로 실력·능력이 중시된 시대였다는 것을 의미한다. 반면, 에도시대는 '아시가루의 자식은 아시가루足軽の子は足軽'[36]라는 말이 있는 것처럼 기본적으로 무사로 태어나면 무사로 평생을 살고, 농민의 자식으로 태어나면 그 틀을 벗어날 수 없었던 것이다. 일본에서는 농민을 백성이라고 부른다. 요즈음 유행하는 '금수저'와 '흙수저'라는 말처럼 태어나면서 신분이 정해지는 고정 신분 제도가 확립된 것은 에도시대이다.

---

36) 평상시에는 막일에 종사하고 전시에는 도보로 뛰던 에도시대 무사계급의 최하위 졸병.

전국시대는 신분간의 이동이 자유로웠다. 신분의 한계를 극복하고 최고의 권력에 오른 전형적인 인물로 도요토미 히데요시豊臣秀吉를 꼽을 수 있다. 히데요시는 기노시타 야우에몬木下弥右衛門의 아들로 아명을 도키치로藤吉郎라 한다. 무가에 입문하면서 하시바 히데요시羽柴秀吉라는 이름을 쓰다가, 1585년 간파쿠関白가 되면서 성姓을 후지와라藤原로 바꾸고 다시 다음 해, 다이조다이진太政大臣이 되면서 도요토미豊臣라는 성을 사용하기에 이른다. 우리가 기억하는 도요토미 히데요시는 그가 말년에 사용하던 이름이다. 히데요시의 이름의 변천 과정을 보면 그가 신분 상승을 해 나가는 과정을 알 수 있다. 히데요시가 가난한 농민의 아들로 태어났지만 후에 간파쿠·다이조다이진의 자리에까지 오를 수 있었던 것은 전국시대였기 때문에 가능했다.

전국시대만 하더라도 무사와 상인은 계급 간의 차이는 없었다. 히데요시가 농민에서 상인, 그리고 무사로 입문할 수 있었던 것은 당시는 농민·상인·무사의 신분이 유동적이었기 때문에 가능했다. 승려가 무사로, 또는 무사가 승려가 되는 것이 드문 일은 아니었다.

농민과 상인 출신 중에서도 승려가 된 사람이 많았던 사실에서 알 수 있듯이, 당시는 무사·농민·상인·승려라는 신분이 엄격하게 구분되었던 것은 아니었고 신분간의 이동이 용이했다. 히데요시는 다양한 직업을 전전했다. 목욕통 장사·염색약 장사·목재상·대장장이 상인뿐만 아니라 직인職人에 이르기까지 다양하다. 그러나 무사가 상인이나 직인들과는 다르다는 생각이 확립된 것은 에도시대에 들어가면서 부터이다.

무사가 돈을 경멸하는 사상은 조닌町人들의 재력이나 화폐의 힘에 의해 무사들의 생활이 궁핍해졌기 때문에 나타나기 시작했다. 그러나 전국시대에는 돈 혹은 상행위를 귀천시하지 않았으며, 오히려 히데요시처럼 금은金銀에 의존하는 것이 기본이었다.

전국시대는 호상豪商들이 무장(武將)과 대등한 입장이었다. 히데요시가 주최하는 다회茶會에서 호상들은 5만 석에서 10만 석 규모의 다이묘大名와 앉는 자리가 동일했다. 전국다이묘戰國大名인 이마가와今川씨의 중신重臣 급 무장들은 스루가駿河37)의 마쓰키松木·도모노友野와 같은 호상들과 혼인 관계를 맺기도 했다. 이러한 사실은 전국다이묘의 상급 가신上級家臣과 호상이 대등한 관계였음을 나타낸다.

근세 역사학자인 사사키 긴야佐々木銀弥가 '다이묘·무사·상인을 근세적 개념이나 척도로 규정해서는 안 된다.'고 한 것도 전국시대와 에도시대는 신분제에 관한 관념이 달랐다는 것을 말하고 있다.

천하통일을 위해 노력한 3인의 무장 노부나가·히데요시·이에야스는 정도의 차이는 있으나 각각 하극상의 시대를 배경으로 신분 상승한 사람들이다. 그럼에도 불구하고 노부나가 단계에서는 아직 드러나지 않으나, 히데요시 이후부터는 점차 하극상의 논리를 부정하는 분위기가 뚜렷해진다. 자신이 천하를 통일할 때에는 가문·신분 등을 따지지 않다가, 체제를 유지하고 통일천하를 후손에게 물려주어야 하는 단계에 들어서면 하극상의 논리는 부정해야 하는 것이 되어버린다. 결국 자신이 이룩한 체제를 유지하기 위해서는 자신과 같은 상황이 두 번 다시 되풀이되어서는 안 된다는 논리를 분명히 하게 되는 것이다.

---

37) 지금의 시즈오카(静岡) 현 중부지역.

(5) 가난했던 에도시대의 무사

1) '권력을 가진 자에게는 재산이 적게, 재산이 있는 자에게는 권력이 가지 않게' 한다는 막부의 원칙.

이시가와 에이스케石川英輔는 '권력을 가진 자에게는 재산이 적게, 재산이 있는 자에게는 권력이 가지 않게'한다는 에도 막부의 기본원칙에 주목하고 있다. 이 원칙은 260여 년 동안 최고 권력자인 쇼군을 제외하고는 철저하게 지켜졌다.

막부의 최고 지위인 가로家老는 오랫동안 도쿠가와 가문을 모셔왔던 후다이 다이묘 중에서 선출되었다. 그러나 후다이 다이묘普代大名의 영지는 5만석에서 10만석 미만으로 다이묘의 녹봉祿高으로서는 중이하의 규모였다.

반면, 마에다前田 가문의 가가 번加賀藩(102만 7천석), 시마즈島津 가문의 사쓰마 번薩摩藩(77만 8백석), 다테 가伊達家의 센다이 번仙台藩(59만 5천석), 호소가와細川 가문의 구마모토 번熊本藩(54만석)과 같은 대번大藩은 원래 도자마外樣 다이묘로 중앙의 정치에는 일체 관여할 수 없었다. 이것은 막부의 권력을 가진 후다이 다이묘에게는 '재산이 적게', 영지가 넓은 도자마 다이묘는 '재력은 있었지만 권력을 쥘 수 없게 한다.'는 막부의 원칙이 적용된 대표적인 경우라고 할 수 있다.

중앙의 정치에서 뿐만 아니라 실지로 에도시대 무사는 지배계급으로서 정치가 또는 행정 관료로 권력을 가지고 있었지만, 경제적으로는 곤궁했다. 어느 정도였는가 하면, 에도시대 중기 이후가 되면 번 재정이 어려워 상인들에게 돈을 빌리는 경우가 많았다. 그래서 다이묘 중에는 상인들에게 돈을 빌리고 갚지를 못해 그들에게 얼굴을 들 수 없을 정도였다고 한다. 심지어는 영지의 농민들에게 생활비의 사용내역까지 간섭을 받을 정도로 눈치를 보는 1만 석 미만의 영주旗本도 있었을 정도였다.

이시가와는 이것과 관련해서 재미있는 말을 하고 있다. 막부의 이러한 원칙이 260년 동안 바뀐 적이 없이 관철되었기 때문에 권력과 부가 일부 특정인에게 집중되는 것을 막을 수 있었다는 것이다. 형식상으로는 정이대장군에 의한 전제정치이기는 했으나, 당시 에도사회는 민중들의 체제나 지배계급에 대한 불평불만이 혁명으로 표출되었던 프랑스나 러시아, 중국과는 분명 차이가 있었다는 것이다.[38]

2) 가난했던 에도시대 무사

에도시대의 무사, 특히 하급무사는 가난했다. 무사는 굶고도 먹은 체한다고 하는데, 이것은 가난해서 만족스럽게 먹지 못한 사무라이가 허세를 부리며, 이쑤시개를 쓰며 식후의 포만감을 표시한 것을 빗대서 한 말이다.

세습되는 무사의 신분은 세월이 흐르면 점점 궁핍해질 수밖에 없는 구조로 되어있었다. 무사들의 봉록은 막부 초기에 정해진 봉록을 그대로 받았다. 에도시대 무사에게 주어진 가록家祿은 전국시대에 조상이 만들어 놓은 공적에 따라 각 가문에 맞게 정해진 것으로 세월이 흘러도 원칙적으로는 늘어나는 일은 없었다. 수입은 조상 때부터 동일했으며 시대의 변화나 물가상승 등 제반 여건의 변화와는 상관없이 처음에 정해진 봉록을 가지고 생활해야만 했다. 게다가 월급을 주는 번藩 자체도 만성적인 재정난에 시달려, 가신에게 지급하는 월

---

38) '權あるものには祿うすく, 祿あるものには權うすく.' 石川英輔(1997) 『大江戸生活事情』 講談社. pp68~70.

급까지 줄이지 않으면 번의 운영이 어려운 상황이었다. 당연히 무사의 생활은 곤궁했다.

또 무사는 가문에 따라, 유사시를 대비해 군역이 의무였다. 전투에 참가하는 것을 전제로 일정 인원수의 고용인을 두어야만 했다. 예를 들면, 지행미知行米 300석으로 실수입이 120석인 사무라이는 게라이家来나 추겐中間, 하녀下女 등 고용인을 포함 25명의 세대주라고 보면 된다. 이 가운데 식비가 연간 45석(45냥)가량 들어가고, 나머지 75냥 중 게라이나 추겐, 하녀의 월급으로 38냥, 말 사료로 10냥, 땔감용 나무 대금으로 12냥, 그리고 본인과 식구(처자 4명)의 의복비 30냥. 소금, 된장, 안주(반찬), 기름 등의 대금 18냥을 합치면 합108냥이 들기 때문에 가계 재정은 33냥 적자가 된다. 지출은 이것만이 아니다. 지출이 필요한 연간행사도 꼭꼭 챙겼으며, 나아가 친인척들과의 교류도 열심히 했기 때문에 무사의 가계는 적자가 늘어날 수밖에 없는 구조였다. 그 가운데 하급 사무라이의 생활은 더욱 힘들었다.

3) 하급무사의 수입은 최저임금에도 못 미쳤다.

'산료니닌부치三両二人扶持'라는 말이 있다. 무가에 고용살이하는 최하급의 사무라이의 연봉을 말한다. 후치란, 후치마이扶持米[39]의 준말로 부양수당이라는 의미로 1년에 현금으로 3량, 쌀로 2인분이 지급된다는 의미이다. 2인분의 쌀이란 2명이 1년 동안 먹을 수 있는 양을 말한다.

따라서 이치닌부치一人扶持라는 것은 사무라이 한 명이 하루에 2번

---

39) 무사에게 쌀로 주는 급여. 녹미(禄米).

먹는 양을 현미 5홉으로 보고, 연간(360일이라고 한다면) 1,800홉(1석 8말=약 5가마니)이 지급되었다는 것이다. 따라서 니닌부치二人扶持이기에, 3,600홉(3석 6말)이 된다. 후치마이는 매달 지급되었으며, 백미로 할 경우에는 약 20% 정도 줄어들기 때문에 실제로는 하루에 4홉이 되는 셈이다. 참고로 성인여자의 후치마이는 1일 현미 3홉이다.

그러나 주인을 경호하는 도모사무라이友侍(가치라고도 함)나 전시요원으로 고용된 일반 아시가루足軽는 '산료이치닌부치三両一人扶持'의 박봉薄俸이었다. 사람들은 하급 무사의 이런 박봉을 비하卑下해서 '산쁜자무라이三一侍'라 불렀다.

그런데 사무라이에게 지급되는 1일 2식 5홉의 기준이 된 것은 무엇인지 궁금해진다. 그것은 전국시대로 거슬러 올라간다. 지금의 야마나시 현山梨県의 무장 다케다 신겐武田信玄 때부터라고 전해진다. 에도시대는 오전 8시 경와 오후 4~5시 경에 2번 밥을 먹었다고 한다. 그러다가 에도시대 중기인 겐로쿠시대元禄時代가 되면 간식으로 점심을 먹기 시작하면서 하루 3끼 식사가 정착되었다고 한다. 그러나 하루 세끼3食 식사를 하게 되어도 막부에서 지급하는 급료 체계는 인상 없이 1일 현미 5홉 그대로였다.

4) 삭감되는 무사월급

현대에도 오랜 불황으로 급료가 깎이거나, 직장을 잃은 샐러리맨이 늘고 있지만, 에도시대의 샐러리맨인 사무라이는 형편이 더욱 열악했다.

특히 지방의 모든 번은 조카마치의 건설, 경작지의 개발과 거기에

동반한 용수로 개설이나 치수공사 등에 막대한 지출을 했을 뿐만 아니라, 거기에 3대 쇼군 이에미쓰家光 시대에 제도화 된 산킨코타이參勤交代로 인한 재정압박은 번 재정을 어렵게 만들었다. 파탄직전에 있는 지방 번이 속출했다. 유명한 조슈 번長州藩도, 에도 초기에 이미 부채가 있었으며, 에도 막부 말기에는 세입의 약 22배나 되는 빚을 안고 있었다고 한다.

이 부채를 조금이라도 줄이려고, 번은 가신인 사무라이의 급료家禄의 일부를 빌려서 대응했다. 이것을 가리아게借上げ라고 한다. 구보타 번久保田藩=秋田藩에서는 1715년부터 가리아게가 만성화되었으며, 1744년에는 '한치半知'라고 해서 70석이상의 지교도리知行取り로부터는 50%를 빌렸다. 또 히로사키 번弘前藩=津軽藩에서는 1695년에 번 무사의 지교知行를 반으로 줄이고, 이것도 모자라 1,000명이나 되는 사무라이를 해고하는 등 재정난에 대처했다. 경제적으로 어려움에 처했던 사무라이들은 선조로부터 물려받은 갑옷을 저당 잡히거나, 부업을 할 수 밖에 없었다고 한다.

5) 고리대금업자와 무사

에도시대에는 후다사시札差라고 불리는 사채업자高利貸金業者가 있었다. 원래 후다사시는 막부의 구라마이도리蔵米取り 사무라이를 위해서 대리로 쌀을 받아, 의뢰인인 사무라이에게 가져다주는 일을 하였다. 아사쿠사浅草의 구라마에蔵前에 있던 쌀 창고에서 사무라이의 집까지 쌀을 운반해주고 받는 수수료는 100가마니 당 금 1분으로, 여기에 쌀 도매상에게 파는 일도 도우면 100가마니 당 금 2분이었지만, 결코 이 수수료가 비쌌다고는 말할 수 없었다.

사실은 돈이 필요했던 사무라이 중에는 아직 지급되지 않은 구라마이를 담보로 후다사시에게 돈을 빌리는 사람이 있었다. 소위 말하는 가불假拂이다. 이 경우 금리는 약 2~4할, 즉 100가마니의 쌀이 지급되어도, 그 중 20~40가마니는 후다사시의 몫이 되는 셈이다. 그렇지 않아도, 돈이 궁한 사무라이가 가불을 하는 것이니까, 그만큼의 높은 이자는 갚을 수 없는 경우가 늘어 몇 년 후에는 월급으로 받을 쌀을 모두 후다사시에게 저당 잡히는 사무라이도 있었다. 유명한 후다사시 중에는 메이지시대에 재벌이 된 사람도 있다.

그래서 막부는 금리를 낮추거나, 수년전에 빌린 돈을 탕감해주는 기엔령棄捐令을 시행하거나, 빚을 분할해서 갚도록 한다거나 해서, 후다사시를 단속했다. 그렇지만, 쌀값이 하락하는 등의 이유로 해서, 사무라이가 빌린 돈은 줄기는커녕 늘어가기만 했다.

6) 궁핍한 무사들이 할 수 있는 것은 학문과 부업

이처럼 경제력이 없고, 무력을 사용할 수 없는 에도시대의 무사들이 택할 수 있는 방법은 지배계급으로서의 엄격한 규율과 도덕을 지키면서 학문에 전념하는 길 밖에 없었다. 무사들이 유학에 관심을 가지게 된 이유도 위의 사실과 관계가 있다. 당시 무사들의 학문의 주류는 주자학이었다.

무사들은 가령 하급무사라 하더라도 적어도 한학漢學의 기본은 알고 있는 지식인들이었다. 이들은 무사로서의 체면을 목숨보다도 중요하게 생각했다. '무사는 먹지 않아도 이수시게'라는 말이 있는 것처럼 배가 고파도 그렇지 않은 척 배부른 척하는 표정을 지어야 한다는 의미로 엄격한 자기희생을 통해 권위를 지키고자 했다는 것을 말해준다.

가난한 하급 무사의 생활을 그린 영화,「무사의 가계부」,「황혼의 사무라이 세이베黃昏の淸兵衛」나「무사의 체통武士の一分」을 보면 당시의 하급무사들의 삶이 얼마나 고달팠는지를 알 수 있다. 지배계급이지만 부와는 무관한 삶을 살아갈 수밖에 없었던 무사들이 선택할 수 있는 것은 많지 않았다.

부요인시武陽隱士라는 필명의 낭인무사浪人武士가 쓴『세지겐분로쿠世事見聞録』(1816년)에 의하면, "특히 급료가 적었던 사무라이, 가치(하급 무사), 아시가루(최하급 무사), 그 이하의 사람은 일을 하고 남는 시간 틈틈이 부업으로 우산을 만들거나, 게타(나막신), 아시다(굽이 높은 게타)의 끈을 비롯해 갖가지 세공(부업)을 하거나, 처자도 함께 벌이에 나섰다 조닌町人(장사꾼) 덕에 생계에 보탬이 되었다"라며, 사무라이의 빈궁한 모습을 전하고 있다.

또, 도쿠가와 가문의 세 집안 중 하나인 미토 번水戸藩에서는 번무사 1000명 중에 가록 100석 이하의 사무라이가 700명 있었다. 이들은 부업하는 것을 허락받아 가족이 부업에 힘쓰고 있었다. 아울러 1만석 미만의 영지를 가진 하타모토는 부업 이외에 자신의 영지의 일부를 빌려 주고, 세地代를 받아 생활비로 충당하기도 했다. 막부의 직속 사무라이인 고케닌御家人은 오쿠보大久保 東京都新宿地域 주변에 살던 텟포햐쿠닌쿠미鉄砲百人組처럼 막부로부터 받은 토지를 활용해서 공동으로 부업을 하고, 진달래와 같은 분재를 길러서 팔면 살았는데, 점차 전문적인 기술자가 되었다. 지금도 이어져오고 있는 이리야入谷 台東区의 아사가오이치朝顔市도 고케닌들의 부업에서 시작되었다고 한다. 아사가오는 나팔꽃이다. 이외에 센다가야千駄ヶ谷 渋谷区의 방울벌레나 귀뚜라미의 사육판매, 곤충을 넣는 바구니 만들어

팔기 등이 지금까지 전해지고 있다. 이처럼 사무라이는 우산 만들기, 등불 만들기, 목각 세공, 이쑤시개 만들기, 죽세공 등 다양한 부업을 하면서 가난을 극복했다.

지금까지 무사들의 생활이 궁핍할 수밖에 없었던 이유를 살펴보았다. 권력을 가진 무사계급이 물질적으로 풍요롭지 않도록, 경제적으로 부유한 상인계급은 권력을 가질 수 없도록 했던 막부의 원칙은 예상도 못했던 다양한 사회적 현상을 만들어내었다. 무사들은 봉급쟁이 유학자로 상인계급의 성장은 조닌 문화의 발전을 가져왔다.

(6) 민속화 우키요에浮世繪가 서양미술사에 끼친 영향

지금부터는 우키요에가 서양미술에 미친 영향에 대해서 알아보도록 하자. 1856년, 프랑스 화가 블랙먼이 일본에서 온 도자기의 포장지로 쓰이던 '호쿠사이 만화北齋漫画'의 종잇조각을 발견해서 마레, 드가 등 친구들에게 보여준 것이 인상파 탄생의 발단이 되었다는 일화가 있다. 이것은 우연한 경험이나 발견이 예상치도 못했던 결과나 사회적 현상을 불러일으킨 대표적인 경우라고 할 수 있다.

당시 서양의 화단은 종교적 제재에 얽매여있었기 때문에 새로운 화풍을 갈구하는 분위기가 강했다. 여기에 우키요에의 간결하고 강렬한 색상, 그리고 자유로운 발상과 도안에 매료된 서양 화단에서는 새로운 영감을 불러 일으켰다. 지금까지 본 적도 없는 우키요에의 구도와 색채, 게다가 균질적이면서 쭉 뻗은 윤곽선은 참신한 자극이 되었다. 유럽의 화가들은 동양의 이국적인 미술에 높은 예술성을 부여하며 그들의 예술에 배색을 더해갔다.

드가나 모네, 고흐나 고갱과 같은 화가들은 모두, 우키요에 DNA

를 계승한 신봉자들이었다. 예를 들면, 히로시게広重의 판화를 유화로 표현한 고흐는 수많은 우키요에 판화를 수집했다. 고흐는 다색인쇄多色版画 목판화의 평판에서 음영, 즉 그늘이 없는 것을 보고 이것을 강렬한 태양빛으로 가득한 일본의 기후 풍토라고 생각하고, 자신이 상상한 일본의 기후풍토와 비슷한 프랑스 남부지방에 대해 동경을 가졌던 것으로 알려져 있다.

일본이 처음에 참여했던 만국박람회는 에도시대의 말인 1867년에 파리에서 열렸다. 이 때의 출품물에는 우키요에도 많이 있고, 그 중에는 니시키에錦絵나 판본뿐만 아니라, 화첩이나 두루마리도 포함되어 있었다. 만국박람회에 출품되어 유럽인의 눈에 띄게 된 우키요에는 점차 유럽의 예술운동에 큰 영향을 미치게 된다. 우키요에는 19세기 말 유럽에 '자포니즘Japonism'이 유행하는 계기가 되었다. 우키요에는 유럽사회가 일본이라는 이문화를 받아들이는 과정에 최적의 소재라고 할 수 있을 것이다. 이것은 서브 컬처 유전자를 계승하는 일본의 만화·코믹만화잡지, 애니메이션이 세계적인 관심을 끌고 있는 것과도 일맥상통하는 것인지도 모른다.

아울러 분업화에 의한 우키요 판화 작업은 지금의 애니메이션 제작방식과 매우 닮아 있는 것도 주목해야 될 부분이라고 생각한다. 그런 점에서 에도시대의 조닌문화町人文化가 현대사회의 대중문화로 이어지고 있다고 할 수 있을 것이다. 이것은 우키요에 뿐만 아니라 찰리 채플린이 일본문화의 최고봉이라고 극찬한 가부키도 마찬가지이다.

2. 역사를 보는 관점

학생들에게 역사라는 과목에 대한 느낌을 물어보면 재미있기는 한데, 어렵다고 한다. 인물이나 연도 등을 외워야하는 암기과목이라고 생각하는 경우가 많은 것 같다. 역사관련 강의를 담당하는 사람話者으로서 학생들聽者에게 암기과목이라는 선입견을 바꿀 수 있는 방법이 무엇일까를 고민하던 중 "역사를 과거와 현재 및 미래는 시간적으로 구분되는 것이 아니라, 역사 속에서 연속적인 과정 중의 일부라고 볼 수 있다"고 한 카의 말처럼, 역사의 흐름을 파악할 수 있는 방법으로 역사를 보는 관점(다섯 가지)을 설정하였다.

(1) 역사의 주체 = 인간

인류의 역사가 시작되고 우리는 많은 역사의 인물을 기억하고 있다. 학교에서는 이들을 중심으로 하는 역사를 가르쳐왔다. 그러나 인류가 생겨나서 지금에 이르기까지 이들 수많은 무명씨無名氏들이 있었기에 지금이 있다고 할 수 있다. 그런 점에서 역사 속에 큰 족적을 남기지는 않았지만 자신의 인생을 열심히 살다간 사람들을 소개한다.

1) 페루의 유적

일본 중세역사학자 아미노 요시히코網野善彦는 『일본이란 무엇인가?』[40] 에서 아주 흥미로운 사실을 소개하고 있다.

---

40) 網野善彦(2001)『日本とは何か』講談社, p71.

1613년부터 14년에 걸쳐 페루 리마 시에서 대규모의 인구조사가 있었는데, 조사결과를 보면 약 2만4천 명의 시 인구 가운데 스페인인 약 1만 명, 흑인 1만 명, 인디오가 약 2천 명, 메스티조 약 2백 명, 흑인과 백인 혼혈인 무라토가 약 7백 명 정도로 이 가운데 성직자(남녀 포함) 1천 5백 명이 리마에 살고 있었다. 여기에서 주목할 것은 인디오를 세분해서 구분하고 있는데, 소위 말하는 '아시아계'의 이름이 기재되어 있었다. 여기에는 포르투갈 계 인디오(말라카·고아 등) 56명, 지나中國출신 인디오 38명, 게다가 놀랍게도 '하퐁日本출신 인디오 20명이라고 적혀있었다. 이들 일본인들은 일본식 이름을 사용하고 있지는 않지만, 이 가운데는 스페인 사람의 가정부로 일하는 사람, 옷 수선 가게, 헌옷 가게와 같이 리마 사회의 하층민에 속하지만 직업을 가지고 자립생활을 하고 있는 사람들이 대부분이었다.

이뿐만 아니라 멕시코의 과달라하라Guadalajara의 16세기 공증인公證人문서를 보면 이곳에도 일본인들이 살고 있었다는 것을 알 수 있다.[41] 16세기에 직선거리로 치면 1만5천 킬로 이상 떨어진 태평양을 건너 상당한 수의 일본인들이 남미대륙으로 건너가 정착생활을 하고 있었던 것이다.

2) 영국인 탐험가 어니스트 새클턴[42]

1999년 영국 BBC 방송 설문조사 결과 지난 1,000년간 가장 위대했던 탐험가 중 5번째(크리스토퍼 콜럼버스, 제임스 쿡, 닐 암스트롱,

---

41) 綱野徹版(1992)「インデイオ・スペイン人・『インカ』歴史学研究会編『南北アメリカの五百年「他者」との遭遇』青木書店. 綱野善彦(2001)『日本とは何か』講談社에서 재인용.
42) 캐롤라인 알렉산더(2003)『인듀어런스 어니스트 새클턴의 위대한 실패』뜨인돌.

마르코 폴로, 어니스트 새클턴 순)로 어니스트 새클턴을 선정했다. 어니스트 새클턴은 흔히 세간의 주목을 받는 성공한 탐험가가 아닌 실패한 탐험가이다.

지금으로부터 약 100년 전인 1914년 어니스트 새클턴이 이끄는 영국의 남극 탐험대가 탄 인듀어런스호는 갑자기 얼어 버린 바다에 갇혀버렸다. 연평균 기온 영하 55℃의 살인적인 추위 속에 식량과 연료가 떨어져가는 극한상황에서 새클턴은 조난 후, 가장 먼저 지급되는 특식을 없앴다. 먹을 것이 부족한 상황에서 자기 몫을 다른 대원들과 공평하게 나누었다. 대원 중에 뒤처진 사람이 생겼을 때도 그를 포기하지 않고 직접 구출에 나섰고, 목숨이 위험한 상황에서도 항상 대원들의 맨 앞에 섰다. 그의 헌신적인 모습에 대원들은 서로 믿고 위하는 마음을 가지게 되었다.

1916년 10월 8일, 길고 길었던 어니스트 새클턴의 남극탐험은 남극에서 고립 634일 만에 28명의 전 대원을 무사 귀환시키고 끝났다. 이들의 남극대륙횡단은 실패로 끝났지만 이들의 '영광스러운 실패'는 절망적인 상황에서도 희망을 잃지 않고 서로를 신뢰했던 위대한 인간애와 새클턴의 진정한 리더십이 있었기 때문에 무사귀환 할 수 있었다. 실패한 탐험가였지만, 극한 상황에서 빛을 발한 진정한 리더로서 기억되고 있는 인물이다.

3) 루벤스의 초상화 '한복을 입은 남자'와 안토니오 꼬레아[43]

유럽 땅에 건너간 조선인으로 당대 최고의 화가였던 루벤스의 드로잉 작품 '한복을 입은 남자'의 주인공으로 추정되는 안토니오 코레

---

43) 개성상인(송상)의 아들인 유승업.

아라는 남자가 세간의 관심을 불러일으킨 것은 1993년에 출판된 오세영의 소설[44]의 영향이 크다. 사실 이전에도 신문 등을 통해 이태리 남부 알비 마을의 코레아 씨와 안토니오의 관계 기사와 루벤스 작품에 대한 보도[45]가 국내에 알려지면서 많은 이들이 궁금증을 가지게 되었다.[46] 소설 『베니스의 개성상인』에는 임진왜란 때 포로가 되어 일본으로 끌려간 조선 소년 유승업이 우여곡절 끝에 이태리 최대의 무역도시 베니스의 무역상사의 매니저를 거쳐 이태리에 정착하게 되는 과정을 그리고 있다. 작가 오세영은 신문 기사를 보고 10여 년의 세월동안 자료를 모아 소설로 만들었다고 서문에 적고 있다. 작가도 그렇지만 서양사학자인 곽차섭 교수 역시 책속에서 그림 속의 주인공이 조선 사람 안토니오 코레아인지 어떤지를 확실하게 밝힐 수는 없다고 전제하고 있기는 하지만, 가능성이 높다고 생각하고 있다.

지금 소개한 세 가지는 세상에 잘 알려지지 않은 것들이다. 인류의 역사는 역사교과서에 나오는 유명한 인물뿐만 아니라, 이런 수많은 무명씨無名氏들이 있었기 때문에 발전되어 왔다. 그런 점에서 역사를 보는 관점, 첫 번째는 다수의 무명씨들이야말로 역사의 주체라는 인식에서 출발할 필요가 있을 것이다.

(2) 역사의 전개와 발전

역사의 전개와 발전과정을 보면, 위정자의 뚜렷한 통치이념과 정책의지가 반영된 프로젝트가 국가의 미래를 결정짓는 경우가 많

44) 오세영(1993) 『베니스의 개성상인』 장원.

45) 1979년 10월 7일자 『한국일보』 등.

46) 곽차섭(2003) 『조선 청년 안토니오 코레아 루벤스를 만나다』 푸른역사.

다. 한편, 역사과정을 보면 오히려 예상치도 못했던 우연한 만남이나 사건이 역사의 물줄기를 바꾸어 놓은 경우가 생각보다 많다는 사실이다. 그러나 많은 사람들은 그러한 사실을 잘 모르고 있다. 여기에서는 1)위정자나 권력의 의지대로 전개된 역사와, 2)전혀 예상치도 못했던 '우연'이 '필연'이 되어 역사의 흐름을 바꾼 경우를 알아본다.

1) 위정자나 권력의 의지대로 전개된 역사

첫 번째는 일본 고대국가의 초석을 만든 아스카시대飛鳥時代의 쇼토쿠 태자聖德太子를 꼽을 수 있다. 쇼토쿠태자의 본명은 우마야도황자厩戸皇子, 도요토미미노미코토豊聡耳命이다. 우마야도라는 말은 '마굿간'이라는 의미로 『니혼쇼키日本書紀』에 '성聖스러운 아기는 마굿간馬小屋에서 태어난다.'는 전승에서 붙여진 이름이라고 하지만, 어디까지나 설화로 태어난 곳의 지명에서 비롯되었다고 한다. 도요토미미노미코토豊聡耳命는 귀가 10개인 왕자라는 뜻으로 태자의 총명함을 표현한 이름이다. 반면, 쇼토쿠는 사후에 붙여진 이름이다.

쇼토쿠 태자는 소가 氏蘇我氏와 혈연관계인 요메이用明 천황과 황후 아나호베노하시히토노히메미코穴穂部間人皇女 사이에 태어나 소가노 우마코蘇我馬子의 딸과 결혼하였다. 쇼토쿠 태자는 고대국가 일본의 초석을 만든 인물로 예나 지금이나 일본인들의 존경을 받고 있다. 고분시대 말(6세기 말에서 7세기 초), 중국에서는 강력한 통일국가가 성립되었다. 수나라(589~618)와 당나라(618~907)이다. 일본도 중국의 영향을 받아 중앙집권국가가 만들어졌다.

나아가서 중국에는 사신을 보내 대륙으로부터 선진 정치와 문화를 적극적으로 받아들였다. 이들 사신단을 견수사라 한다. 7세기 초, 유학생과 유학승들로 구성된 사신단을 중국에 파견한다. 그 후 9세기 말까지 10차례 이상 사신단을 파견한다. 당시 중국은 수나라에서 당나라로 바뀌었기 때문에 사신단은 견당사遣唐使로 바뀌었다.

쇼토쿠 태자가 구상했던 중앙집권적인 왕권국가는 그가 죽고 난 다음인 7세기 중엽 실현된다. 이 국가는 중국 당의 율령제도를 받아들이고, 645년 처음으로 '대화大化'라는 연호를 사용하는데 이것을 '대화개신大化改新'이라 부른다.

위정자나 시대의 리더에 의해 만들어진 의도한 대로 전개된 역사의 두 번째는 메이지유신明治維新에 의한 일본의 서구화와 근대화를 들 수 있다.

에도시대 말, 개항에 이어 시작된 근대 메이지시대는 그 동안의 쇄국정책으로 둘러쳐져있던 여러 제약들이 사라지고 정부주도의 부국강병, 식산흥업정책들이 서양의 문물·제도를 적극적으로 받아들이면서 추진되었다. 이렇게 해서 서양문화를 모방한 문명개화의 시대가 열린 것이다.

개국 이후, 문화 유입은 유럽으로부터의 유입이 압도적 우위를 차지했다. 이것은 오랫동안의 봉건적 억압과 인습으로부터 일본인들을 해방시키고, 공장과 철도, 우편, 학제가 도입되면서 서구화의 생활양식을 가능하게 만들었다. 그러나 한편으로는 전통문화를 무시하거나 홀대하는 경향이 생기면서 서구화만이 능사라고 믿는 사회적 풍조가 생겨나기도 했다.

메이지 근대화가 일본이 아시아의 새로운 강국으로 부상시킨 개혁의 시대이며, 일본인들이 자국의 역사에서 세계를 상대로 자신감을 가지게 만든 시대라는 점에서 높이 평가하는 것은 인정을 한다.

그러나 일본문화를 연구하는 입장에서 보면 상대적으로 평가 절하되고 있는 에도시대는 외래문화의 영향을 최소한으로 받으면서 지금의 전통문화가 확립된 시대였다는 점에서 주목할 필요가 있을 것이다.

2) '우연'이 역사의 흐름을 바꾼 경우

원시·고대시대에서는 야요이시대 도래인과 벼농사, 금속기의 전래, 후지와라 씨에 의한 섭관정치攝關政治 등을 꼽을 수 있다. 중세시대에는 미나모토노 요리토모와 호조 마사코北条政子의 결혼, 송전宋錢의 전래,[47] 몽골의 침략,[48] 화승총鐵砲의 전래,[49] 근세의 산킨코타이參勤交代[50]와 인구의 증가, 교통 인프라의 발달, 화폐와 정보의 유통, 농업지향적 정책에 따른 도시상인 계급의 성장 등 이루 헤아릴 수 없을 정도로 많다.

이 가운데 일본역사에서 최초로 무사정권을 만든 미나모토노 요리토모와 정실부인 호조 마사코와의 결혼, 화승총의 전래와 전국시대, 산킨코타이를 가지고 설명을 해 보기로 하자.

먼저 가마쿠라 막부의 성립은 일본 최초의 무사 정권의 성립을 의

---

47) 일본에서 송전이 본격적으로 유통된 것은 12세기 후반으로 당시 정권을 잡고 있던 다이라(平)정권의 대송무역을 통해 대량의 송전이 일본에 들어왔다. 이후 가마쿠라시대가 되면 송전의 유통은 더욱 활발하게 일어난다.

48) 겐코(元寇)라고도 함. 가마쿠라시대 중기, 당시 대륙을 지배하던 몽골(원)이 두 차례(1274, 1281)에 걸쳐 일본을 침략한 것을 말한다.

49) 1543년 명나라로 향하던 포르투갈인이 표류하여 규슈의 다네가시마(種子島)에 도착하였다. 이후 포르투갈·스페인인들이 나가사키 등지에 내항하여 무역을 시작하였으며, 1549년 야소회의 선교사 프란시스코 자비에르가 기독교를 전파했다.

50) 參覲이라고도 함. 覲의 의미는 알현하다, 배알하다는 의미로 중국에서는 제후(諸侯)가 天子를 알현하는 것을 말한다. 일본에서는 지방의 다이묘(大名)들이 교대로 쇼군(將軍)을 배알하기 위해서 에도에 가는 것을 말한다.

미한다. 이후 약 700년간 무가 정치가 지속. 가마쿠라시대는 역사상 유례가 없는 2개의 정치체제, 즉 공무 이원公武二元적 지배 체제가 존재하게 된다. 동쪽의 왕권에는 막부, 서쪽의 왕권에는 조정. 막부는 관료 조직과 강력한 군사력을 갖추고 있었던 반면, 조정은 관료 조직과 권위, 전통과 제사권을 가지고 있었다.

성립 초기의 막부는 의외로 허약했기 때문에 무가 정권은 조정의 권위를 필요로 했다. 무가 정권이 강력한 권력을 장악하게 되는 것은 에도시대에 이르러서이며, 그 후로도 계속 강대한 무력을 지녔음에도 불구하고 조정을 타도하는 일은 없었다. 무사들은 조정의 권위에는 의외로 약했던 것이다. 이것이 무사 시대를 이해하는 포인트라고 할 수 있다.

또 한 가지 무사 시대를 이해하는 포인트는 원래 무사는 '토지의 사유私有'를 계기로 탄생되었다는 점이다. 토지를 소유하면 그 토지를 다른 사람에게 빼앗기지 않기 위해 무장을 하게 됨으로써 무사가 탄생한 것이다. 얼마 후 무사들 사이에 토지를 보장받는 대신 주군에게 복종해야 한다는 규칙이 생겨났다. 이것이 봉건제도이다. 봉건제도로 전국의 무사를 통솔하는 데 성공한 사람이 바로 미나모토노 요리토모였다. 토지를 매개로 한 무사 통솔 시스템은 무로마치시대까지 이어진다.

가마쿠라 막부는 겐페이갓센源平合戰(1180~1185)이라는 겐지 무사단源氏武士団과 헤이시 무사단平氏武士団 사이에 전개된 내전 속에서 탄생한 최초의 무사 정권이다. 막부는 종전과는 다른 고온御恩과 영지 지급領地給與 방식이라는 새로운 통치 방식을 가지고 시작되었다. 관동東國 무사들에게는 영지를 늘리기 위한 은상 획득 수단으로 전투가 이용되었다.

당시 무사들 사이에는 '온코소누시恩こそ主'라는 말이 있었다. '온恩'이란 주군이 내리는 영지를 뜻한다. 이 말속에 담긴 진정한 의미는 '자신들에게 영지를 나누어 줄 수 있는 자야 말로 진정한 주군'이라는 뜻으로 당시의 무사들에게 있어 진정한 주군은 인물이 아닌 토지라는 것을 의미한다.

무사가 중앙의 정치에 관여하는 계기가 된 호겐·헤이지의 난에서도 겐지 가문과 다이라 가문은 일족이 나뉘어서 싸움을 벌였던 것이다. 이처럼 중세 시대 무사들의 주종제는 철저한 기브 엔 테이크 관계로 이루어진 쌍무 계약적인 주종 관계였다.

이렇게 출발한 막부는 국가 권력 전체 속에서 군사·경찰 부문을 담당하는 군사 권력軍事權門으로 조정으로부터 독립된 권력을 지향하는 무가 정권이었다. 요리토모의 통치는 고온과 영지 지급을 베이스로 한 고케닌제御家人制 무사 정권의 시작이었다. 이후 무사들은 무예 연마를 진작하며 귀족과의 차별화된 무사 문화를 만들어 나갔던 것이다.

그런데 여기에서 한 가지 짚고 넘어가야 하는 것은 일본 역사상 최초의 무사 정권인 가마쿠라 막부를 일으킨 초대 장군 미나모토 노 요리토모의 머릿속에 자신이 일본 최초로 무사 정권을 만들어야겠다는 원대한 포부가 있었을까 라는 것이다. 당시의 사료 어디를 찾아보아도 요리토모가 조정과는 차별화된 무사 계급이 중심이 된 정권을 만들어야겠다고 피력한 기록은 없다. 그렇다면 누가 최초의 무사 정권을 만들었다는 말인가? 정답은 시대적 상황이 그렇게 만들었다고 할 수 있다. 어떻게 보면 일본역사가 앞으로 700여 년간 무사 계급에 의해 만들어져 가는 출발점에 해당하는 가마쿠라 막부는 어찌어찌하다가 보니 정권이 만들어지고, 조금씩 정권으로서의 틀이 잡히면서 700년이라는 긴 세월 동안 이어졌다는 사실이다.

다음은 거병 전 요리토모의 러브 스토리를 소개하기로 하자.

요리토모는 헤이지의 난 때, 다이라노 기요모리의 정적으로 경쟁하다가 밀려나 전사한 미나모토노 요시토모源義朝의 3남으로 실질적인 적자嫡子였다. 그러나 아버지의 죽음과 함께 몰락한 겐지의 도료에게 주어진 선택지는 많지 않았다. 다행히 죽음을 면하고 관동의 이즈伊豆로 귀양살이를 떠나는 길만이 남아 있었다.

요리토모는 소년기에 이즈로 귀양 와서 헤이시의 감시를 받으면서 유년기와 청년기를 보내고 있던 앞날을 기약할 수 없는 세월을 사는 한 젊은이였던 것이다. 이런 요리토모에게도 사랑하는 사람은 있었다. 첫 번째 여인은 야에히메八重姫라는 이즈의 지방 무사 이토 스케치카伊東祐親의 딸이었다. 이토 스케치카는 요리토모를 감시하는 무사였다. 하지만 이들의 사랑이 가능했던 것은 스케치카가 교토를 경비하는 번역番役으로 교토에 가 있는 동안 요리토모와 사랑에 빠지고 둘 사이에 아들 지즈마루千鶴丸가 태어난다. 그러나 스케치카가 교토에서 돌아와 보니 자신의 딸과 자신이 감시해야 하는 죄인 요리토모와의 사이에서 아들이 태어났던 것이었다. 보통의 할아버지라면 어떻게 했을까?

스케치카는 다이라에게 알려지는 것이 두려워 외손자 지즈마루를 연못에 던져 죽이고, 요리토모를 살해하려 한다. 그러나 요리토모는 야에히메의 오빠 스케키요祐淸의 도움으로 호조北條의 집으로 피신을 하게 되고, 스케치카는 딸을 다른 무사에게 시집보내 버리면서 이 사건은 일단락된다.

다음 이야기는 피신 간 호조 집안에서 일어난다. 요리토모는 이번에는 호조 도키마사의 장녀 마사코와 사랑에 빠진다. 두 사람이 사랑에 빠진 것은 마사코의 아버지 도키마사時政가 교토 근무 중이었다. 원래 요리토모가 좋아한 사람은 마사코가 아니라 마사코의 여동생이었다. 하루는 요리토모가 하인을 보낸 사랑편지를 보냈는데 이것이 배달 사고로 마사코에게 전해지면서 시작되었다는 비하인드 스토리가 숨겨져 있다.

이 두 사람의 사랑과는 상관없이 도키마사는 같이 교토에서 근무하던 동향同郷의 젊은 무사 야마키 가네타카伊豆国目代·山木兼隆를 예비 사위로 점찍고 딸 의사와는 상관없이 결혼 약속을 하고 귀향한다. 그러나 와서 보니 앞서 소개한 스케치카와 마찬가지 도키마사도 요리토모와 딸 사이를 인정하려 하지 않는다. 도키마사는 마사코에게 가네타카와 결혼할 것을 권유하고 가네타카에게 시집보내려 한다. 그러나 마사코는 아버지의 권유를 거부하고, 비가 쏟아지는 야밤에 요리토모에게로 달려가 부부의 연을 맺게 된다. 이후 도키마사는 어쩔 수 없이 두 사람의 결혼을 인정하고 요리토모를 사위로 받아들이고 이때부터는 적극적으로 요리토모를 도와주는 후원자 역할을 하게 된다.

헤이시 타도를 외치는 시대적 분위기를 이용해서 헤이시 편이었던 도키마사는 요리토모의 거병을 모의하는 쪽에 서면서 무사의 본류 가문 출신인 요리토모가 거병 세력의 도료로 설 수 있도록 자신의 역량을 최대한 동원해서 도와주는 선택을 하게 되고 이것이 토대가 되어 거병이 성공하면서 요리토모가 막부를 열게 되는 계기를 만들어 주었던 것이다.

당시 기록에는 딸 가진 두 명의 아버지의 심경을 다음과 같이 전하고 있다. 먼저 스케치카는 '부모가 누군지도 모르는 자를 사위로 삼을 수 가 없다. 헤이시가 지배하는 이 세상에 유배 온 자를 사위로 맞을 바에는 차라리 내 딸을 걸인에게 시집보내는 것이 낫다.' 당시 '헤이시가 아니면 사람이 아니다'는 말이 있을 정도로 세상은 헤이시 천하였다는 것을 감안하고 보면 스케치카가 한 말을 일정 부분은 이해하기가 쉬울 것이다. 반면, 도키마사는 '딸은 하나인데 사윗감은 둘이라서 고민이다. 하나는 내가 정해 둔 사람이고, 하나는 딸이 정한 사람, 어느 쪽을 해야 하나'

스케치카와 도키마사, 두 사람의 생각의 차이는 결국 한 집안은 몰락하고, 다른 한 집안은 겐지 장군가의 외척으로 150년 간 막부 정치를 주도해 나가는 계기를 만들게 된다.

어떻게 보면 사소한 개인사로 끝날 수 있었던 요리토모를 둘러싼 러브스토리는 향후 일본 역사가 동아시아의 다른 지역이나 국가들과는 다른 정치형태를 만들게 된다. 이후 일본의 정치 시스템을 文보다는 武에서 가치를 찾는 사회의식이 생겨나게 된다.

우연이 역사의 흐름을 바꾼 경우, 두 번째는 전국시대의 뎃포鉄砲(화승총, 조총)의 전래이다. 일본의 전국시대는 화승총의 전래를 전후로 크게 나뉜다. 유럽으로부터 전래된 첨단기술 병기인 화승총은 전쟁의 방법뿐만 아니라, 병농분리兵農分離를 촉진하는 등 일본사회의 본연의 자세도 바꿔 놓았다.

이때 일본 밖에서는 큰 변화가 일어나고 있었다. 유럽 각국은 아시아로 진출하고 있었다. 유럽인들은 르네상스시대 이후 아시아를 향해서 항해를 계속했다. 목적은 무역과 기독교 전파였다. 특히 포르투갈, 스페인과 같은 가톨릭교 국가는 해외로의 진출에 적극적이었다. 아메리카대륙, 아프리카대륙, 아시아대륙으로 진출해 '새로운 세상'을 염원하였다. 이 시대를 대항해시대라고 한다.

포르투갈은 아시아에서는 중국의 마카오를 중심으로 활동하였다. 스페인은 필리핀의 마닐라를 중심으로 해서 활동하였다. 향신료와 견직물은 중요한 무역품으로 아시아 무역은 큰 이익을 남길 수 있었다. 일본인 가운데도 왜구倭寇들이 이미 동중국해에서 활약하고 있었다. 아시아 무역은 세계 무역의 중심이 되고 있었다. 이런 변화의 시대에 유럽인들이 일본에 왔다. 이때부터 중국과 조선의 문화 이외에 유럽문화가 일본 사회에 영향을 미치기 시작했다.

16세기 중엽인 1543년, 포르투갈인 상인이 남 규슈의 다네가시마種子島에 표착한다. 중국으로 가던 중국배가 폭풍을 만나 표착한 것이었다. 이 배에 타고 있던 포르투갈인이 처음 뎃포鐵砲를 일본에 전해 준 것이었다.

뎃포가 일본에 전래되면서 센고쿠다이묘의 전쟁 방법이 바뀌게 된다. 말을 타고 하던 전투가 뎃포를 든 보병 중심의 전투로 바뀌게 된다. 이처럼 새로운 전투방법의 등장으로 일본의 통일은 빨라졌다고 한다.

또 한 가지 큰 변화는 기독교가 일본에 전래되었다는 것이다. 1549년 선교사 프란시스코 자비엘(1506~1552)이 규슈에 와서 기독교를 전파한다. 이때는 가톨릭교를 기리시탄이라 불렀다. 기독교는 규슈를 중심으로 확산되었으며, 다이묘 가운데도 기독교를 믿는 자가 생겨났다. 이런 다이묘를 기리시탄다이묘라 말한다. 로마교황에게 사절을 파견한 기리시탄다이묘도 있었다.

16세기 후반, 싸움을 하고 있던 전국다이묘 가운데 전국 통일을 꿈꾸는 자들이 등장한다. 중부지방의 다이묘 오다 노부나가織田信長는 교토로 올라가 1573년 무로마치 막부를 무너뜨린다. 그 후 서쪽으로 가서 중국지방의 전국다이묘를 무너뜨리지만 도중에 최측근 가신의 배반으로 죽게 된다. 노부나가의 뒤를 가신 도요토미 히데요시豊臣秀吉가 이어받는다. 히데요시는 전국을 통일하고, 전국다이묘를 지배하게 된다. 이것이 1590년의 일이다. 히데요시에 의한 전국통일을 천하통일天下統一이라고 부른다.

천하통일이 이루어지고 난 다음 근세시대가 시작된다. 히데요시는 오사카에 성을 짓고, 여기에서 정치를 행하였다. 그 후로도 오사카는 일본의 경제 중심지로써의 역할을 담당한다. 이 시대의 문화는 힘차고 화려한 것이 특징이다. 그것은 당시의 성을 보면 알 수 있다.

히데요시는 전국적인 토지조사를 실시한다. 이것을 다이코겐치太合檢地라 한다. 히데요시는 다이코겐치를 기초로 해서 세금을 내도록 했다. 더욱이 히데요시는 농민들로부터 무기를 자진반납하게 해서 무사와 농민을 분명하게 나누었다. 이것을 병농분리刀狩り 가타나가리라 한다. 그리고 무사는 조카마치城下町에 거주해야만했다. 이렇게 해서 지금까지의 하극상 풍조를 부정하는 신분제도를 확립한다. 조카마치에 사는 무사가 농촌을 통제하게 되었다는 것을 의미한다. 이 점이 중세사회와 다른 점이다. 또한 히데요시는 외국인 기독교선교사를 추방했다. 기독교의 가르침이 천하통일을 어지럽힌다고 생각했기 때문이다. 스페인, 포르투갈과 같은 가톨릭국가의 지배를 두려워했다는 얘기도 있다. 한편, 히데요시는 중국의 명나라를 정복하기 위해서 두 번이나 조선을 침략한다. 그러나 조선침략은 실패로 끝나고, 히데요시가 죽고 난 다음 철수한다. 이것은 히데요시 정권이 붕괴되는 원인이 되었다.

세 번째는 산킨코타이이다. 도요토미 히데요시가 죽고 난 1600년 전국의 다이묘들은 동군과 서군으로 나뉘어져 싸우는 세키가하라전투가 일어난다. 도쿠가와 이에야스德川家康는 이 전쟁에서 승리를 하고 전국을 지배하게 된다.

1603년에 이에야스는 미나모토노 요리토모처럼 천황으로부터 정이대장군征夷大將軍이 되고 관동지방의 에도江戸에 막부를 연다. 도쿠가와 씨 정권을 에도 막부江戸幕府라 부른다. 이때부터 약 260 년간을 에도시대라 한다. 지방 정부인 번藩에는 막부로부터 산킨코타이 등 여러 가지 의무가 주어졌다. 특히 거액의 비용이 드는 부역공사手伝い普請는 번藩의 재정을 압박하는 수단으로 작용하였다.

(3) 역사란 영원한 것인가?

1) 영원할 것만 같던 후지와라藤原 씨51)의 외척정치

헤이안시대 상급귀족은 천황의 외척이 되어서 권력을 잡고자 했고, 중하급 귀족은 상급귀족과 친척 관계를 맺어서 그 연고로 출세를 꾀하였다.

일반적으로 귀족은 딸의 교육에 신경을 썼다. 좋은 가정교사를 채용해서 와카和歌, 서도書道, 고토琴 등에 능한 숙녀로 키워 천황이나 황태자에게 시집을 보냈다. 그리고 딸이 아들을 낳으면 이번에는 그 손자를 황태자로 한 후, 천황으로 즉위시키기 위해 전력을 다한다. 천황의 외조부는 '셋쇼摂政'나 '간파쿠関白'로서 조정의 지도자가 된다. 이것이 후지와라 씨가 확립한 '셋칸정치摂関政治'이다.

후지와라 씨는 몇 대에 걸쳐서 셋칸의 지위로 거대한 정치권력을 잡는 일에 성공했다. 후지와라 씨는 딸을 차례차례 황실에 시집보내

---

51) 일본 헤이안(平安)시대 중기에는 종래의 율령정치(律令政治)가 변질되어 후지와라(藤原) 씨 일족이 천황의 외척이 되어 섭정(攝政)과 관백(關白)의 지위를 독차지하며 정권을 장악하였다. 섭정과 관백은 당시 귀족으로서 오를 수 있는 최고의 지위로 섭정은 천황이 나이가 어릴 때 대신해서 정무를 집행하고, 관백은 천황이 성인이 되었을 때 천황을 도와 정무를 행하는 지위이다.

고, 그 자식을 천황으로 즉위시켜 천황의 외조부가 되었다. 천황도 외조부의 말을 잘 들었다. 이렇게 해서 후지와라 씨가 권력을 잡을 수 있었다.

천황에게는 많은 부인이 있었기 때문에 대개 여러 명의 황자가 있었다. 황태자가 되기 위해서는 어머니나 처가의 지원도 받았다. 황자와 황녀는 외가에서 태어나 대개 그곳에서 양육되었다. 황자의 아버지는 '천황'이었으므로 만날 기회가 적었지만, 어머니나 외조부와는 많이 친밀했다. 그래서 천황의 생모인 국모国母의 권력은 거대해지고, 그 배경에는 국모의 아버지(=외조부)라는 절대 권력이 있었다. 후지와라노 미치나가藤原道長 3대에는 궁중에 들어간 딸이 모두 10명이나 된다. 그중 5명의 비妃에서 태어난 황자 7명이 즉위했다.

언제까지나 영원히 지속될 것 같았던 후지와라 씨의 영광도 후지와라 씨와 외척관계가 없는 고산조 천황後三条天皇이 즉위하면서 셋칸정치는 그 종말을 맞이하게 된다. 관백인 후지와라노 노리미치藤原教道는 자신의 딸들을 차례로 천황과 결혼시켰으나, 기대와는 달리 딸만 태어났던 것이었다. 그 결과 마침내 셋칸가를 외척으로 하지 않는 고산조 천황이 즉위하게 되는데, 이처럼 후지와라 씨와 외척관계가 없는 천황이 출현하게 된 것은 171년 만이었다. 고산조 천황의 즉위로 인해 셋칸정치는 마침내 그 막을 내리고 만다. 역사에서 영원한 것이란 없다는 것을 후지와라 씨의 성쇠를 통해 알 수 있다.

2) 15세기 대항해시대를 연 유럽

바다를 특정 세력이 '지배'한다는 개념이 만들어진 것은 공격적으로 해외 팽창을 시도하던 근대 유럽에서부터다. 이전까지 대부분의 문명권에서는 육지와는 달리 바다는 통치의 대상이기보다는 그저 텅 빈 공간 혹은 누구나 왕래할 수 있는 공로公路라는 인식이 일반적이었다. 아프리카 동해안으로부터 일본에 이르는 광활한 아시아의 바다는 바로 그런 인식 그대로 누구나 왕래하며 교역을 하는 장소였다.

해적과 같은 방해 요소가 없진 않았지만, 전반적으로 아시아의 바다는 자유로운 상업 무대였다. 상업 활동 중심지인 항구 도시들은 대부분 이방인 상인들의 진입과 활동을 막지 않았다. 후일 유럽 상인들이 비교적 쉽게 아시아의 교역 네트워크에 참여할 수 있었던 것도 원래 이 지역에서 이방인 상인들을 용인하는 특성 때문이었다.[52]

이런 식으로 발전해 오던 인도양 세계에 15세기부터 큰 변화가 연이어 일어났다. 이전의 초 장거리 항해 루트가 점차 권역별로 나누어져서, 아라비아 해, 벵골 만, 남중국 해 등이 각자 어느 정도 독립적인 세계가 됐다. 이런 구조적인 변화와 동시에 중국의 해외 활동에도 큰 변화가 일어났다.

잘 알려진 대로 대항해시대(지리상의 발견) 이전, 명나라의 환관 정화鄭和는 사상 최대의 선단을 지휘하여 아프리카 동해안까지 순항하여 인도양 세계 전체에 위세를 떨쳤다. 그러나 중국이 바다를 포기하자 서양은 바다를 향해서 뛰어들었다. 중국의 '해상 후퇴'와 곧바로 이어진 유럽의 '해상 팽창'은 세계사의 큰 흐름을 갈라놓는 중요한 분기점이다.

---

52) 주경철 앞의 책, pp19~20.

당시 서유럽은 아시아나 이슬람권에 비해서 상대적으로 허약했다. 로마시대부터 난징조약(1842)에 이르기까지 서구는 인도와 중국에 팔 수 있는 경쟁력 있는 기술과 상품이 별로 없었다. 비단, 자기, 향신료와 같은 고급 소비재에서 종이에 이르기까지 유럽은 동방에서 수입해야 했다. 유럽은 또 징기즈칸과 티무르의 말발굽에 시달리기도 했다.

오스만 세력이 콘스탄티노플을 점령하자, 서유럽은 새로운 항로무역 루트를 찾기 위해서 대서양으로 갔다. 풍요의 땅인 인도와 중국을 동쪽 루트를 경유하여 가기에는 힘이 부쳤기 때문이다. 스페인과 포르투갈이 우연찮게 들이닥친 행운을 누렸다. 이후 스페인 군주는 식민지로 끌어들인 아메리카에서 대량의 금과 은을 약탈할 수 있었고, 그 덕분에 유럽은 늘어만 가는 아시아와의 적자무역을 지탱할 수 있었다. 대항해시대를 계기로 유럽은 세계체제의 중심부가 되었고, 이후 눈부신 발전을 거듭하면서 세계사의 중심에 서게 되었다.

(4) 인간관계

1) 가마쿠라 막부의 인재등용

가마쿠라 막부 역사에 있어서 정권을 창출하고 시대적 상황에 맞는 정치형태를 만들어 낸 인물을 꼽으라면 미나모토노 요리토모와 외척 호조 씨北條氏를 들 수 있다.

가마쿠라 막부는 기존의 통치 권력이었던 교토의 귀족정권을 전면적으로 부정하고, 그 정권의 타도를 목적으로 일어난 신흥 정치체제가 아니라, 귀족정권과는 다른 정치이념과 통치방식을 특징으로 하면서 생겨난 무사정권이다. 정권창출이 진행되는 역사과정에는 비

공식적인 인간관계가 선행되고 이것이 원동력이 되어 공식적인 제도가 마련되면서 안정이 이루어졌다고 볼 수 있다. 가마쿠라 막부역시 예외 없이 비공식적인 인간관계, 즉 측근정치에 의해 막부의기초가 다져지고 제도권 속에서의 체제정비가 이루어지면서 무가정권이 실현되었다고 할 수 있다.

주종관계를 기반으로 하는 막부는 다양한 계층으로부터 정권운용에 참여할 적격자를 물색해서 이들을 기용하였다. 적어도 가마쿠라시대 초기, 무가사회의 결합을 보면 귀족사회적 결합과 무가적 결합이 혼재되어 있었는데, 요리토모를 중심으로 한 인간관계에서 귀족적 결합원리와 무가적 결합원리를 동시에 볼 수 있다.

초대 장군 미나모토노 요리토모는 관동의 무사들을 결집하여 주종관계를 기반으로 한 무사정권을 창출하였지만 막부체제의 안정을도모해 나가는 과정에 다양한 계층의 인재를 발탁, 적재적소에 기용하면서 새로운 정치질서를 만들어가야만 하는 과제를 안고 있었다.

요리토모는 유년기, 이즈에서 긴 유배생활을 보내는 동안 유모乳母로부터 물심양면의 지원을 받았다. 그리고 가마쿠라에 막부를 열고나서는 이들로부터 천거 받은 인물들을 막부정치기구나 측근으로발탁하거나, 이들과 주종관계를 맺으면서 인적결합을 넓혀 나간다. 이것은 동국의 호족적 무사들에 비해 상대적으로 열악했던 인적네트워크, 즉 족적기반을 구축하기 위한 것이기도 했다.

새로운 시대로의 이행移行을 갈구하는 사회적 요망에 대응하는 형태로 성립한 무사정권은 당시로써는 획기적인 사건이었다. 이 정치권력의 성립은 고대적 귀족계급으로부터, 중세적 무사계급으로의 이행을 의미한다. 막부의 성립과 발전과정에는 수많은 인간관계가 녹아들어있었으며, 정치권력 주변에는 항상 일정치 않은 다양한 계층,

성향의 인물들이 등장하여 정권유지를 위한 노력을 경주하여 왔으며, 정권 창출과 유지를 위해서는 명분이나 실리, 그리고 정통성만이 작용하는 것도 아니고, 제도나 시스템이 정치를 움직이는 것 역시 아니었다. 정치는 인간관계에 의해서 움직이는 것임을 요리토모 장군기를 통해서 확인할 수 있다.[53]

2) 호조 야스토키北条泰時[54]의 법치주의와 합의제 정치

호조 가는 겐지 장군 가의 외척인 동시에 에보시오야烏帽子親[55]역役을 맡으면서 막부 내에서 부동의 권력을 확보하는데 주력하였다.

가마쿠라시대는 중세형 인적네트워크인 의제적 친족관계擬制的 親族關係가 본격적으로 가동되기 시작하였으며, 호조北条는 인적네트워크를 적극적으로 이용한 전형적인 경우라고 할 수 있다. 중세 무가에서는 주군과 가신의 종적인 관계에서 뿐만 아니라, 무사 상호간의 횡적 연대를 강화, 발전시키기 위한 수단으로써 묘지와 나마에를 매개체로 삼았는데 이것이 중세형 인적네트워크를 구축하는 기본 요건이라고 할 수 있다.

호조는 막부의 개막과 동시에 일관되게 인적네트워크 구축에 집중하였다. 인적네트워크가 가지는 유용성을 인식하고 적극적으로 활용한 인물로는 요리토모와 호조를 꼽을 수 있다.

요리토모와 호조의 공통점은 열악한 족적 기반을 극복해야한다는

---

53) "요리토모 시대는 재판·행정 등 막부정치 행정체제에서 막부의사결정은 요리토모로부터 시작되는 것을 대원칙으로 한다"고 인식하고 있을 정도로 요리토모 시대는 인간관계에 의해서 움직이고 있었 다. 上杉和彦(2003)『源頼朝と鎌倉幕府』新日本出版社, pp166~167.

54) 호조 야스토키(北條泰時 1183년-1242년, 재임 1224년-1242년)…3대 싯켄(執權)

55) 옛날 관례(冠禮) 때, 부모 대신 에보시(烏帽子)를 씌워 주고 이름을 한 자(烏帽子名)를 지어 주던 대부 (代父).

것이었다. 그러나 양자는 열악한 족적 기반을 극복하기 위해서 인적 네트워크를 강화해 나갈 수밖에 없었다는 점에서는 동일한 고민을 안고 있었지만, 근본적인 부분에서는 차이가 있었다.

요리토모의 경우는 장군으로서의 권위를 배경으로 독재적 통치권의 확보와 행사에 초점이 맞추어져 있었다. 반면 호조는 장군 가將軍家의 외척이라는 유한한 한계적 지위에 안주하지 않고 항구적恒久的인 권력 확보를 위해서 인적네트워크를 구축하는데 진력하였다고할 수 있다.

양자의 인적네트워크 구축은 정치적 명분이나 정당성과는 상관없는 현실이라는 처절한 생존 서바이벌에서 살아남기 위한 노력의 결과라고 할 수 있다. 그러나 분명한 사실은 양자의 인적네트워크 구축은 무가적 결합원리武家的結合原理를 통해서 이루어졌다는 사실이다. 이것은 12세기에 정착된 중세 무사의 '이에家' 성립과 밀접한 관계를 가지고 있다고 할 수 있다.

인적결합문제는 일본사회의 기저부분基底部分을 다루는 중요한 과제라고 할 수 있다. 요리토모나 호조는 '전통적인 인간관계'라고 하는 당시의 사회적 통념을 벗어나지 않는 범위 내에서 고케닌 통제와 권력 강화를 꾀하였던 것이며, 이것은 무가사회의 인적결합이 가지는 메커니즘을 제대로 이해하고 효과적으로 이용한 결과라고 할 수있다.

법치주의法治主義와 합의제정치合議制政治를 표방하면서 시스템통치를 구현한 싯켄執權 호조 야스토키北條泰時의 정치도 근간은 인간관계, 즉 인적네트워크 구축이었으며 그것이 현실과 명분을 동시에 추구하는 틀에서 이루어졌었다는 것이 의미하는 바는 크다. 그리고 가마쿠라시대는 중세형 인간관계二重的結合가 정착되어 가는 시기였다는 것을 간과해서는 안 될 것이다. 그런 점에서 야스토키는 중세적 결합원리를 적극적으로 활용하면서, 통치권적 지배를 실현할 수 있는 토대를 만들었던 것이다.

미나모토 장군 가가 단절되고, 셋게 장군 가摂家将軍家로 바뀌어도 호조는 장군 가와 결합관계를 유지하면서 무가사회에서 최강의 결합을 유지하기 위해서 부단히 노력을 경주하였던 것이다.

호조 권력은 장군 가의 권위를 배경으로 하면서 측근세력 확충에 진력을 다하였다. 따라서 호조의 인적네트워크는 히칸被官이라는 가신단 육성과 장군 가와의 결합이라는 두 가지 측면에서 이루어졌다. 이것을 통해서 호조는 권위를 이용한 권력 구축을 실현해 나갔던 것이다.

(5) 모방(Borrowing)에서 창조

1) 일본문화의 형성과 발전도 모방에 시작

원시시대에서 고대로 넘어가는 시기에는 한반도에서 도래인들이 건너오면서부터 시작되었다. 일본열도를 찾아 온 도래인의 수는 당시로서는 엄청난 숫자였다. 이들은 상당한 지식과 기술을 보유한 집단들이었다.

일본역사의 시작점이라고 할 수 있는 조몬시대는 약 1만년 가량으로 역사 발전이 완만하게 진행되었다. 비유하자면 잔잔한 호수와 같은 시기였다고 할 수 있을 것이다. 호수는 표면에서 봤을 때는 눈에 띄는 변화가 느껴지지 않지만, 수면 하에서는 끊임없이 생명체들이 움직이면서 변화를 만들고 있다.

그래서 조몬시대를 눈에 띄는 큰 변화는 없지만, 조금씩 그리고 서서히 흘러가고는 있었기 때문에 단색으로 그려진 흑백의 시대라고 비유할 수 있을 것이다. 그러다가 일본열도에 도래인들이 들어오면서 호수에 큰 돌이 던져진 것처럼 예상치도 못했던 파장을 일으키기 시작했다. 이 파장은 호수의 모양을 바꾸어 버릴 정도의 변화를 가져왔다고 할 수 있다. 이렇게 시작된 야요이시대를 기점으로 일본역사는 다양한 색채가 더해지기 시작했고, 세월이 흐르면서 일본적인 색채를 더해 간다.

그러나 여기에서 우리가 간과해서는 안 되는 것은 일본적인 문화 가운데 많은 부분은 다른 지역이나 국가들과의 교류를 거치면서 지금의 모습이 만들어졌다는 것이다. 일본문화의 대부분은 이런 과정 속에서 형성되고 발전해 온 것들이다.

2) 위대한 발견이나 이론도 모방에서 시작

데이비드 코드 머레이는 저서 『바로잉(원제 Borrowing Brilliance』[56)]에서 "천재들과 위대한 혁신가들도 다른 이들의 아이디어를 빌리고 모방"하는데서 시작했다고 했다. 생명과학의 위대한 이론인 다윈의 진화론은 찰스 라이엘의 지질학적 진화 개념과 맬서스의 생존경쟁 개념을 결합했으며, 월러스의 논문 대부분을 참조(?)했다는 것은 학계에서도 유명한 사실이었으며, '더 멀리 바라보기 위해 거인들의 어깨에 올라서야 했다.'고 한 아이작 뉴턴은 자신의 미적분법이 다른 과학자들의 아이디어를 훔친 것이라는 비난을 받았을 때 이런 말을 했다. 위대한 상대성 이론을 만든 알베르트 아인슈타인도 '창의성의 비밀은 그 원천을 숨기는 방법을 아는데 있다.'고 했을 만큼 위

---

56) 데이비드 코드 머레이 지음. 이경식 옮김(2001) 『바로잉(원제 Borrowing Brilliance』 흐름출판.

대한 발견이나 발명에는 표절과 창조의 재배열에 의해 이루어졌다. 빌 게이츠가 애플 매킨토시의 운영체제를 모방해 윈도즈를 탄생시켰으며, 그 매킨토시는 스티브 잡스가 제록스의 팔로 앨토 연구소가 연구하던 '마우스를 움직여 아이콘을 클릭'하던 개념을 빌려 만들었다는 것은 IT업계의 유명한 사례이다.

지금까지 소개한 사람들의 공통점은 위대한 모방꾼이라는 점이다. 이처럼 남의 아이디어를 빌리고 그 거대한 거인들의 어깨 위에 올라타는 것에서부터 새로운 혁신과 아이디어가 생겨났던 것이다.

제3장. 일본의 역사와 문화

여기에서는 해양국가 일본의 역사문화를 시대별로 기술하고, 각 시대를 이해할 수 있는 키워드를 소개한다.

1. 원시시대

(1) 일본역사의 시작 - 조몬시대

역사는 지나간 과거의 사회와 사람들의 생활을 다루는 학문이다. 사실事實과 그 배경 및 원인에 대해서 연구하는 것이다. 그러나 현재라는 시간 속에서 역사의 흔적을 아는 것도 중요하다. 역사라는 학문은 단순히 과거를 알고 현재를 아는 것에 머물지 않고 미래까지도 예상할 수가 있다. 역사를 전부 암기할 필요는 없다. 중요한 것은 역사의 흐름을 아는 것이다.

일본역사에서 가장 오래된 시대를 원시시대라고 한다. 아직 문자가 없었다. 그렇기 때문에 유적이나 유물을 통해서 당시의 생활을 알아보아야 한다. 이것을 연구하는 것이 고고학考古學이다. 지금으로부터 200~100만 년 전, 지구상에 인류가 살기 시작했다. 일본열도에 인류가 살기 시작한 것은 2만 5,000년 전부터라고 추정한다. 그 당시 일본은 지금과 같은 섬이 아니었고 아시아대륙과 연결되어 있었다. 사람들은 물고기를 잡거나 열매를 채취하면서 자연 속에서 생활하였다. 먹거리를 찾아 이동생활을 했었다.

사람들은 돌로 만든 도구, 즉 석기stone tools를 사용했다. 그래서 이 시대를 원시시대 가운데 구석기시대Paleonlithic Period라고 했다. 일본에서 구석기시대의 생활상을 알 수 있게 된 것은 1949년으로 당시의 생활도구인 석기가 발견되면서부터이다.

1만 년 전부터 일본열도는 지금의 모습을 하게 되었다. 빙하기가 끝나고 기후가 따뜻해졌기 때문이다. 나무와 풀도 많아지고 작은 동물들도 살기 시작했다. 이때가 되면 사람들은 석기 이외에 흙을 빚거나 구워서 만든 토기pottery를 사용하고, 음식을 익혀서 먹기 시작한다.

이처럼 생활도구를 만들기 시작했다는 것은 인류의 역사에서 새로운 진보라고 할 수 있다. 토기는 새끼줄을 사용하여 모양을 내었다. 줄무늬 모양이다. 이것을 승문토기繩文土器라고 하는데, 일본어로는 조몬토기라고 부른다. 이 시대는 신석기시대Neolithic Period에 해당되며 조몬시대라 한다.

조몬시대 사람들은 둥근 모양의 움막집에서 생활했는데 이런 형태의 주거를 수혈주거, 즉 다테아나竪穴住居라고 한다. 다테아나 주거 주변으로 패총貝塚 shell monuds 유적이 남아있다. 패총은 당시 사람들이 먹었던 조개를 버렸던 곳으로 패총유적을 통해서 사람들이 채집생활을 했었다는 것을 알 수 있다.

미국인 모스Edward S. Morse(1838~1925)는 패총을 발굴하면서 과학적인 방법으로 일본의 원시시대를 규명하였다. 1877년의 일이다. 이때부터 일본에서는 근대과학에 의한 원시시대의 연구가 본격적으로 시작되었다.

이 시대에는 흙으로 빚은 인형인 토우土偶가 많이 제작되었다. 토우는 여성의 모습을 하고 있었다. 사람들은 여성에게는 생명의 힘이 있다고 생각하고 기원할 때 토우를 이용하였다. 당시는 기후와 자연환경이 혹독하였기 때문에 사람들은 특별한 여성을 통해서 신에게 소원을 빌었다. 특별한 여성에게는 주술적 능력shamanistic powers이 있다고 믿었다. 이것은 당시는 여성의 역할이 컸다는 것을 말해준다. 그리고 성인이 된다는 것은 대단한 것으로 성인이 되면 발치拔齒를 하는 풍습이 있었다.

이러한 조몬시대는 지금으로부터 약 1만 년 전부터 2,300년 전까지 지속되었다. 이 시대의 특징으로는 자연에서 얻어지는 것을 가지고 생활하는 채집경제였다. 이때에 유력자가 있었는지 어떤지는 알 수 없다. 조몬인들의 생활은 자연의 힘에 의해 좌우, 자연재해와 질병에 대한 저항력이 약했다. 그 때문에 주술에 의지하여 재해를 막으려 하고 풍족한 자연의 혜택을 얻으려 했다.

(2) 벼농사의 시작 – 야요이시대

기원전 3세기 경 농경문화가 시작되었다. 대륙으로부터 새로운 생산기술이 들어왔기 때문이다. 벼농사 기술과 금속기를 사용하는 기술이다. 농경문화가 시작되면서 일본은 급속하게 변화하게 된다.

이때에는 새로운 토기도 제작되었다. 이것을 야요이彌生 토기라고 한다. 이 토기는 도쿄의 야요이쵸彌生町라는 곳에서 처음 발견되었기 때문에 그 이름을 따서 붙인 이름이다. 야요이 토기는 검은 색의 조몬 토기와는 달리 붉은 빛을 띠는 얇은 토기이지만 단단하고 튼튼하였다.

문양은 복잡하지 않고 단순했다. 이 시대를 토기 이름을 따서 야요이시대弥生時代라 부르게 되었다. 농경문화와 금속기를 사용하는 야요이문화弥生文化는 대륙으로부터 들어왔다. 중국의 한나라Han dynasty(前漢 B.C. 202~A.D. 8년, 後漢 25~220)의 문화가 한반도를 통해서 전해졌다. 먼저 규슈九州 북부를 통해서 들어왔으며, 나중에는 서 일본을 거쳐 동 일본으로 확대되었다.

사람들은 벼농사를 짓기 위해서 낮은 곳에 살기 시작했으며, 집단생활을 하면서 생산력도 향상되었다. 지배자와 피지배자, 빈부의 차이가 생겨났다. 규모가 큰 집단이 작은 규모의 집단을 지배하기도 했다. 이렇게 지방마다 작은 형태의 '국国=구니clan states'가 만들어졌다.

일본에서는 아직 문자가 없었기 때문에 이 시대를 알 수 있는 문헌자료가 없다. 그러나 중국의 역사서에는 당시 일본을 알 수 있는 문헌이 남아있다. 기원전 1세기 경 일본은 아직 하나의 통일된 국가를 이루지 못하고, 작은 '국'이 100여 개 있었다. 기원 후 57년경이 되면 그 가운데서 중국에 사신을 보내 중국 황제의 금인金印을 받기도 하고, 107년에는 노예를 중국에 데려왔다고 적혀있다. 이것으로 당시 일본에서는 노예 신분이 있었음을 알 수 있다.

2세기 후반이 되면 '국'과 '국'이 싸웠으며, 3세기경이 되면 여왕 히미코卑弥呼가 30여 개국을 지배하였다. 히미코가 통치한 나라를 야마타이국邪馬台国이라 한다. 히미코는 주술의 힘을 빌어서 정치를 하였다. 이처럼 야요이시대는 농경문화의 영향으로 '국'이 만들어졌다.

야요이시대는 작고 많은 '국'으로 나뉘어져 있었다. '국'의 지배자는 동검銅劍과 동탁銅鐸, 동모銅鉾를 가지고 있었다. 이것은 주술 도구나 권력의 상징이었다. 야요이시대는 기원후 2, 3세기까지 이어진다. 이 시대의 특징은 대륙문화의 영향을 많이 받았으며, 벼농사가 널리 보급되었다.

『위지왜인전魏志倭人伝』에는 히미코와 야마타이국에 대해서 다음과 같이 기술하고 있다.

> "야마타이국의 남자는 얼굴과 몸에 문신을 하고, 조개와 물고기를 잡거나, 벼농사를 짓고, 삼베와 양잠을 길러 이것으로 옷감을 만들었다. 남자는 머리를 틀며 솔기 없는 옷을 입고 있다. 여자는 머리를 늘어뜨리고 묶고, 천의 한가운데를 뚫어 목을 통해서 입고 있다. 여왕 히미코는 신을 모시면서, 정치를 하고, 남동생이 히미코를 돕고 있다. 히미코가 여왕이 되면서 그 모습을 본 자는 없다. 천 명의 여자 몸종이 있었다. "

2. 고대

(1) 통일정권의 탄생 - 고분시대

일본에는 야요이시대에 작은 '국'이 많았다. 정치사회가 생겨난 것이다. 그러나 그 '국'들은 소규모로 나뉘어져 있었다.

4세기 초, 긴키近畿지방을 중심으로 대규모의 고분이 생겨난다. 이 전까지는 죽은 자들의 무덤은 공동묘였다. 그러나 이때 만들어진 대규모의 고분은 한 사람을 위한 것이었다. 고분은 흙을 높이 쌓아 만들었다. 이것을 고분古墳great tombs이라고 한다.

　나라 현奈良県에 남아있는 4세기 초에 만들어진 고분은 길이 276미터나 된다. 일본에 현존하는 가장 큰 고분은 길이가 486미터로 오사카에 있다. 이것은 5세기에 만들어졌다. 지금도 일본에는 200미터 이상의 고분이 36기 있다. 이들 고분의 대부분은 나라 현과 오사카大阪에 있다. 전방후원분前方後圓墳이라 부르는 대규모의 고분은 이들 지역에 모여 있다.

　4세기에서 7세기경까지는 이런 고분이 집중적으로 제작된 시기이다. 그래서 이 시대를 고분시대라고 한다. 고분은 보통 사람의 무덤이 아니라 권력을 가진 지배자의 무덤이었다. 즉 전쟁을 통해서 소규모의 '국'들을 정복한 지배자가 나타났으며, 고분은 지금까지 없었던 새로운 정치지도자가 나타났음을 알려주는 증거라고 할 수 있다.

　새로운 지도자는 처음에는 긴키지방近畿地方의 야마토大和 지역의 소 '국'의 왕이었다. 이 왕이 점차 규슈 북부부터 중부지방까지 지배하게 되었던 것이다. 이 소규모 '국'의 왕은 넓은 지역을 지배하는 '대왕大王'이 되었다. 이 정권을 야마토 정권大和政権이라고 한다.

　대왕은 소규모의 '국'의 왕들(이들을 호족이라고 부름)의 지위를 전과 동일하게 인정을 해 주었다. 그리고 대왕은 이들이 야마토 정권에 복종하도록 하였다. 이렇게 해서 야마토 정권의 대왕은 점차서 일본의 지배자가 되었다.

　대왕이 동 일본을 지배하기까지는 조금 더 시간이 필요했다. 이때부터 야마토 정권은 대륙으로부터 선진문화를 적극적으로 받아들이기 시작했다. 대륙문화의 영향을 받은 고분 안에 남아있는 공예품들이 이것을 증명해 준다. 5세기경에는 철을 생산하고, 직물, 금속공예, 토목 등 다양한 선진 기술이 일본에 들어온다.

중국의 문자인 한자도 들어왔다. 중국의 달력도 사용되었다. 대륙과 한반도에서 들어 온 사람들이 이들 선진문물을 일본에 전해주었다. 이들을 도래인渡來人이라 부른다. 6세기에는 중국으로부터 유학과 불교가 들어온다.

일본역사에서 불교의 수용과 전래가 가지는 의의가 특별하다. 초기의 불교는 도래계(소가 씨 蘇我氏) 호족의 불교라는 인상이 강하며, 일본 고유의 신에 대한 숭배를 주장하는 토착세력(모노노베 씨 物部氏)의 반대가 컸다. 이유는 일본인의 의식 속에 신이란 보이지 않는 것이라는 관념 때문으로 인간의 형상을 가진 불상은 신으로서 경외감과 신비감이 없다는 것이었다. 불교의 수용이 가지는 의의로는 네 가지를 들 수 있다. 먼저 佛·法·僧(불상·경전·승려)의 삼보와 이를 안치할 절이 필요했고, 절에서 행해지는 종교의례와 학문, 그리고 절의 조영에 필요한 기술자·제작자·회화·조각·음악·무용을 담당하는 예술가 집단이 들어왔다. 그리고 승려는 불교의 포교자일 뿐만 아니라 학문과 정치 외교 고문으로서 크게 활약했다.

이 당시 사람들의 생활은 하니와埴輪를 보면 잘 알 수 있다. 하니와는 흙으로 빚은 것으로 사람이나 동물, 집 모양을 하고 있다. 이것을 보면 사람들이 입고 있던 의복, 살던 집, 타던 말 등 당시 어떤 생활을 했었는지를 알 수 있다. 이 하니와는 고분 주변에 놓여 져 있었다. 고분의 크기나 그 속에 들어 있던 수많은 공예품들을 보면, 당시의 지배자의 권력과 부가 어느 정도였는지를 알 수 있다.

고분시대는 지배자와 그를 따르는 자들과의 지배관계가 만들어진 시대이다. 계급이 나뉘어져 있었으며 지배자의 권력이 매우 컸음을 알 수 있다. 일본에서 통일정권이 탄생한 것이다. 이 시대에도 사람들은 여전히 주술을 중시하는 생활을 하고 있었다. 농경은 자연의 힘에 의지하는 부분이 많았다. 주술의 힘으로 자연의 재앙을 극복하기 위하여 기도하거나 풍성한 수확을 기원했다. 이것은 마쓰리祭의 형태로 지금까지 남아있다. 지금도 각지에서 행해지는 봄 마쓰리, 가을 마쓰리는 농경과 깊은 관계가 있다.

고분시대 말(6세기 말에서 7세기 초), 중국에서는 강력한 통일국가가 성립되었다. 수나라(589~618)와 당나라(618~907)이다. 일본도 중국의 영향을 받아 중앙집권국가가 만들어졌다.

6세기 말 야마토 정권에서는 쇼토쿠태자聖德太子가 호족간의 싸움을 없애고, 강력한 왕권국가를 만들려고 하였다. 대왕 중심의 정치를 실현하기 위해서 당과 같은 방침을 정했다.

(1) 유교儒教의 가르침을 바탕으로 정치를 올바르게 행한다.

(2) 불교仏教를 존중한다.

(3) 호족들은 대왕에게 충성한다.

나아가서 중국에는 사신을 보내 대륙으로부터 선진 정치와 문화를 적극적으로 받아들였다. 이들 사신단을 견수사遣隨使라 한다. 7세기 초, 유학생과 유학승들로 구성된 사신단을 중국에 파견한다. 그 후 9세기 말까지 10차례 이상 사신단을 파견한다. 당시 중국은 수나라에서 당나라로 바뀌었기 때문에 사신단은 견당사遣唐使로 바뀌었다.

쇼토쿠 태자가 죽고 난 다음인 7세기 중엽, 대 호족 세력을 제압한 대왕 중심의 중앙집권국가가 만들어진다. 이 국가는 중국 당의 율령제도를 받아들여 정치를 행하게 된다. 645년 처음으로 '대화大化'라는 연호를 사용하는데 이것을 '대화개신大化改新'이라 부른다.

일본의 고대국가 성립과 율령제의 수용은 일본국내는 물론 동아시아의 정세변화와 밀접한 상황 속에서 이루어진다. 618년 수나라가 멸망하고, 당나라가 건국한다. 당의 세력이 강대해지면서 한반도와 일본 열도는 그 영향을 받게 되었다. 당은 강성한 고구려를 견제하였고, 고구려는 당에 저항하였다. 당과 고구려 사이에 긴장이 고조되면서, 그 영향은 일본 열도에도 미쳤다.

당시 아스카 조정에서는 쇼토쿠 태자가 사망한 후, 소가 씨蘇我氏(소가노 에미시 蘇我蝦夷)가 국정을 장악하고 있었다. 소가 씨의 권세는 왜왕을 능가하였다. 왜왕은 관리들에게 출퇴근 시간을 엄수하도록 하였으나, 소가 씨는 왜왕의 명령을 무시하였다. 뿐만 아니라 소가노 에미시와 그의 아들 이루카는 왕만이 누릴 수 있는 특권이었던 팔일무八佾舞를 행하였다. 또 그들의 저택을 왕궁이라 하고, 집안의 남자를 왕자라고 불렀다. 그리고 왕릉에 필적하는 능을 조성하기도 하였다.[57]

소가 씨의 전횡이 극심해지자 소가 씨에 반감을 가진 호족들이 증가하였다. 소가 씨 일족 중에서도 소가노 에미시, 이루카 부자를 시샘하는 자들이 늘어났다. 소가노 에미시, 이루카 부자가 점점 고립되는 상황을 지켜보던 나카토미노 가마타리中臣鎌足는 나카노오에 왕자中大兄王子와 함께 소가 씨 제거를 도모한다.

645년 6월12일, 소가노 이루카가 입궐하여 왕과 함께 정무를 본다는 정보를 입수한 나카노오에와 나카토미노 가마타리는 무사를 왕의 집무실에 매복시킨 후, 소가노 이루카를 죽인다. 아들의 죽음을 듣고 반격에 나서려던 소가노 에미시는 이미 분열된 소가 씨 일족을 결집시키는 것이 여의치 않다는 것을 알고 다음날 자신의 저택에서 자살한다. 소가 씨 정권 시대가 막을 내린다. 이 사건을 을사의 정변이라 한다.

---

57) 이영·연민수(2000) 『일본고중세사』 한국방송통신대학교출판부, pp71~72.

소가 씨 타도에 성공한 나카노오에 왕자와 나카토미노 가마타리는 고대 정치의 대개혁을 시작하는데 이것이 다이카개신大化改新이었다.[58]

새로운 정치를 의미하는 다이카개신의 주요 내용은 다음과 같다.

(1) 토지와 백성은 모두 국가의 소유로 한다.(공지공민제 公地公民制)

(2) 지방행정을 조직한다.(지방제도)

(3) 호적제도

(4) 조세제도

야마토정권은 이처럼 다양한 방법을 통해서 정치제도를 정비해 나갔다. 여기에 대왕의 권력도 강력해졌다. 7세기 후반이 되면 대왕이라는 호칭 대신에 '천황天皇'이라는 명칭을 사용하게 된다. 이때 '일본'이라는 국명이 중국을 비롯한 외국과의 외교에서 국명으로 사용되기 시작한다. 법률에 있어서도 천황정부는 중국唐을 본보기로 삼았다.

일본의 율령제에 대해서 간단하게 살펴보면, 율령국가는 형법을 의미하는 '율律'과 행정법을 의미하는 '영領'의 두 개의 법체계로 운영되는 정치 구조를 말한다. 행정기관이나 신분제도 그리고 세제 등을 엄밀하게 정하여 천황과 관료에게 권한을 집중시키는 중앙집권체제를 확립하여, 안정된 정치를 실현하는 일이 최대의 목적이었다. 율령제도는 8세기 초에 완성된다. 중국처럼 일본에서도 율령국가가 성립한 것이다.

예컨대 율령제와 함께 도입된 '호적제도'는 백성 한 사람 한 사람

---

58) 구태훈(2009) 『일본사 파노라마』 재팬리서치21.

의 성별과 신분을 등록해서 조세 징수와 병력을 확보하는 것인데, 당나라에서는 이것이 지배력 강화에 대단한 효과를 가져왔다. 그러나 지방 호족의 힘이 강한 일본에서는 국사國司가 농민 한 사람 한 사람을 파악하는 일이 현실적으로 불가능했다.[59]

또한 율령제는 농민에게 밭口分田을 분배하고, 그 대신 이른바 조租, 조調, 용庸과 노역의 의무를 부과했다. 백성에게 노역을 시킬 경우 조정에서는 지방 호족에게 사람들을 중앙에 보내도록 요청할 수밖에 없었다. 율령제는 정치의 안정을 가져왔지만, 야마토 조정이 지방 호족을 조정하는 예전의 통치 시스템을 크게 바꾸지는 못했다.[60]

(2) 고대국가의 형성 - 율령시대

그때까지 천황 주변에 있던 호족들은 율령국가의 관리가 되고 율령제도 하에서 이들의 지위와 부는 자손에게 세습되는 귀족계급이 생겨난다. 농민은 6세 이상이면 토지를 지급받게 되는데 그 대신 무거운 조세부담을 지게 된다. 아울러 병역의 의무도 지게 된다. 이렇게 국가제도가 정비되면서 정치 중심지인 수도를 만들 필요성을 느끼고 8세기 초, 중국 당의 장안성長安城을 모방해서 나라에 수도를 건설한다. 이것을 헤이조쿄平城京라 부른다. 헤이조쿄는 710년부터 약 70년간 정치의 중심지가 된다.

이 시대를 나라에서 정치가 이루어졌다고 해서 나라시대라고 한다. 이후 일본의 시대구분은 종전과는 달리 정치 중심지의 이름을 따서 부르게 되었다. 나라시대는 중국의 율령제도를 받아들여 새로

---

59) 本郷和人(2018) 『日本史のツボ』 文芸春秋社. pp68~74.

60) 다케미쓰 마코토(2007) 『3일 만에 읽는 일본사』 서울문화사.

운 지배구조를 만들어낸 시대로 대륙 문화의 영향을 많이 받은 시대이다. 대불이 있는 나라 도다이지東大寺도 이때 만들어졌다. 국가가 불교를 중요하게 생각했기 때문에 이런 큰 절들이 지어졌던 것이다.

불교는 개인 구제보다는 국가를 지켜주는 진호불교鎭護佛教였다. 나라시대에는 처음으로 일본의 역사를 기록한 『고지키古事記』(712년)와 『니혼쇼키日本書紀』(720년)가 편찬되었다.

일본의 와카和歌를 모은 시가집詩歌集인 『만요슈萬葉集』도 편찬되었다. 『만요슈』에는 귀족들의 와카도 있지만 농민이나 변방을 지키는 병사들의 시도 수록이 되어있다. 노동을 적은 시도 있고, 사랑의 시도 있다. 이 시들을 읽으면 당시의 귀족이나 일반 서민들의 생활을 잘 알 수가 있다.

농민들이 생활은 전 시대와 크게 바뀐 것 없이 수혈竪穴(다테아나) 주거에서 생활하고 있었다. 귀족 중에는 기와지붕과 마루가 깔린 주택에 사는 자들도 생겨났다. 귀족들은 견직물로 짠 옷을 입었지만 농민들은 전과 동일하게 삼베로 짠 옷을 입고 생활했다.

나라시대의 귀족과 농민의 생활을 보면 귀족은 수백 명에 불과(전체인구 500내지 600만으로 추정했을 때 0.01%정도)했지만 국가의 모든 권력과 부를 장악하고 있었다. 귀족은 위계位階5위位이상의 관인과 그 가족을 지칭하는데, 귀족 중의 귀족이라고 할 수 있는 사람은 구교公卿로 지금의 장관급에 해당하며, 대개 20명 전후였다. 다음급은 덴조비토殿上人인데 천황의 거처淸涼殿(세이료전)에 들어갈 수 있는 사람들이다. 위계 3위 이상의 사람과 칙허勅許를 받은 특별한 사람(4-5급 중에서)만이 들어갈 수 있었다. 이들이 대개 수십 명이다. 이상을 귀족이라고 한다면 약 100명정도로 전 관료의 1%에 해당된다.

반면, 지방의 농민은 중과세의 부담, 헤이조쿄平城京 건설에 동원되었으며, 마로 짠 의복과 현미와 나무열매·해초 등으로 생활을 했다. 당시의 농민들의 생활을 지방관리(야마노우에노우쿠라山上憶良)가 「빈궁문답가貧窮問答歌」라는 노래형식으로 남기고 있다. 내용은 아래와 같다.

> "천지는 넓다고 하나 나에게는 좁게 느껴지는구나. 해와 달은 밝다고 하지만 나를 위해서는 비쳐주지 않는구나. 남들만큼 열심히 일하는데도 불구하고 해초와 같은 누더기 옷밖에 입을 수가 없고, 당장이라도 무너질 것 같이 기울어진 집안에는 땅바닥에 짚을 깔고, 부모는 머리맡에서 처자는 발밑에서 엎어져 누워 있는 나를 쳐다보고 울며 아우성을 치고 있다. 밥 짓는 솥에는 거미가 줄을 치고 있다. 그런데도 里長(마을 관리)은 채찍을 들고 세금을 더 내라고 닦달하고 있다. 산다는 것이 이다지도 괴로운 것인가?
>
> (『만요슈万葉集』속에 묘사된 농민의 생활)

(3) 율령국가의 변용 – 귀족의 시대

나라시대에는 천황 중심의 중앙집권국가로 이것을 율령국가라고 한다. 율령국가를 지탱하는 유력 귀족 가운데 권력을 강화하려는 노력을 했다. 승려 가운데도 정치에 관심을 가진 자도 생겨났다. 8세기경이 되면 치열한 정치적 갈등이 생겨나면서 정치는 어지러워졌다.

천황 중심의 정치를 회복하기 위해서 간무 천황桓武天皇은 수도를 교토로 천도遷都하고, 새로운 수도의 이름을 헤이안쿄平安京라 한다.

여기에서 교토 천도과정遷都過程과 천도 이유를 살펴보면 다음과 같다. 간무는 먼저 784년에 나가오카쿄長岡京로 천도하고, 이어서

794년에는 헤이안으로 천도를 단행하였다. 헤이안쿄는 794년부터 약 400여 년 간 정치의 중심지가 된다. 이 시대를 헤이안시대平安時代라고 한다.

간무가 천도하려고 했던 이유로 '정치에 대한 불교의 영향을 끊어버리는 일'이었으며 784년 나가오카쿄長岡京로 천도한다. 그런데 다음해 천황의 심복이자 천도의 책임자였던 후지와라노 다네쓰구藤原種繼 암살 사건이 일어난다. 간무의 친동생이자 황태자인 사와라 친왕早良親王이 주모한 사건으로 여겨져 사와라 친왕은 섬으로 유배를 가게 되는데, 친왕은 무죄를 주장하며 단식을 하다가 호송도중 사망한다.

그런데 얼마 후, 간무의 부인과 어머니가 죽고, 천연두가 창궐해 792년에는 아들 아테安殿 황태자마저 병에 걸린다. 이 무렵 억울하게 죽은 사람들이 원한 때문에 재앙을 일으킨다는 생각이 퍼지게 되었다. 간무는 '사와라 친왕의 원한이 원인'이라는 음양사陰陽師[61]의 점괘를 듣고, 794년 수도를 동쪽으로 수 킬로미터 떨어진 곳으로 천도를 한다. 이것이 헤이안 천도이다. 천도 6년 후, 간무는 죽은 동생의 원한을 달래기 위해 천황의 칭호를 내린다.

일본 고대사를 보다보면 자주 천도를 했다는 것을 알 수 있다. 수도를 자주 바꾸는 것은 무엇 때문일까? 그 이유를 살펴보면 다음과 같다.

첫 번째는 천황이 바뀔 때마다 천도한다는 관례에 따라 수도를 천도할 수밖에 없었다.

두 번째는 복도주의複都主義라고 할 수 있다. 한자에서 알 수 있듯

---

61) 역이나 천문, 방위 등으로 길흉을 점치는 역술가.

이 수도를 복수複数로 둔다는 것인데, 수도가 적으로부터 침략을 받게 되어도 다른 도시가 정치적인 기능을 담당할 수 있도록 한다는 중국의 영향에서 비롯되었다. 나라시대의 호라노미야保良宮, 유게노미야由義宮 같은 이궁離宮이 있었다. 따라서 ○○離宮이라고 하면 복도주의 영향이라고 보면 된다.

세 번째는 현재 살고 있는 궁궐이 화재 등의 재해를 당했을 때 천도한다. 당시의 화재의 원인으로는 2 가지를 들 수 있다. 하나는 낙뢰이고, 다른 하나는 방화가 있다.

네 번째는 수도를 옮김으로 해서 위정자의 권력을 과시했다. 여기에는 국내 과시용과 대외 과시용 두 가지가 있었다.

다섯 번째는 정치와 종교를 분리하거나 일치시키기 위해서인데, 일본의 경우, 나라시대에 불교와 정치가 유착관계에 있었기 때문에, 간무 천황이 정치와 종교를 분리하기 위해서 헤이안쿄, 지금의 교토로 천도했다.

마지막으로 인심일신人心一新, 즉 기존의 것들을 쇄신시키길 목적으로 천도하는 것을 말한다. 위의 이유 중 하나가 아니라 몇 가지가 복합적으로 작용해서 천도가 이루어졌다.

헤이안시대가 되면 율령제도에서 중요한 공지공민제公地公民制가 점차 무너져간다. 나라시대에 토지가 부족하였기 때문에 정부는 새로운 토지를 개간하는 것을 적극적으로 추진하였다. 그래서 새로 개간한 토지는 사유를 인정하였다. 유력 귀족이나 사원에서는 농민들을 동원해서 토지를 개간하고 사유지를 늘려갔다. 이렇게 해서 늘어난 유력자의 사유지를 장원莊園이라고 한다. 10세기 초, 장원이 늘어나면서 율령제도는 붕괴되어 간다. 게다가 장원을 많이 소유한 귀족들이 정치를 주도하게 된다.

그 가운데 후지와라 씨藤原氏가 천황을 대신해서 정치권력을 장악하게 된다. 귀족정치의 시작이다. 후지와라 씨는 11세기 초에 가장 절정이었다. 조정의 높은 지위에 있었기 때문에 정부로부터 봉급 stipend을 많이 받았다. 게다가 많은 장원을 소유한 장원영주莊園領主였기 때문에 경제적인 이익이 많은 가문이었다. 이것이 후지와라 씨의 정치권력을 지탱하는 근간이었다.

귀족정치가 활발하게 이루어지던 시대에 일본의 문화도 큰 변화를 보이기 시작한다. 9세기 말인 894년에는 견당사가 폐지되면서 중국의 영향을 덜 받게 된다. 이때 일본의 자연이나 일본인들의 생활에 맞는 문화가 나타난다. 이것을 국풍문화国風文化라고 한다. 건축, 의복, 회화 등의 방면에서 일본적인 색채를 띤 문화가 나타난 것이다. 귀족의 집은 마당에 인공연못과 작은 산을 조성하는 등 자연을 옮겨놓은 듯이 분위기를 만들었다.

이처럼 일본적인 새로운 귀족중심의 문화는 한자를 모방해서 만들어진 일본문자, 히라가나와 가타카나가 만들어지면서 결정적인 계기가 되었다. 그때까지 일본인들은 중국의 한자를 사용했었다. 그러나 한자는 그 수가 많고 어려웠기 때문에 새로운 형태의 문자가 필요했다. 한자의 일부를 가지고 음을 표기하기 시작했다. 예를 들면 계집 '여女'에서 '메ㄨ'자가 만들어졌다. 이것이 가타카나이다. 또한 한자의 초서체를 가지고 음을 표기하는 문자를 만들었다. 예를 들면 '여女'에서 '메め'자가 만들어졌다. 이것이 히라가나이다.

10세기 초가 되면 가나의 형태가 거의 만들어져 모두가 동일한 형태의 문자를 사용하게 된다. 가나가 만들어지게 되면서 여성들에 의해 일기나 모노가타리物語 등과 같은 문학작품들이 많이 생겨나게 된다. 그 가운데 『겐지모노가타리源氏物語』처럼 세상에서 가장 오래

된 장편소설이 탄생한다. 일본문화사日本文化史에서 가나의 사용은 큰
의미가 있다. 일본인들의 독특한 사고나 감정을 표현할 수 있게 되
었기 때문이다.

10세기에 귀족들이 수도에서 호화로운 생활을 하고 있을 때 지방
의 정치는 혼란스러워졌다. 지방의 유력 농민들은 자신들의 토지를
지키거나 세력을 키우기 위해 무기를 소지하기 시작한다. 이들 농민
들이 후에 무사武士warriors이다.

지방에서 성장한 이들 무사들은 중앙의 귀족들과 손을 잡고 세력
을 키워 나간다. 10세기부터 11세기 사이에 겐지源氏(미나모토 씨)와
헤이시平氏(다이라 씨)를 중심으로 하는 두 개의 무사집단武士団
warror bands이 큰 세력을 형성하게 된다. 귀족들도 점차 무사의 도
움을 받지 않으면 싸움을 해결할 수 없게 된다. 이처럼 지방의 농촌
에서 성장한 무사단은 점차 역사의 중심이 되어 역할을 하게 된다.

3. 중세

(1) 봉건제 사회의 시작 - 의제적친족관계와 가마쿠라 막부

가마쿠라 막부의 성립은 일본 최초의 무사 정권의 성립을 의미한
다. 이후 약 700년간 무가 정치가 지속. 가마쿠라시대는 역사상 유
례가 없는 2개의 정치 체제, 즉 공무 이원公武二元적 지배체제가 존재
하게 된다. 동쪽의 왕권에는 막부, 서쪽의 왕권에는 조정. 막부는 관
료 조직과 강력한 군사력을 갖추고 있었던 반면, 조정은 관료 조직
과 권위, 전통과 제사권을 가지고 있었다.

중세 역사학자 세키 유키히코關 幸彦는 일본의 중세를 '선례가 될 만한 모델이 없는 시대"라고 말한다.62) 이것은 고대는 중국과 한반도의 영향, 근세와 근대시대의 시작은 서양과의 만남이 모델이었던 반면, 중세는 참고할만한 모델이 없이 시작된 것이라는 것을 표현한 말이다. 일본의 무사 시대는 이렇게 시작된 것이다.

귀족 시대에 이어 도래한 것이 무사 시대이다. 무사는 헤이안 시대 말기에 그 모습을 드러냈다. 12세기 말에는 미나모토노 요리토모源賴朝가 가마쿠라 막부를 개설하였는데, 이것으로 무사에 의한 정권이 수립되었다. 그 후 도쿠가와德川 막부가 붕괴되는 1868년까지 약 700년 동안 무사 정권이 계속된다.

귀족 시대에서 무사 시대로 바뀌었다고는 하나, 무사들이 귀족 정치를 타도하려고 했던 것은 아니었다. 최초로 무가 정권을 수립한 미나모토노 요리토모도 조정으로부터 '정이대장군'이라는 관직을 받으면서, 그 권한을 이용해서 전국의 무사를 통솔했다. 통솔 대상도 무사와 농민에 불과하여 귀족이나 유력 사원을 지배하지는 못했다.

무가 정권이 강력한 권력을 장악하게 되는 것은 에도시대에 이르러서이며, 그 후로도 계속, 강대한 무력을 지녔음에도 불구하고, 조정을 타도하는 일은 없었다. 무사들은 조정의 권위에는 의외로 약했던 것이다. 이것이 무사 시대를 이해하는 포인트라고 할 수 있다.

또 한 가지, 무사 시대를 이해하는 포인트는 원래, 무사는 '토지의 사유私有'를 계기로 탄생되었다는 점이다. 토지를 소유하면 그 토지를 다른 사람에게 빼앗기지 않기 위해 무장을 하게 됨으로써 무사가 탄생한 것이다. 얼마 후, 무사들 사이에 토지를 보장받는 대신 주군

65) 關幸彦(2008)『武士の時代へ』 NHK出版 p.9.

에게 복종해야 한다는 규칙이 생겨났다. 이것이 봉건제도이다. 봉건제도로 전국의 무사를 통솔하는 데 성공한 사람이 바로 미나모토노 요리토모였다. 토지를 매개로 한 무사 통솔 시스템은 무로마치시대까지 이어진다.

가마쿠라 막부는 겐페이 갓센源平合戰(1180~1185)이라는 겐지 무사단과 헤이시 무사단 사이에 전개된 내전 속에서 탄생한 최초의 무사 정권이다. 막부는 종전과는 다른 고온御恩과 영지 지급領地給與 방식이라는 새로운 통치 방식을 가지고 시작되었다. 관동東國 무사들에게는 영지를 늘리기 위한 은상 획득 수단으로 전투가 이용되었다.

당시 무사들 사이에는 '온코소누시恩こそ主'라는 말이 있었다. '온恩'이란 주군이 내리는 영지를 뜻한다. 이 말속에 담긴 진정한 의미는 '자신들에게 영지를 나누어 줄 수 있는 자야 말로 진정한 주군'이라는 뜻으로 무사들에게 있어 진정한 주군은 인물이 아닌 토지라는 것을 의미한다. 겐페이 갓센기에 겐지 편과 헤이시 편으로 나뉘어 싸움이 벌어졌지만, 무사단 가운데는 어느 한쪽에 치우치는 일 없이 양쪽으로 나뉘어서 싸운 경우가 많았다.

여기에는 가마쿠라 무사들의 관념 속의 주군은 한번 모시면 평생 동안 목숨을 바쳐서 충성해야 하는 대상이 아니라, 더 많은 토지를 보상으로 줄 수 있는 능력자를 주군으로 모신다는 것이었다. 이것은 한번 주군은 평생 주군이라는 관념을 가지는 에도시대의 무사들과는 상당히 다른 것이었다. 이처럼 중세시대 무사들의 주종제는 철저한 기브 엔 테이크 관계로 이루어진 쌍무계약적인 주종 관계였다.

이렇게 출발한 막부는 국가 권력 전체 속에서 군사·경찰 부문을 담당하는 군사 권력軍事權門으로 조정으로부터 독립된 권력을 지향하는 무사정권이었다. 요리토모의 통치는 고온과 영지 지급을 베이스로 한 고케닌御家人제 무사정권의 시작이었다. 이후 무사들은 무예 연마를 진작하며 귀족과의 차별화된 무사 문화를 만들어 나갔던 것이다.

12세기 중엽, 교토의 귀족들 사이에 권력싸움이 2차례 일어난다. 이를 호겐·헤이지의 난이라 한다. 겐지 가문과 헤이시 가문은 일족이 나뉘어서 싸움을 벌였다. 이때 무사단은 중앙의 정치에서 존재감을 확실하게 만들어 간다. 그 가운데 헤이시인 다이라노 기요모리平淸盛가 먼저 권력을 잡게 된다.

기요모리는 무사 출신이지만 정치스타일은 귀족정치와 별반 다를 바가 없었다. 그래서 지방의 무사단은 이런 헤이시에게 반발하고 헤이시정권을 무너뜨리려고 한다. 12세기 말, 관동의 겐지인 미나모토노 요리토모가 헤이시 정권을 무너뜨린다.

1192년 요리토모는 일본 최초의 무사정권인 가마쿠라 막부를 연다. 요리토모는 기존의 귀족정권과는 다른 정치를 위해서 교토에서 멀리 떨어진 관동지방의 가마쿠라에 무사정권인 막부를 연다. 이것을 가마쿠라 막부라 부른다. 막부의 지배자를 장군이라 한다. 이후 가마쿠라 막부는 약 140년간 지속된다. 이 시대를 가마쿠라시대라고 한다.

가마쿠라시대가 되면서 일본은 고대사회가 끝나고 중세시대가 시작된다. 중세사회는 12세기 후반부터 16세기 후반까지인 약 400년간을 말한다. 중세시대는 무사들이 새로운 인간관계를 만들어 간다.

예를 들면 가마쿠라 무사는 장군으로부터 하사받은 토지에 살면서 농민들을 이용해서 농업에 종사한다. 전투가 벌어지면 가마쿠라에 모여 장군을 위해 전투에 참가한다. 가마쿠라시대에 토지를 매개로 지배하는 자와 그를 따르는 자의 관계가 형성된다. 이것을 주종

관계라 부른다. 이런 주종관계를 봉건제도feudalism이라고 부른다.

무사사회의 특징은 이 주종관계로 이루어졌다는 것이다. 장군은 고온御恩 reward으로 무사에게 토지를 하사한다. 무사는 장군에게 충성하며 은혜에 보답한다. 이것을 호코奉行 service라고 한다. 이런 쌍방 간의 의무雙務契約의主從關係는 고대사회에서는 볼 수 없는 관계이다. 고대사회는 절대적 주종관계였다.

가마쿠라 막부는 처음에는 전국적인 지배력을 가지지 못했다. 서일본은 여전히 귀족들의 영향력이 컸다. 천황을 중심으로 하는 지배권력인 교토의 조정이 서 일본을, 장군을 중심으로 하는 무사 정치권력인 가마쿠라 막부가 동 일본을 지배하고 있었다고 할 수 있다. 이것을 귀족과 무사의 2중 정권이라고 한다.

가마쿠라 막부는 3명의 겐지 장군 다음에 호조 씨北條氏가 정치권력을 장악하게 된다. 1232년에는 무사들을 지배하기 위해서 최초의 무가법(武家法)인 고세이바이시키모쿠御成敗式目을 만든다. 이것은 지금까지 있었던 무사의 관습을 법으로 정한 것이었다.

당시 무사의 토지지배는 점차 서 일본까지 확대되어 간다. 막부는 지배력을 확대시켜나가기 위해서 무사 간, 혹은 무사와 귀족 간에 토지분쟁이 발생하면 이 분쟁을 해결하기 위해서 무가법을 가지고 해결을 해 나간다.

가마쿠라시대는 중세형中世型 인적네트워크擬制的親族關係가 본격적으로 가동되기 시작한다. 인적네트워크가 가지는 유용성을 인식하고 적극적으로 활용한 인물로는 미나모토 요리토모와 그의 외척으로서 막부의 실질적인 권력을 쥐고 있던 호조 씨를 꼽을 수 있다. 요리토모와 호조 씨는 인적네트워크를 적극적으로 이용한 전형적인 경우라고 할 수 있다. 특히 호조 씨는 막부의 개막과 동시에 일관되게 인적네트워크 구축에 집중하였다.

요리토모와 호조 씨의 공통점은 열악한 족적 기반을 극복해야한다는 것이었다. 그러나 양자는 열악한 족적 기반을 극복하기 위해서 인적네트워크를 강화해 나갈 수밖에 없었다는 점에서는 동일한 고민을 안고 있었지만, 근본적인 부분에서는 차이가 있었다. 요리토모의 경우는 장군으로서의 권위를 배경으로 독재적 통치권의 확보와 행사에 초점이 맞추어져 있었다. 반면, 호조는 막부장군가의 외척이라는 유한한 지위에 안주하지 않고 항구적(恒久的)인 권력을 확보하기 위해서 인적네트워크를 구축하는데 진력하였다고 할 수 있다.

양자의 인적네트워크 강화 노력은 정치적 명분이나 정당성과는 상관없는 매우 현실적인 이유에서 기인하는 바가 컸다. 그것은 처절한 생존 서바이벌에서 살아남기 위한 노력의 결과였다고 할 수 있다. 그러나 분명한 사실은 양자의 인적네트워크 구축은 지금까지 볼 수 없었던 새로운 형태의 무가형武家型 결합원리를 통해서 이루어졌다는 사실이다. 이것은 중세적 '이에家'의 성립과 밀접한 관계를 가지고 있다고 할 수 있다.

인적결합문제는 일본사회의 기저부분을 다루는 중요한 과제라고 할 수 있다. 요리토모나 호조는 '전통적인 인간관계'라고 하는 당시의 사회적 통념을 벗어나지 않는 범위 내에서 고케닌 통제와 권력강화를 꾀하였던 것이며, 이것은 무가사회의 인적결합이 가지는 메커니즘을 제대로 이해하고 효과적으로 이용한 결과라고 할 수 있다.

법치주의와 합의제정치를 표방하면서 시스템통치를 구현한 호조야스토키北条泰時의 정치도 근간은 인간관계, 즉 무가적 인적네트워크를 십분 발휘한 것이었다. 아울러 야스토키의 인적네트워크를 이용한 정치는 현실정치와 명분통치를 동시에 추구하는 틀에서 이루어졌었다는 것이 의미하는 바가 크다. 따라서 무사통치가 시작된 가마쿠라시대는 이중적 족적결합을 통해 세력을 확대시켜나가는 중세형 인간관계가 시작된 시기였다는 것은 시사하는 바가 크다.

앞에서 기술한 바와 같이, 야스토키는 중세적 결합원리 하에 통치권적 지배를 실현할 수 있는 토대를 만들었다고 평가할 수 있다. 미나모토 장군가가 3대로 끝이 나고, 셋게攝家 장군가로 바뀌었지만 호조는 장군가와 족적결합관계를 유지하기 위해 부단히 노력을 경주하였다.

호조권력은 장군가와 친인척관계를 유지하면서 장군가의 권위를 배경으로 삼고, 측근세력을 키워나가는 방식으로 막부 내에서의 정치적 주도권을 확보하는데 진력을 다하였다. 호조의 인적네트워크는 히칸被官이라 불리는 측근집단과 장군가와의 족적결합이라는 두 가지 측면에서 이루어졌다. 이것을 통해서 호조는 권위와 권력을 겸용하게 되었다.

(2) 자력구제와 남북조 무로마치 막부

가마쿠라시대 후반 막부 정치권력은 점차 전국으로 확대 되어갔다. 교토의 조정은 이런 무사정권에 대해서 불만을 가지기 시작했다.

13세기 후반, 중국의 원(1271~1368)이 일본을 정복하기 위해서 군대를 보냈다. 몽골의 침략(일본에서는 元寇라 함)이다. 이때 막부는 원나라를 상대로 싸운 무사들에게 보상으로 토지를 나누어줄 수가 없었기 때문에 무사들의 생활은 궁핍하게 되고 이것은 막부에 대한 불만으로 표출되었다. 몽골의 침략 이후 막부 권력은 약화되었다.

고다이고 천황後醍醐天皇은 막부에 대한 불만을 가진 무사들을 자신의 편으로 끌어들여서 가마쿠라 막부를 무너뜨렸다. 1333년의 일이다. 그러나 천황을 중심으로 하는 정치는 오래가지는 않았다. 사회는 새로운 움직임이 일어났던 것이다. 지방에서는 농민들이 농촌을 중심으로 새로운 결속체를 조직하기 시작했다. 농촌자치체인 소손惣村를 만들었다. 각지에서 무사들도 무사중심의 정치를 도모하기 시작했다.

1338년에 아시카가 다카우지足利尊氏가 장군이 되어 교토에 새로운 막부를 열었다. 이렇게 해서 다시 무사정권이 시작되었다. 나중에 교토의 무로마치室町라는 곳에 막부를 두었다고 해서 이 무사정권을 무로마치 막부室町幕府라고 부른다. 아울러 이 시대를 무로마치시대라고 한다. 무로마치시대는 약 240년 간 이어지지만 사회는 불안정했다.

고다이고 천황은 요시노吉野라는 곳으로 도피하여 자신이 정통의 천황이라고 주장한다南朝. 한편, 교토에서도 새로운 천황을 옹립한다北朝. 이렇게 해서 일본 역사상 처음으로 두 개의 왕조가 대립하게 된다. 이것을 남북조동란南北朝動亂이라 한다. 1392년 아시카가 씨는 남조와 북조를 하나로 통일하고, 유력 무사의 권력도 장악한다. 14세기 말이 되면 무로마치 막부는 전국을 지배하에 두게 된다. 남북조동란이후 귀족정치는 거의 사라진다.

무로마치 막부는 권력을 전국으로 확대하여, 지방의 농민들과 무사들을 지배하기 위해서 유력 무사인 슈고守護에게 큰 권력을 부여한다. 슈고는 이 권력을 이용해서 자신의 영지지배권을 더욱 확대시켜 나간다. 이들 슈고를 슈고다이묘守護大名라 부른다.

15세기 후반 막부 장군가와 유력 슈고다이묘의 후계자 문제를 둘러싼 싸움이 발생한다. 이 싸움은 큰 전쟁으로 확대된다. 이것을 오닌應仁의 난이라 한다. 이 싸움은 교토를 중심으로 11년간이나 지속되었기 때문에 교토 시내는 물론 지방도 혼란에 빠져 막부의 권위는 실추한다.

이때는 자식 가운데 장남 한사람이 이에家를 계승하였다. 이에는 한국이나 중국에서는 볼 수 없는 일본의 독특한 친족제도로 혈연, 비 혈연자를 포함하는 개념이라고 할 수 있다. 주군과 가신으로 이루어진 무사단을 하나의 '이에'라고 이해하면 된다. 무로마치 시대는 이에의 리더인 주군의 권위가 실추되고, 실력 있는 가신이 무능력한 주군을 몰아내거나, 제거하는 하극상의 풍조가 만연하게 되면서 권력구도에 변화가 일어난다.

결정적인 계기가 된 것이 오닌의 난으로, 실권은 주인에게서 가신에게 옮겨갔다. 게다가 각지에서 싸움이 빈번하게 일어났다. 이러한 하극상의 시대는 100여 년간 지속되었다 이것을 센고쿠戰國시대라 한다.

일본 각지에서는 자기 실력으로 영지를 지배하는 다이묘大名가 계속해서 등장하여 치열하게 경쟁을 하게 된다. 드디어 자신의 힘으로 영지를 확대해 직접 토지와 사람을 지배하는 다이묘가 등장한다. 이들을 센고쿠다이묘戰國大名라 한다. 센고쿠다이묘가 지배하는 영지를 영국領國이라 하고 영국지배라 한다.

센고쿠다이묘는 대부분 신흥세력으로 실력으로 주인을 무너뜨리고 다이묘가 된 사람들이다. 예전의 슈고다이묘가 그대로 센고쿠다이묘가 된 경우는 많지 않다. 이것이 센고쿠다이묘의 특징이다. 센고쿠다이묘는 자신의 영지를 안정적으로 통치하기 위해서 산업을 장려하고 병력을 늘려갔다. 나아가서 성城 주변에 무사와 상인들이 모여 사는 도시를 만들었다 이것이 조카마치城下町이다.

무로마치시대에서 센고쿠시대에 걸쳐 농업에서도 새로운 움직임이 나타난다. 벼농사 기술이 발달했다. 한해에 쌀과 보리를 수확하는 이모작이 서 일본에서 동 일본으로 확대되었다. 뽕이나 칠기와 같은 수공업 원료가 되는 것들도 활발하게 생산되었다. 차, 귤, 포도 등 상품작물도 재배하기 시작했다. 이렇게 해서 농민들의 경제력도 향상되었다.

직물, 종이, 농기구 등을 제작하는 수공업도 발달했다. 상품생산이 증가하면서 운송업과 상업도 발달했다. 화폐경제도 발달하여 새로운 도시도 생겨났다. 이처럼 경제가 활발해지면서 사람들의 생활에도 변화가 생겼다. 도시에 사는 서민들 가운데는 실력을 갖춘 자들도 생겨났다.

무로마치시대에는 귀족문화와 무사문화가 하나가 되고 이것이 서민들에게도 확산되어 갔다. 현대 일본인들의 생활과 밀접한 관계가 있는 문화 가운데 이때 생겨난 것들이 많다. 중국의 원元, 명明 (1368~1644)의 문화의 영향을 받기도 했다. 특히 선종禪宗의 영향으로 간소하고 깊이가 있는 문화가 발달한다. 금각사와 은각사와 같은 새로운 형태의 사원이 생겨나고, 도코노마, 후스마, 쇼지 등과 같은 일본 주택의 특징도 이때 만들어진다.

이 시대는 짧은 모노가타리가 만들어져 사람들의 입에서 입으로 전승되어 간다. 이런 형식의 모노가타리를 오토기조시御伽草子라고 한다. '잇슨보시一寸法師'와 같이 서민을 주인공으로 하는 모노가타리가 많이 생겨난 것도 이 시대의 특징이다.

노能, 교겐狂言, 다도, 꽃꽂이 등도 이때에 생겨났다. 식사가 하루 2번에서 3번으로 바뀐 것도 이때이다. 음식과 관련해서는 사탕, 두부, 기름을 사용하는 요리가 대륙으로부터 들어와 일본인들의 식단에 영향을 준다. 이때 일본 요리의 원형이 만들어진다. 의복에도 변화가 생겨 한반도에서 들어온 면綿이 보급된다.

이처럼 지금의 생활과 관련이 있는 생활문화는 지방의 무사들이 성장함에 따라 수도에서 지방으로 전파되어 갔다. 이것도 무로마치 시대의 특징이라고 할 수 있다.

(3) 하극상과 전국시대

15세기 말부터 16세기에 걸쳐 센고쿠다이묘는 자신의 영지를 직접 지배하면서 영국領國통치를 하였다. 다이묘들은 전쟁이 반복되는 가운데 전국통일은 가까워졌다.

이때 일본 밖에서는 큰 변화가 일어나고 있었다. 유럽 각국은 아시아로 진출하고 있었다. 유럽인들은 르네상스시대 이후 아시아로 진출했다. 목적은 무역과 기독교 전파였다. 특히 포르투갈, 스페인과 같은 가톨릭교 국가는 해외로의 진출에 적극적이었다. 아메리카대륙, 아프리카대륙, 아시아대륙으로 진출해 '새로운 세상'을 염원하였다. 이 시대를 대항해시대라고 한다.

포르투갈은 아시아에서는 중국의 마카오를 중심으로 활동하였다. 스페인은 필리핀의 마닐라를 중심으로 해서 활동하였다. 향신료와 견직물은 중요한 무역품으로 아시아 무역은 큰 이익을 남길 수 있었다. 일본인 가운데도 왜구倭寇들이 이미 동중국해에서 활약하고 있었다. 아시아 무역은 세계 무역의 중심이 되고 있었다. 이런 변화의 시대에 유럽인들이 일본에 왔다. 이때부터 중국과 조선의 문화 이외에 유럽문화가 일본사회에 영향을 미치기 시작했다.

16세기 중엽인 1543년, 포르투갈 상인(또는 모험가라고도 함) 페르낭 멘데스 핀투Fernão Mendes Pinto(1509?~83)가 남 규슈의 다네가시마種子島에 표착한다. 중국으로 가던 중국배가 폭풍을 만나 표착한 것이었다. 이 배에 타고 있던 멘데스 핀투가 처음 뎃포를 일본에 전해 준 것이었다.

뎃포가 일본에 전래되면서 센고쿠다이묘의 전쟁 방법이 바뀌게 된다. 말을 타고 하던 전투가 뎃포를 든 보병 중심의 전투로 바뀌게 된다. 이처럼 새로운 전투방법의 등장으로 일본의 통일은 빨라졌다고 한다.

또 한 가지 큰 변화는 기독교가 일본에 전래되었다는 것이다. 1549년 선교사 프란시스코 자비엘(1506~1552)이 규슈에 와서 기독교를 전파한다. 이때는 가톨릭교를 기리시탄이라 불렀다. 기독교는 규슈를 중심으로 확산되었으며, 다이묘 가운데도 기독교를 믿는 자가 생겨났다. 이들을 기리시탄다이묘라 말한다. 로마교황에게 사절을 파견한 기리시탄다이묘도 있었다. 천문학, 의학 등 유럽의 학문이 들어왔다. 일본인들은 지구의地球儀와 세계지도의 존재도 알게 되었다. 또한 빵, 버튼, 담배, 카르타, 덴푸라 등 유럽의 단어도 사용되기 시작했다.

일본인들은 유럽인들을 남쪽에서 온 사람들이라는 의미로 남만인南蠻人이라 불렀다. 이들 남만인들이 전해 준 문화를 남만문화라 한다. 남만문화는 세상에 대한 일본인들의 사고방식을 넓혀주었다. 생활 속에서 자주 사용하는 말들도 전해졌다. 그러나 그 후, 계속적으로 일본인들에게 영향을 끼쳤던 것은 아니다.

16세기 후반, 싸움을 하고 있던 센고쿠다이묘 가운데 전국 통일을 꿈꾸는 자들이 등장한다. 중부지방의 다이묘 오다 노부나가는 교토로 올라가 1573년 무로마치 막부를 무너뜨린다. 그 후 서쪽으로 가서 중국지방의 센고쿠다이묘를 무너뜨리지만 도중에 최측근 가신 아케치 미쓰히데明智光秀의 배반으로 할복한다. 노부나가의 뒤를 가신 도요토미 히데요시가 이어받는다. 히데요시는 전국을 통일하고, 센고쿠다이묘를 지배하게 된다. 이것이 1590년의 일이다. 히데요시에 의한 전국통일을 천하통일이라고 부른다.

천하통일이 이루어지고 난 다음 근세시대가 시작된다. 히데요시는 오사카에 성을 짓고(오사카 성), 여기에서 정치를 행하였다. 그 후로도 오사카는 일본의 경제 중심지로써의 역할을 담당한다. 이 시대의 문화는 힘차고 화려한 것이 특징이다. 그것은 당시의 성을 보면 알 수 있다.

히데요시는 전국적인 토지조사를 실시한다. 이것을 다이코겐치太合檢地라 한다. 히데요시는 다이코겐치를 기초로 해서 세금을 내도록 했다. 더욱이 히데요시는 농민들로부터 무기를 자진반납하게 해서 무사와 농민을 분명하게 나누었다. 이것을 병농분리刀狩り 라 한다.

그리고 무사는 조카마치에 거주해야만했다. 이렇게 해서 지금까지의 하극상 풍조를 부정하는 신분제도를 확립한다. 조카마치에 사는 무사가 농촌을 통제하게 되었다는 것을 의미한다. 이 점이 중세사회와 다른 점이다.

또한 히데요시는 외국인 기독교선교사를 추방했다. 기독교의 가르침이 천하통일을 어지럽힌다고 생각했기 때문이다. 스페인, 포르투갈과 같은 가톨릭국가의 지배를 두려워했다는 얘기도 있다.

한편, 히데요시는 중국의 명나라를 정복하기 위해서 두 번이나 조선을 침략한다. 그러나 조선침략은 실패로 끝나고, 히데요시가 죽고 난 다음 철수한다. 이것은 히데요시 정권이 붕괴되는 원인이 되었다.

4. 근세 – 현대 일본의 조직/행동 패턴이 만들어진 에도시대

도요토미 히데요시가 죽고 난 1600년 전국의 다이묘들은 동군과 서군으로 나뉘어져 싸우는 세키가하라전투가 일어난다. 도쿠가와 이에야스는 이 전쟁에서 승리를 하고 전국을 지배하게 된다. 1603년에 이에야스는 미나모토노 요리토모처럼 천황으로부터 정이대장군征夷大將軍이 되고 관동지방의 에도(지금의 도쿄)에 막부를 연다. 도쿠가와 씨 정권을 에도막부라 부른다. 이때부터 약 260년간을 에도시대라 한다.

도쿠가와 씨는 다이묘들에게 영지를 나누어 주고 지배토록 한다. 다이묘가 통치하는 영지領國를 번藩이라 부른다. 그러나 중요한 장소, 예를 들면, 큰 항구나 도시, 그리고 광산 등은 다이묘에게 하사하지 않는다. 도쿠가와 씨 영지幕領로 삼아 직접 통치하였다. 이런 막부의 영지는 전국에 약 25% 정도였다. 이처럼 장군幕府과 다이묘가 각각 토지와 인민을 지배하는 정치가 완성되었다. 이러한 지배체제를 막번체제幕藩体制라 한다.

장군은 군사적인 면, 경제력, 그리고 재정적인 면에서 다른 다이묘를 능가하였을 뿐만 아니라 다이묘들을 제대로 통제(부케쇼핫토武家諸法度)하였다. 다이묘가 반란을 일으키지 못하도록 여러 가지 방법을 가지고 있었다. 예를 들면 도쿠가와 일족의 다이묘(고산케御三家)들은 중요한 곳에 두었으며, 세키가하라의 전투 이전까지 도쿠가와 편에 섰던 후다이다이묘譜代大名에게는 에도에서 가까운 지역을, 세키가하라의 전투 이후에 도쿠가와에게 굴복한 도자마다이묘外様大

名는 에도에서 먼 곳을 영지로 주었다. 다이묘가 지켜야하는 법률도 만들었다.

부케쇼핫토武家諸法度는 에도 막부江戸幕府가 다이묘大名들을 통제하기 위해 제정한 기본법으로 내용을 살펴보면, 다이묘의 품행, 반역·살인자의 추방, 성곽 수리에 대한 보고, 다른 다이묘와 도당徒黨을 짓는 일의 금지, 영지를 다스리는 다이묘의 정치 등에 대해서 규정하였다. 또 다이묘가 막부 소재지인 에도와 자기의 영지에서 격년으로 교대 근무하는 산킨코타이 제도를 규정하여 이로써 다이묘들의 무력을 제한하고, 감시를 용이하게 하여 체제 질서 유지를 확고히 하였다. 이 법령은 그 후, 몇 차례 개정되어, 선박 소유의 제한, 그리스도교 신자와 불효자에 대한 처벌, 다이묘를 뒤따라 죽는 순사殉死의 금지 조항이 추가되고, 후대로 가면서 문치주의文治主義의 경향을 띠었다.

이 가운데도 산킨코타이라는 제도는 막부의 다이묘 통제력을 확실하게 보여준 정책이었다. 막부는 다이묘들이 1년은 영국에서 생활하고 다음 1년은 장군이 있는 에도에서 생활하도록 했다. 다이묘의 가족을 인질로 삼아 이들은 에도에서 살도록 하였다. 이 때문에 에도를 중심으로 교통이 발달하게 된다. 특히 주요 도로는 막부에서 관리하였다. 도카이도東海道, 나카센도中山道, 니코도츄日光道中, 오슈도츄奥州道中, 고슈도츄甲州道中과 같은 다섯 개의 주요 도로五街道였다. 이들 가도에는 여행객들이 쉴 수 있도록 숙박시설宿場을 갖춘 도시가 생겨났다. 치안을 위해 교통이 편리한 곳에는 세키쇼關所라는 통행소checking ststion도 설치했다.

그런데 이 제도가 시행되면서 예상치도 못했던 여러 가지 사회적 현상과 여행관련 인프라가 구축이 된다. 이 제도로 인해 전국적인 도로망이 정비되고 일정한 간격으로 숙박 시설을 갖춘 슈쿠바마치宿

場町라 부르는 도시가 조성되었다.

산킨코타이의 영향은 네 가지로 정리해 볼 수 있다. 1)유통망이 갖춰지면서 상업이 발달하고, 2)도시상인계급인 조닌町人 층이 성장하였으며, 3)중앙과 지방의 인적, 물적 교류가 활성화되었다. 그리고 4)여행 관련 인프라가 구축되면서 서민들의 여행이 본격화되는 계기를 가져다주었다.

에도시대에는 엄격한 신분제도가 있었다. 사농공상士農工商, 즉 무사, 농민, 장인匠人, 상인과 같이 4계급으로 나뉘었으며, 이외에 성직자와 천민집단이 있었다. 이중 에도시대 전체 인구를 약 3,000만으로 추정했을 때, 6~10%가 무사, 80%는 농민, 6~7%가 장인과 상인계급, 그 외에 천민이나 성직자 등이 있었다. 일본에서는 농민을 백성이라는 의미로 햐쿠쇼라고 불렀다.

이처럼 엄격한 신분제도를 바탕으로 에도막부는 약 260년 동안 이어질 수 있었다. 농민百姓은 무사 다음의 신분이었지만 막부는 농민들을 엄격하게 통제했다. 막부 재정은 농민들로부터 거둬들이는 연공에 의존했기 때문이다.

이러한 신분제도를 지탱할 수 있었던 이데올로기는 유학, 특히 주자학이었다. 주자학은 상하관계를 중시하였기 때문에 에도시대 학문의 중심이었다.

이 시대는 개인이 아니라 이에가 중심이었다. 이에에서는 가장의 힘이 강했다. 가장의 뒤를 잇는 장남은 다른 형제들보다 우선시 되었다. 결혼은 이에를 계승하기 위한 것이었기 때문에 아내의 지위는 낮았다. 남존여비 풍조가 강했기 때문이다. 에도시대의 정치제도 가운데 또 하나 주목해야 하는 것은 쇄국정책 "closed country" policy 이다.

처음에는 막부는 유럽인들과 무역을 하고 있었다. 동남아시아와 무역을 하는 일본인 상인도 있었다. 거기에는 일본인마을이 형성될 정도로 무역이 활발하게 이루어졌었다. 그러나 기독교의 가르침이 막부 지배질서를 어지럽힌다고 판단한 막부는 기독교 금지령을 내리고 일본인들의 외국과의 무역을 제한하기 시작한다. 1635년에는 일본인들이 해외로 나가거나 들어오는 것을 금지한다. 한편 1624년에 가톨릭국인 스페인의 배, 39년에는 포르투갈의 배가 들어오는 것을 금지한다.

막부에서는 기독교를 금지하기 위해서 기독교신자인 기리시탄을 탄압한다. 아울러 사람들에게는 불교사원의 단가檀家가 될 것을 명하여 기독교신자가 아님을 증명케 했다. 막부가 절을 통제하였기 때문에 불교사원의 종교활동은 자유롭지 못했다.

막부는 네덜란드, 중국 이외의 나라에서 외국인이 오는 것을 금지하고, 무역은 막부가 독점했다. 나가사키의 데지마出島를 통해서만 네덜란드와 중국배가 들어올 수 있도록 하고 무역을 허용했다. 네덜란드배와 중국배가 제출한 보고서를 통해 막부는 당시의 외국인의 동태를 파악했다. 나가사키는 기독교이외의 유럽의 학문이 조금씩 들어오기도 했다.

한편 조선, 오키나와, 홋카이도도 막부와 교류를 하였다. 조선과의 창구는 대마도 번이 담당하였다. 오키나와는 사쓰마 번, 홋카이도는 마쓰마에 번이 담당하였다.

이와 같이 대외관계를 엄격하게 제한하는 쇄국정책은 200년 이상 지속된다. 에도시대 번의 조카마치는 급속하게 발달한다. 성에는 번주(도노사마殿樣), 주변에는 가신(무사)들이 살았으며 이들 생활을 유지하기 위해서 사람들이 옮겨 살았다.

조카마치는 번의 중심지였지만 여기에서만 경제가 돌아가는 것은 아니었다. 에도, 오사카, 교토와 같은 삼도三都가 일본 경제의 주축이었다. 에도는 전국의 다이묘가 모이는 정치·경제 중심지였다. 오사카는 번의 연공미와 전국의 물자가 모이는 경제도시였다. 전국의 번들이 오사카에서 연공미를 팔아 현금으로 바꾸었다. 오사카를 천하의 다이도코로(台所부엌)라고 말할 정도로 경제중심지였다. 교토는 오랜 역사를 가진 경제와 문화의 도시였다.

에도시대 초기에는 쌀과 보리, 콩이 중심인 경제였다. 막부와 번은 쌀 수확을 중요하게 생각했었다. 쌀이 연공이었기 때문이다. 그 가운데 쌀 이외의 작물, 즉 의복의 원료가 되는 면, 남색염료, 등유의 원료인 유채 기름, 담배 등 돈으로 바꿀 수 있는 작물을 재배하기 시작했다. 사고 팔수 있는 상품작물을 많이 재배하기 시작했다. 옷감, 사탕, 소금, 기름 등을 만드는 수공업과 광업도 발달했다. 상업도 번성하여 상품유통경제가 발달하였다. 이처럼 유통경제에 종사하는 상인들이 점점 부를 축적하기 시작하면서 상인계급이 성장했다.

삼도와 조카마치에 사는 사람들을 조닌이라 부른다. 이들의 경제력은 문화면에서도 나타난다. 조닌문화라는 것이 유행한 것도 에도시대 전반의 특징이다.

조닌문화 가운데 소설, 하이쿠俳句, 가부키歌舞伎, 우키요에浮世繪 등 사람들의 마음을 재미있고 즐겁게 표현하는 문화가 생겨난다. 조닌들은 이 세상을 '우키요浮世'라고 생각하고 생활을 즐겼다. 대표적인 것으로는 이하라 사이카쿠井原西鶴의 『니혼에타이구라日本永代藏』 등 조닌의 생활을 묘사한 우키요조시浮世草子와 마쓰오 바쇼松尾芭蕉의 하이쿠, 지카마쓰 몬자에몬近松門左衛門의 닌교조루리人形浄瑠璃, 가부키歌舞伎, 우키요에가 있다.

당시 무사의 자제들이 다녔던 번교藩校를 비롯해 데라코야寺子屋라
고 하는 민간의 초등교육기관이 전국 각지에 생겼다. 여기에서는 실
생활에 도움이 되는 읽기, 쓰기, 계산 등을 가르쳤다. 따라서 서민들
의 식자율識字率이 높았으며, 문화수준도 높아졌다고 할 수 있다. 사
숙私塾이라는 고등교육기관도 발달했다.

이처럼 에도시대 전반기인 17세기~18세기는 교토와 오사카의 조
닌문화가 중심이었다. 이 당시의 문화를 겐로쿠문화元祿文化라 한다.
그러나 후반인 18세기~19세기는 문화의 중심이 에도로 옮겨간다.
이유는 교토·오사카보다 에도의 경제가 발달하였기 때문이다.

에도시대 후반의 문화도 조닌문화였다. 그러나 막부의 엄격한 통
제가 있었기 때문에 활기를 잃어버리고, 노는 풍조가 강해졌다. 짓벤
샤잇쿠十返舍一九의 『도카이도히자쿠리게東海道膝栗毛』, 시키테삼바式亭
三馬의 『우키요부로浮世風呂』, 고바야시 잇챠小林一茶의 『하이쿠俳句』
이외에도 센류川柳, 교카狂歌 등이 유행했다. 우키요에는 미인화, 풍경
화가 유명했다. 이 시기의 문화를 가세이문화化政文化라고 부른다.

5. 근대

(1) 개항과 근대화 – 메이지유신明治維新

에도시대 무사는 조카마치에 살며, 번으로부터 월급으로 쌀을 받
아 그것을 팔아 현금으로 바꾸어서 생활했다. 이런 사회구조 속에서
상업과 유통경제는 한층 활발해지면서 상인들의 경제력은 성장했다.
한편, 번은 산킨코타이 등의 영향으로 소비지출이 늘어 적자재정을

면치 못했다. 이처럼 에도시대는 상품경제가 발달하는 계기가 되었지만 이것은 오히려 봉건사회질서를 붕괴시키는 원인이 되기도 했다.

이런 상황에서 막부나 번은 농민들의 연공징수를 늘려 조세부담이 커졌기 때문에 농민들의 생활은 더욱 어려워졌다. 그 결과 각지에서는 농민 반란이 일어난다. 이것을 '하쿠쇼 잇키百姓一揆'라 부른다. 도시에서는 쌀값이 폭등해서 불만을 가진 조닌들은 미곡상이나 돈 많은 상인의 상점을 습격해서 탈취하는 폭동이 일어난다.

막부와 번에서는 정치, 재정 개혁을 시도한다. 이것을 막정개혁幕政改革, 번정개혁藩政改革이라 한다. 사치를 해서는 안 된다고 근검절약을 강조하기도 한다. 아울러 새로운 토지를 개간하거나 상품작물을 재배하기도 한다. 막부는 화폐발행권리가 있었기 때문에 화폐개혁을 통해 재정적자를 줄이려고 하지만 이것도 제대로 성공하지 못했다.

한편, 지방의 번에서는 번정藩政 개혁을 시도한다. 그 가운데 서남 일본의 큰 번들은 열심히 번정 개혁을 서두른다. 특히 사쓰마 번薩摩藩은 우선 상인들로부터 빌린 돈을 250년에 걸쳐 갚기로 하고, 사탕과 밀랍과 같은 상품작물을 번이 전매專賣하는 것으로 해서 적자재정을 개혁했다. 게다가 번의 군사력을 강화시키기 위해서 군비軍備를 서양식으로 바꾸고 하급무사 가운데 능력이 있는 자를 선발해서 관리로 채용하였다.

19세기 중엽 이렇게 해서 재정개혁에 성공한 번은 사쓰마 번, 조슈 번, 사가 번, 도사 번이었다. 이들을 웅번雄藩이라 한다. 이들 번은 모두 서 일본에 있는 도자마 번으로 일본의 근대화과정에 큰 역할을 담당하게 된다.

학문분야에서도 새로운 사회를 만들기 위한 움직임이 일어난다.

주자학을 대신해서 양명학과 국학國學, 난학蘭學이 유행하였다. 국학은 고대 일본연구를 바탕으로 하는 것으로 고대인들의 사상으로 돌아가자는 학문이다.

한편 난학은 양학이라고도 하는데, 사상적인 면보다는 의학과 과학기술 분야를 배웠다. 특히 마에노 료타쿠, 스기타 겐파쿠의 『가이타이신쇼解體新書』가 간행된 것은 중요하다. 일본인이 직접 네덜란드어로 적힌 책을 가지고 서양학문을 공부하기 시작했다는 점에서 의의가 있다. 아울러 막부와 번에서도 서양의 학문에 관심을 가지기 시작했다.

이 무렵 유럽 각국에서는 쇄국정책을 취하고 있는 일본에 대해서 개국할 것을 요구한다. 영국과 서 유럽은 산업혁명, 시민혁명이 일어나 무역을 중시하면서 유럽 각국은 일본을 새로운 상품시장으로 생각하였다.

1853년, 미국의 해군제독 페리(1794~1858)는 흑색군함을 이끌고 에도만에 나타난다. 이때까지만 하더라도 나가사키를 통해서 서양문물을 받아들이고 있었다. 이에 페리는 나가사키뿐만 아니라 수도인 에도에 가까이까지 와서 근대식 군함의 위용을 앞세워 개국을 요구했다.

페리의 개항 요구는 역사적으로 큰 의미가 있는 사건으로 인식된다. 외국이 일본의 외교정책을 바꿀 것을 요구한 것이다. 페리는 54년에 다시 와서 일본과 미국은 강화조약을 맺게 된다.

아편전쟁(1840~42)에서 중국이 영국에 진 것을 알고 있었던 막부는 전쟁을 하고 싶지는 않았다. '흑선'의 위용에 주눅이 든 일본은 개국을 하게 된다. 미국 배가 시모다下田(일본의 중부 이즈반도에 있는 지명), 하코다테函館(홋카이도 남쪽에 있는 도시)에 와서 식료품과 물 등을 공급받을 수 가 있게 되었다. 그러나 아직 무역을 시작하지는 않았다.

그로부터 4년 후인 1858년 미국의 강한 요구로 통상무역을 맺게 된다. 이 조약으로 나가사키, 하코다테, 요코하마 등을 개항하고, 59년부터 무역을 자유롭게 하는데 합의를 한다. 단, 외교관 이외의 외국인은 거류지라고 하는 특별한 장소에서만 거주할 수 가 있었다. 나아가 일본은 스스로 관세를 정할 수가 없었으며, 외국인이 범죄를 저질러도 일본의 법률을 적용할 수 없었다. 이것이 불평등조약의 주요 내용이다.

이어서 같은 내용의 조약을 네덜란드, 러시아, 영국, 프랑스와도 체결한다. 이렇게 해서 일본은 쇄국정책을 접고 서양의 국가들과 새로운 관계를 만들었던 것이다. 1859년 일본은 전년도의 통상조약에 따라 개항을 한다. 서구의 자본주의국가들과 무역을 시작한 것이다. 이것은 일본 사회에 경제적으로나 정치적으로 큰 변화를 가져다주게 된다.

개국, 개항이라는 새로운 변화를 겪으면서 막부의 정치력은 약화된다. 막부의 개항 정책에 대해서 존왕양이尊王攘夷 운동이 격렬하게 일어난다. 개항의 영향으로 물가가 폭등하고 하급무사와 농민들의 생활이 한층 어려워졌기 때문이다.

이러한 막부 정치의 위기 속에서 서남 일본의 대번을 중심으로 존왕양이 움직임이 거세게 일어났다. 이들 서남 일본의 웅번들은 번정개혁에 성공하고 탄탄한 힘을 가지고 있었다. 그러나 조슈 번과 사쓰마 번의 존왕양이파는 이미 유럽의 강국들과 싸워 패한 적이 있었기 때문에 서구 열강이 어느 정도로 강력한 힘을 가지고 있는지를 알았다. 그래서 서남일본의 웅번의 존왕양이파는 생각을 바꾸어서 조슈가 중심이 되어 막부를 무너뜨리기로 한다. 이들을 토막파라고 한다.

1867년 교토의 조정은 사쓰마·조슈에 대해서 막부를 무너뜨릴 것을 명한다. 마침 같은 날 도쿠가와의 마지막 장군은 정권을 조정 측에 돌려주겠다는 의사를 밝힌다.(다이세이호칸大政奉還) 이렇게 해서 265년간 이어졌던 에도막부는 막을 내리게 된다.

그 후, 곧바로 젊은 천황을 중심으로 토막파의 귀족과 웅번이 교토에 모여 새로운 정권을 만든다. 이것을 왕정복고라 한다. 이런 움직임에 반대하는 구 막부파가 반란을 일으키지만, 신정부 측이 승리한다. 이러한 변혁을 메이지유신이라 한다. 오랜 봉건제 사회가 끝나고, 근대사회로의 이행이 시작된 것이다.

1868년에 천황을 중심으로 하는 신정부가 출범한다. 지금까지 무사중심의 정치는 격변하는 세계의 움직임에 능동적으로 대처하지 못했던 것이다. 메이지 신정부는 유럽의 근대사회와 같은 중앙집권 국가가 필요하다는 인식을 가지게 된다.

신정부는 에도를 '동쪽의 수도'라는 이름으로 바꾸어 도쿄라 하고, 수도로 정했다. 연호도 메이지明治로 바꾸었다. 이뿐만 아니라 천황도 지금까지 거주하던 교토를 떠나 도쿄로 옮겨갔다. 이러한 새로운 시대를 메이지시대라 하며, 근대 일본의 시작이었다.

메이지 정부는 이미 유럽의 자본주의국가를 모델로 삼아 일본을 근대국가로 건설할 것을 목표로 정한다. 근대 국가의 특징은 정치는 입헌주의, 경제는 자본주의를 취하고 있다. 메이지 정부의 정책은 18~19세기 유럽의 근대국가들의 이러한 사회체제를 단기간에 받아들이려고 했다.

정부는 우선 정치 근대화에 주력했다. 번을 폐지하고, 현縣으로 바꾸고 중앙정부의 관할 하에 두었다(폐번치현 廢藩置縣 1871년). 번에서는 재정과 군사를 보유하고 있었기 때문에 이것을 없앨 필요가 있었다. 이런 식으로 메이지정부는 중앙집권국가 체제를 만들어 나갔다. 신분제도를 폐지하고 사람은 모두 평등하다는 인식하에 사민평등을 실천하였다. 이 당시 국민의 80% 정도는 농민들이었다.

또한 학교교육을 중시하였다. 일본을 강하게 만들기 위해서는 모두가 교육을 받을 의무가 있다고 생각하고, 6세 이상의 남녀는 모두 교육을 받도록 했다. 의무교육의 시작이다.

다음으로 부국강병에 주력하였다. 산업을 활성화시켜 국가의 부를 축적하여 군사력을 강화시켜나갔다. 20세 이상의 남자는 의무적으로 군에 가도록 했다. 징병제도가 시작되었다.

한편 부국강병과 같은 근대화 정책을 제대로 실천하기 위해서는 재정적 안정이 필요하다는 인식을 하고 먼저 농민들에게 지권地券을 넘겨주고 토지를 소유할 수 있도록 했다. 지권에는 지가地價가 매겨져 있었다. 지가에 따라 세금地租을 받았다. 이것을 지조개정地租改正이라고 부른다. 지조는 전국 어디서나 지가의 3%였다. 게다가 돈으로 세금을 내도록 했다. 그러나 농민들의 반대로 지조는 지가의 2.5%로 내리게 된다.

이렇게 해서 정부 재정은 안정되고, 근대산업을 일으킬 수 있는 재원을 마련할 수가 있었다. 식산흥업殖産興業이라 한다. 재원이 확보되면서 새로운 정책을 펼칠 수가 있게 되었다.

근대적인 제도와 기술을 직접 받아들이기 위해서 메이지 정부는 정부 파견사절과 유학생을 구미 각국에 파견하였다. 1871년에 정부의 주요 인사들이 포함된 이와쿠라岩倉 사절단은 특히 의미가 컸다. 1년 9개월간의 해외 시찰은 일본의 장래에 커다란 영향을 끼치게 된다. 이때 같이 간 5명의 여자유학생들은 미국까지 함께 동행 했다.

한편 정부는 기술자와 학자들을 구미의 각국으로부터 초빙했다. 일본이 유럽 국가를 근대화의 모델로 삼았기 때문이다. 이 가운데 영국으로부터 많은 기술자를 초빙했다. 외국인 기술자는 1870년대에 가장 많았다. 1890년대가 되면 이들의 역할은 끝나게 된다. 이것은 짧은 기간에 일본의 근대화를 서둘렀다는 것을 알 수 있다.

이에 그치지 않고 메이지정부는 유럽과 미국의 문화도 받아들였다. 하루를 24시간으로 하는 태양력을 도입하여 1주일을 7일로 했다. 기독교 금지를 풀고, 철도, 전화, 가스등, 양복, 구두 등 새로운 서양의 생활문화가 들어와 일본인들의 생활은 점차 서구화되었다. 이것을 문명개화라 부른다.

서양의 새로운 사고, 즉 자유주의와 개인주의와 같은 근대사상도 일본어로 번역되어 소개되었다. 이런 사고방식의 영향을 받아 그 후 일본에서는 새로운 정치적 행동이 나타난다. 이 시대의 대표적인 사상가의 한사람이 후쿠자와 유키치이다. 후쿠자와의『학문의 권장』은 당시 베스트셀러가 되었다.

이처럼 19세기 후반의 일본은 신정부가 중심이 되어 서양의 선진 자본주의국가들을 따라잡기 위해 국력을 총동원해서 근대화와 군사강국을 만들려고 했던 시기였다.

(2) 제국헌법체제의 전개 - 입헌주의에서 군국주의로

19세기 후반에 일본은 근대국가로의 길을 걷기 시작했다. 그러나 신정부의 실권은 점차 사쓰마, 조슈 번 출신들이 장악했다. 소위 말하는 번벌藩閥정치이다.

메이지정부의 새로운 정책과 번벌정치를 반대하는 사람들이 있었다. 봉건시대의 무사계급이었던 사족士族들이 반란을 일으켰다. 그러나 이 무력에 의한 반정부운동은 1877년에 일어난 내란이 마지막이었다.

한편, 번벌정치를 반대하는 싸움은 계속 이어졌다. 의회정치의 필요성을 주장하는 사람들이 나타났다. 이때 정부는 헌법에 의거한 입헌주의가 중요하다는 것을 인식하고 있지 않았다. 그러나 입헌주의를 찬성하는 사람들이 늘어나 의회정치를 요구하는 운동이 전국적으로 일어났다. 이것을 자유민권운동이라 한다.

정부는 이 운동의 영향으로 의회를 열기로 약속한다. 게다가 의회를 열기 전에 헌법을 만들기로 했다. 이렇게 해서 메이지정부는 헌법과 의회를 만드는 준비를 하는 한편, 정치체제를 강화했다. 1885년, 내각제가 만들어지고, 근대적인 행정이 만들어졌다. 초대 수상이 이토 히로부미였다. 그러나 일본 최초의 내각은 사쓰마·조슈 출신들이 중심이었기 때문에 번벌내각이라는 말을 들었다. 그것은 전전戰前 내각의 큰 특징이다.

정부는 일본의 새로운 헌법의 모델로 프러시아(독일)헌법을 참고로 했다. 자유민권파가 주장하는 영국과 프랑스식 민주주의적 헌법은 아니었다. 프러시아헌법은 군주권이 강했기 때문에 메이지정부가 지향하는 것에 적합했던 것이다. 정부가 이렇게 생각한 것은 독일의 영향이다. 특히 초빙되어 일본에 온 독일인 로에스렐Hermann Roesler(1834~94)의 조언이 컸다.

1889년 2월11일, 대일본제국헌법이 공표된다. 이것을 메이지헌법이라 한다. 흠정헌법이다. 메이지헌법의 특징을 보면,

(1) 천황은 신성하다.

(2) 천황은 국가의 원수이며 통치권을 가진다.

(3) 의회는 귀족원과 중의원으로 구성한다.

이렇게 해서 천황을 중심으로 하는 메이지헌법체제帝國憲法體制가 완성된다. 이후 정치는 헌법에 기초해 이루어졌다. 이러한 입헌군주 체제는 1945년 8월15일까지 이어진다.

1890년 11월, 헌법에 의거해서 의회가 개설되었다. 이것을 제국 의회라 한다. 중의원(300명)은 국민투표로 선출된 것이 아니었다. 후 에 투표권의 제한이 완화되었지만, 이때 직접국세 15엔 이상을 내는 25세 이상의 남자에게만 선거권이 주어졌다. 매우 적은 숫자(인구의 1.1%)였지만, 국민들이 뽑은 대표가 정치에 참여하게 되었다는 것 은 큰 의미가 있다.

제국의회는 제1회 선거 때부터 메이지정부에 반대하는 정당인 야 당 쪽의 의석이 많았기 때문에 야당인 민당民黨은 자유민권운동을 계승하는 정당으로 번벌정치를 반대했다. 그 중에서도 반대를 강하 게 한 것은 군사예산이었다. 정부는 정당의 의견을 들으려고 하지 않았다. 그러나 의회에서 야당을 무시할 수 없다는 것을 알고 야당 에게 접근했다. 1900년에 입헌정우회立憲政友會라는 새 정당이 만들 어진 것은 그 결과이다. 이토 히로부미가 이 정당을 만들고 총재가 되고, 한 달 뒤 네 번째 수상이 된다. 이렇게 해서 정권을 가진 정당 이 생겨나면서 정당정치는 발전하게 된다. 이것은 종전의 선거법을 개정하게 되는 계기가 되었다고 할 수 있다.

경제 근대화에 대해서 메이지정부는 구미와 마찬가지의 자본주의 경제, 즉, 일본경제의 공업화를 지향한다. 일본의 산업혁명이다.

먼저 1880년대부터 섬유공업을 중심으로 하는 경공업을 발전시키 고 난 다음, 1900년 이후부터는 철과 조선과 같은 중공업도 발전시 켰다. 이처럼 일본은 구미 선진국으로부터 기계와 기술을 수입해 와서 서둘러 산업혁명을 일으켰던 것이다. 그러나 노동자들은 긴 노동시간, 저임금을 받고 일했다. 이러한 열악한 노동조건을 개선하기 위한 노동운동이 일어났다. 이러한 노동운동에 대해서 정부는 1900년 법률을 만들어 단속하기 시작했다.

급속한 산업혁명의 부작용은 노동운동뿐만 아니라 공해문제도 발생시켰다. 특히 다나카 쇼죠田中正造의 반대운동은 유명하다. 사회주의 사상과 기독교사상이 확산된 것도 이때부터이다. 한편, 농촌에서는 불황의 영향으로 농민들이 토지를 소유하는 것이 어려워져 소작인들이 늘어났다. 지주는 이들의 토지를 사들이면서 1907년 전국의 소작지화 비율은 45%나 되었다. 소작쟁의小作爭議가 시작되었다.

그런데 일본의 자본주의는 다음에 소개하는 두 번의 전쟁의 영향으로 발전하게 된다. 청일전쟁(1894~95)과 러일전쟁(1904~05)으로 한반도의 지배권을 둘러싼 전쟁이었다.

이 당시 일본은 값싼 원료와 공업제품을 내다 팔 해외시장이 필요했다. 전쟁에서 이긴 일본은 1895년에 타이완을, 1910년에 한국을 식민지로 만들었다. 나아가서 중국대륙에도 진출해 유럽의 나라들과의 경쟁도 치열해졌다. 강대국 간의 이러한 대립을 제국주의의 대립이라고 한다.

메이지정부의 근대화정책 가운데 가장 큰 문제 중 하나는 조약개정이었다. 에도막부가 1858년에 외국과 체결한 불평등통상조약이 이때까지 계속 이어지고 있었기 때문에 정부는 이 조약을 개정하기로 했다. 조약의 불평등한 부분은 다음과 같다.

(1) 외국인을 일본의 법률을 가지고 처벌할 수는 없다.(치외법권)
(2) 일본 법률로 관세를 정할 수는 없다.(관세자주권이 없음)

치외법권 문제는 1899년, 관세자주권은 1911년에 없어지게 된다. 외국인도 1899년부터는 지금처럼 일본을 자유롭게 여행할 수 있게 되었다. 그때까지 외국인들이 자유롭게 거주할 수 있는 것은 요코하마, 고베, 나가사키 등 외국과 무역이 이루어지던 곳에서만 허용되었다.

이처럼 19세기 말부터 20세기에 걸쳐 일본은 외국과의 불평등조약을 없애는데 성공한다. 그러나 이것은 동시에 아시아로 무력진출하게 되는 계기가 되었다. 이러한 일본 정부의 방침에 반대를 표명한 것은 사회주의자, 나쓰메 소세키, 요사노 아키코와 같은 문학가들이었다.

20세기가 되면서 유럽의 자본주의는 해외 식민지를 개척하기 위해서 한층 치열한 경쟁을 하게 된다. 특히 영국과 독일의 대립이 심해져서 1914년 유럽에서는 큰 전쟁이 일어난다. 제1차 세계대전(1914.7~18.11)이다.

일본은 이 전쟁에 참여해서, 중국의 독일령과 태평양의 독일령 섬들을 점령한다. 나아가서 중국정부에 대해서도 일본의 '권익'을 요구한다. 이 때문에 중국내에서는 배일排日운동이 일어난다.

대전 중이던 1917년 러시아에서는 혁명이 일어나 사회주의정권이 들어선다. 구미 열강에서는 그 영향이 확대될 것을 우려하여 간섭하고 일본도 시베리아에 출병한다.

전쟁이 계속되면서 일본 경제는 활발해져 전쟁특수가 일어난다. 아시아 시장에서 유럽의 상품이 부족해지면서 대신 일본 상품이 팔리기 시작했기 때문이다. 해운업이 호황으로 무역이 3배나 늘었다. 공업생산액도 4배로 늘었다. 섬유공업과 화학공업이 발달하고, 비료와 공작기계의 생산도 국산화되었다. 재벌이 등장한 것도 이 즈음이다.

이때 정당의 힘은 한층 더 강해졌다. 번벌과 육군이 군사력확대를 요구하였기 때문에 정당정치가와 여론은 반대했다. 입헌정치의 원칙을 지켜야 한다는 호헌운동이 일어났다. 이 운동을 통해서 사람들 사이에서는 민본주의라는 데모크라시를 생각하는 분위기가 고조되었다. 사람들의 의견을 반영하는 정치를 하자고 주장하는 당시의 분위기를 다이쇼大正데모크라시라 부른다.

앞에서 설명한바와 같이 전쟁특수는 일본경제의 활황을 가져왔지만, 물가도 동반 상승했다. 1918년 여름, 쌀 소동을 일으킨 사람들도 있었다. 그 결과 번벌과 관계가 없는 하라 다카시原敬 내각이 발족한다. 군부대신을 제외한 다른 대신들은 모두 정우회원政友會員 등의 정당인들이었다. 이 하라 내각은 일본 최초의 본격적인 정당내각이었다.

이처럼 정당정치가 발전하면서 1925년에 보통선거법이 만들어지고, 25세 이상의 남자들에게 선거권이 주어졌다. 여자들은 아직 선거권이 없었다. 유권자는 종전보다 4배로 늘어났다. 이때 같은 의회에서 치안유지법이 만들어졌다. 정부는 보통선거로 무산정당無産政黨이 의회에 진출하는 것을 막기 위한 것이었다. 이 치안유지법은 뒤에 여론과 사상을 통제하게 된다.

제1차 세계대전 이후, 세계뿐만 아니라 일본의 경기도 나빠졌다. 특히 1929년 10월, 뉴욕에서 대공황이 일어나 일본도 그 영향을 받는다. 이른바 쇼와昭和공황이다. 일본의 무역량은 급속하게 줄어들고, 실업자가 속출하였다. 생사生絲무역이 줄어들면서 농민들도 대공황의 영향을 받았다. 그러나 한편으로는 재벌의 규모가 점점 커졌다.

이러한 상황 속에서 일본의 군인들 사이에서는 군국주의에 대한 관심이 고조되면서 중국대륙을 침략한다. 일본군은 1931년 9월 18

일, 중국의 동북지방에서 전쟁을 위한 명분을 만들기 위해 '만주사변'을 일으킨다. 이것은 이후 15년 동안 이어진다. 긴 전쟁의 시대가 시작된 것이다.

군부 안에서는 국내정치에 대한 불만을 가진 자도 나타났다. 이들은 직접 행동으로 정당정치를 무너뜨리고 군부정권을 만들려고 하였다. 1932년 5월에는 정당내각의 수상을 암살하기에 이른다. 이렇게 해서 정당정치는 막을 내리고, 군부가 정치의 실권을 장악하게 되었던 것이다.

나아가서 1937년 7월 7일, 일본군은 베이징 교외에서 중국군과 무력 충돌을 일으켰다. 이것이 계기가 되어 전화戰火는 중국 중부까지 확대되었다. 중일전쟁이다. 한편, 전쟁이 진행되면서 군수산업이 활발하게 이루어진다. 특히, 중화학공업이 발달하면서 일본의 공업 생산성에서 중화학공업이 차지하는 비중이 절반을 넘어섰다.(1935) 일본상품 수출도 다시 늘어났다. 그러나 전쟁 때문에 국민들은 통제된 생활을 강요받으면서 점차 힘들어졌다. 정부는 전쟁을 위한 물자를 우선시 했다.

이때 유럽에서는 파시즘이라는 새로운 정치체제가 등장한다. 이탈리아의 파시즘당과 독일의 나치당이다. 독일이 1939년 9월 폴란드를 침략하면서 영국, 프랑스 연합국 사이에 전쟁이 일어난다. 제2차 세계대전이다. 이탈리아는 이윽고 독일과 손을 잡고 참전한다.

한편 1940년에는 일본이 미국과 영국에 맞서기 위해서 독일, 이탈리아와 3국 동맹을 맺는다.

이때 일본군은 동남아시아까지 침략하기 시작한다. 이러한 상황을 해결하기 위해서 미국과 일본은 교섭을 시작한다. 그러나 일본은 1941년 12월 8일, 미국과 영국을 상대로 전쟁을 시작한다. 태평양전쟁이다. 1939년 유럽에서 시작된 제 2차 세계대전이 아시아, 태평양 지역으로까지 확대된 것이다.

일본군은 동남아시아에서 오스트레일리아 북부의 여러 섬들에 이르는 지역까지 세력을 확대시켜나간다. 말레이반도, 홍콩, 필리핀, 싱가포르, 미얀마, 네덜란드령 동인도, 뉴기니아 등을 점령한다. 그러나 1942년 6월 미드웨이해전에서 미국을 중심으로 하는 연합군과의 전투에서 패하면서 힘을 잃기 시작하고, 일본군이 점령하고 있던 지역에서는 항일운동이 거세게 일어났다.

한편, 일본 국내에서는 군비가 증가함에 따라 사람들의 생활에 부담이 커져갔다. '사치는 적이다.'라는 슬로건 하에 쌀과 소금도 통제를 받을 정도로 일상생활에 필요한 물자가 부족해졌다. 정부가 군수품 생산을 우선하였기 때문이다. 생활뿐만 아니라 언론과 사상까지도 국가의 통제를 받았기 때문에 자유로운 발언과 문화 활동도 불가능했다. 전쟁을 '성전聖戰'이라고 부르며 국민들을 전쟁에 협조할 것을 강요했다. 전쟁이 지금 어떻게 진행되고 있는지에 대해서 정부는 국민들에게 전혀 알려주기를 않았다.

1945년 2월, 미국, 영국, 소련의 수뇌부는 크림반도의 얄타에 모여 독일과 일본의 전후처리문제를 의논했다. 이것이 얄타회담이다. 회담에서는 전후 세계를 미국·영국·소련을 중심으로 하는 국제연맹을 만들기로 하고 소련이 일본과의 전쟁에 참가하기로 했다. 일본의 패전은 이미 시간문제였다.

6. 현대 – 패전에서 고도성장의 시대

1945년 7월 독일이 패전하고 미국, 영국, 소련의 수뇌부는 다시 독일의 포츠담에서 모였다. 중국의 의견도 듣고 미·영·중국 3국이 일본에 대해서 무조건 전쟁을 그만둘 것을 촉구하였다. 이것을 포츠담선언이라 한다.

그러나 일본은 이 선언을 받아들이지 않는다. 이에 미국은 8월, 히로시마와 나가사키에 원자폭탄을 투하한다. 심한 피해를 입은 일본은 전쟁을 계속할 수 없게 되고, 연합국(미국·영국·소련·중국 등)에 전쟁을 그만하겠다는 뜻을 전달한다. 일본이 패전한 것이다. 무조건항복이었다. 8월15일 사람들은 이 사실을 알았다.

이렇게 해서 제2차 세계대전은 끝나고, 일본의 긴 전쟁의 시대도 끝나게 된 것이다. 이후를 전후라고 부른다. 패전 전까지를 전전戰前, 이 가운데 전쟁 중이었던 15년간(1931~45)을 전중戰中이라고 하기도 한다. 패전은 현대 일본의 출발이기도 하다. 당시 일본은 국토는 물론, 경제, 국민생활 등 모든 면에서 큰 피해를 입었기 때문에 새 출발을 해야만 했다.

1945년 8월부터 연합국(점령군)은 일본을 지배한다. 점령이 시작된 것이었다. 연합국 군대는 연합국총사령부(GHQ)를 두고, 맥아더(1880~1964)장군이 최고사령관(SCAP)이 되었다.

오키나와를 제외하고는 직접군정直接軍政을 하지는 않았다. 이른바 간접통치의 목적은 일본에서 군국주의를 없애고, 평화로운 국가를 만드는 것이었다. 그것을 전후개혁이라고 부른다. 그러나 정책을 결정하는 실권은 미국이 쥐고 있었다.

점령군은 먼저 일본의 비군사화를 단행하였다. 군대와 군수산업을 폐지하고, 전쟁 책임자를 전법재판에 회부하여 전쟁책임을 물었다.

다음으로 정치 민주화를 꾀하였다. 20세 이상의 모든 국민들에게 참정권을 부여하였다. 일본에서 처음으로 주부에게 참정권이 주어지면서 완전한 보통선거를 할 수 있게 되었다. 정당과 정치활동도 자유롭게 할 수 있게 되었다. GHQ는 이른바 인권지령人權指令을 발령하여, 치안유지법과 특고경찰特高警察도 없애고, 정치범을 풀어주었다. 그때까지 비합법이었던 일본공산당도 처음으로 합법화되었다. 나아가 맥아더는 일본 정부에 대해서 다음과 같은 '5대 개혁지령'을 내린다.

(1) 부인해방

(2) 노동조합 결성

(3) 교육의 자유화

(4) 탄압기구 폐지

(5) 경제민주화

이렇게 해서 패전부터 1947년 4월까지 GHQ에 의한 전후개혁이 단행되었다. 1946년에는 천황이 '인간선언'을 하면서 '신격神格을 부정하였다. 게다가 전후개혁 가운데 가장 큰 과제였던 새로운 헌법이 만들어졌다. 이것이 일본국헌법이다.(1947년5월3일 시행) GHQ는 메이지헌법이 군부의 독주와 침략전쟁의 주된 원인이었다고 판단해서 새 헌법을 만들어야겠다고 판단하였던 것이다.

천황은 상징천황으로 바뀌었다. 국민 중심의 헌법이 만들어지면서 국민에게 주권이 주어진 것이다. 의회(국회)는 국권의 최고기관이 되고 의원내각제가 시작된다. 지방자치도 강화되었다. 기본적인 인권보장, 남녀평등도 인정했다. 가장을 중심으로 하는 가족제도도 붕괴되고 부부는 평등한 관계가 되었다. 이러한 것은 메이지헌법과 큰 차이점이다. 게다가 이 헌법에서는 일본은 전쟁을 하지 않는다고 정해놓고 있다. 이러한 평화헌법은 세계의 어느 나라에서도 볼 수 없다. 일본국헌법은 이렇게 해서 현대일본의 근본이념을 정했다.

나아가서 경제민주화도 단행되었다. 전전, 재벌은 큰 경제 집단이었지만 없앴다. 농촌에서는 농지개혁이 이루어, 지주와 소작인관계도 바뀌었다. 전국의 소작지 80%가 자작농으로 바뀌었다. 노동자를 위한 노동개혁도 이루어졌다. 노동조합법이 만들어져 일본에서 처음으로 노동조합이 법으로 보호를 받게 되었다. 노동시간과 노동조건도 좋아졌다.

학교에서는 남녀가 교실에서 함께 공부할 수 있게 되었다. 『민주주의』라는 이름의 새로운 과목도 이때 만들어졌다. 의무교육은 초등학교 6년, 중학교 3년까지 9년간으로 바뀌었다. 종교의 자유가 보장되고, 정교분리政敎分離도 이루어졌다. 정부가 신도를 보호해서는 안되게 되었다.

전후 개혁은 일본의 비군사화와 민주화를 추진하였으며, 1948년에 끝났다. 점령군의 정책이 변경되었다. 일본 내에서는 보수정당이 정권을 잡고, 외국에서는 미국과 소련의 냉전체제가 시작되었다. 이 때문에 일본의 경제력을 높여 일본의 자주와 안정을 도모하기 위해서였다. 이렇게 해서 같은 해 12월 맥아더사령관은 일본 정부에 대해서 다음과 같은 '경제안정 9원칙'의 지령을 요구하였다.

(1)예산의 균형 (2)징세 강화 (3)융자 제한 (4)임금 안정 (5)물가통제 (6)외국환 통제 (7)수출증진 (8)공업생산 증강 (9)식량 공출의 촉진

1949년 4월에는 환율이 1달러 360엔이 되었다. 이때 동남아시아

는 민족해방운동이 일어나 인도네시아, 베트남, 필리핀, 미얀마 등 민족국가가 독립했다. 한반도에서는 대한민국과 북한정권이 들어서고, 중국에서도 중화인민공화국이 성립되어 중화민국과 대립했다.

이러한 국제 관계 속에서 1950년 6월 6.25전쟁이 일어났다. 유럽에서는 미국과 소련이 대립하는 '냉전체제'가 이어졌다. 그것이 아시아에서 전쟁이 일어나게 된 계기가 되었던 것이다.

한국전쟁의 영향으로 일본 경제는 살아났다. 일본은 연합군의 군사기지로써 전쟁에 필요한 물자를 일본에서 만들게 되었기 때문이다. 이 특수경기 때문에 일본의 수출은 3배로 늘어났으며, 광공업 생산은 다음해에는 전전과 같은 수준으로 회복되었다.

한국전쟁이 발발하고 나서 GHQ는 일본이 자위력을 가질 수 있도록 지령을 내렸다. 그 결과, 경찰예비대가 창설되었다. 지금은 자위대라고 부르고 있다. 이렇게 해서 일본의 재군비가 시작되었다. 당시의 신문은 이것을 '역코스'라 불렀다.

미국과 소련 사이에는 일본과 연합국의 평화조약에 대한 의견의 차이가 있었으나, 한국전쟁을 계기로 미국은 조약을 체결하려는 결심을 서둘러서 하게 되었다. 일본정부도 미국의 방침에 호응했다. 1951년 9월, 연합국 48개국과 평화조약(샌프란시스코조약)을 체결했다. 소련과 중국을 비롯한 7개국은 이 조약에 반대했다. 하지만 이것으로 48개국과의 교전상태는 사라졌던 것이다. 이듬해 4월 GHQ의 점령이 끝나고, 일본 본토는 주권을 회복하고 독립했다. 아마미제도奄美諸島는1953년 12월, 오가사와라제도小笠原諸島는 68년 4월, 오키나와는 72년 5월 각각 본토로 복귀했다.

샌프란시스코조약을 체결한 그날 일본과 미국은 미일안전보장조약(안보조약)을 조인한다. 일본은 미군에 대해서 주둔비駐留費와 군사기지를 제공하기로 한다. 한편, 일본과 소련은 1956년 10월에 일소공동선언을 발표를 계기로 관계개선을 하게 된다. 일본은 이 공동선언을 계기로 같은 해 12월 국제연합에 가입한다.

한국전쟁 즈음에 시작한 '역코스'의 흐름 속에서 일본의 정치와 사회도 불안정해졌다. 이러한 상황에서 1955년 10월 일본사회당의 좌우양파는 하나로 합치고, 보수 2당도 합쳐 자유민주당(자민당)이 만들어졌다. 이렇게 해서 2대 정당시대가 시작되었다. 이것을 '55년 체제'라 부른다. 이후 자민당의 장기 집권이 이어진다.

1950년대 중반부터 일본의 경제 성장률은 높아졌다. 수출이 늘어나 55년의 국제수지는 한꺼번에 흑자로 전환하였다. 특수에 의존하지 않는 경제호황이었다. 정부는 이러한 상황을 가리켜 '이제 전후는 아니다.'라 말했다.(1956년) 이러한 고도경제성장률은 국민총생산(GNP) 성장에도 나타났다. 매년 전변도와 비교해서 10%씩 성장했다.

*일본의 경제성장률 1954년 2.8%, 55년 12.1%, 56년 8.8%, 57년 9.7%

이러한 고도경제성장의 시대는 1970년대 초까지 지속되었다. 일본의 경제는 농업에서부터 공업 중심으로 특히 중화학공업중심으로 빠르게 변해갔다고 할 수 있다. 그러나 이러한 고도성장으로 일본 사회에는 여러 가지 문제점이 발생했다. 가정에서는 편리한 가전제품이 증가했지만 대기업과 중소기업 간에는 큰 격차가 발생했다. 도시 노동자와 농민들 간에도 임금격차가 생겨났다. 이것을 일본 경제의 이중구조라 한다.

게다가 농촌의 인구가 줄고, 도시 노동자가 늘어났다. 농촌의 과소화過疎化, 도시의 과밀이 문제이다. 전체 인구에서 농업인구 비율을 보면 그 변화를 잘 알 수 있다.

*농업인구 비율: 1950년 45.2%, 60년 30.0%, 70년 18.0%, 85년 8.4%

농촌이나 도시 모두 일본의 국토가 완전히 바뀌었다. 자연파괴가 심각해졌으며, 도시에서는 공장과 빌딩, 그리고 고속도로가 만들어졌다. 한편 고도성장의 결과로 인플레뿐만 아니라 공해와 도시문제도 발생했다. 생활환경과 생활안전에 대해서 생각해야하는 시대가 되었다. 특히 공해문제는 1960년대에 큰 사회적문제가 되었다. 1971년에 정부는 환경청을 신설하였다.

이처럼 일본 경제의 고도성장이 지속되는 가운데 1970년대에 큰 변화가 일어났다. 먼저 1971년 4월, 미국은 갑자기 중화인민공화국에 접근하기 시작한다. 이것을 닉슨독트린이라 한다. 그 결과 중공은 대만을 대신해서 국제연합에 가맹하고 국제사회에 복귀한다. 국제정치는 대립에서 협조의 시대로 들어선다. 일본도 72년 중일공동성명을 발표하고, 78년에는 중일평화우호조약을 체결하고 중국과의 국교를 회복한다.

이어서 1971년 8월, 미국은 금과 달러 교환을 금지하는 경제정책을 발표한다. 두 차례의 닉슨쇼크이다. 달러쇼크라고도 한다. 국제수지에서 흑자가 많았던 일본의 엔은 1달러 360엔에서 308엔으로 바뀌었다. 이후에도 엔화의 환율은 높아졌다.

엔고가 되어도 일본의 흑자행진은 멈추지 않았다. 이런 상황 속에서 오일쇼크(석유위기)가 찾아왔다. 1973년의 일이다. 이 영향으로 일본경제는 전후 최대의 불황을 맞이한다. 고도성장을 지속할 수가 없었기 때문에 일본 경제는 구조전환을 꾀하지 않을 수 없게 되었다. 제조업에서 제3차 산업으로 중점이 전환되었다. 제조업자들은 기술과 서비스도 팔게 되었다. 서비스경제화가 시작되었다. 이렇게 해서 일본은 안전성장의 시대에 돌입하게 된다.

일본경제는 불황에서 회복했다. 그러나 1979년 이란사태로 인해 다시 한 번 오일쇼크가 일어난다. 73년의 오일쇼크 전은 1배럴당 1~2달러 정도였던 원유가, 74년에는 11~12달러까지 폭등했다. 두 차례의 오일쇼크 때는 1980년에 30달러 이상도 되었다. 일본경제는 외국의 석유수입에 의존하고 있었기 때문에 영향을 받기 쉬웠지만 이들 위기를 극복하고 80년 6월부터는 무역수지가 흑자로 돌아섰다. 그 뒤 일본은 경제대국의 길을 걷게 된다. 국제수지는 흑자가 늘어 외국으로부터 반발을 사게 된다. 특히 가장 큰 무역상대국이었던 미국은 일본에 대해서 규제를 강화하는 동시에 군사력을 늘릴 것을 요구한다. 무역입국 일본은 지금 경제적으로나 외교적으로 국제사회에서의 역할을 생각해야한다.

일본 열도의 긴 역사 속에서 현대는 특히 변화가 심한 시대라고 말할 수 있다. 자연환경은 물론이고 사회나 사람들의 생활도 급속하게 변하고 있다. 그러나 급격한 변화 속에서도 옛날부터 살아오면서 변하지 않는 것도 있다. 역사를 배우는 것은 시간의 흐름 속에서 변화하는 것과 변하지 않는 것을 구별하는 능력을 가지는 것이다.[63]

---

63) 東京外国大編(1995) 『留学生のための日本史』 山川出版社. 小和田哲男監修(2000) 『すぐわかる日本の歴史』 東京美術. 日本史教育研究会(2002) 『Story 日本の歴史』 山川出版社. 日本史教育研究会編(2016) 『日本の歴史』新泉社.

제 2 부

무사문화

제1장. 무사의 모든 것

 이 장章에서는 무사의 발생 배경과 용어, 시대별 무사의 특징에 대해서 소개하기로 한다. 무사라고 하지만 한마디로 간단히 설명하기는 어렵다. 시대별로 무사의 유형이 달랐고, 동일 시대에도 다양했다. 귀족 시대에 이어 도래한 것이 무사 시대이다. 무사는 헤이안 시대 말기에 그 모습을 드러냈다. 12세기 말에는 미나모토노 요리토모源賴朝가 가마쿠라 막부鎌倉幕府를 개설하였는데, 이것으로 무사에 의한 정권이 수립되었다. 그 후 도쿠가와 막부德川幕府가 붕괴되는 1868년까지 약 700년 동안 무사정권이 계속된다. 중세와 근세 무사의 차이점은 중세 가마쿠라시대鎌倉時代는 중앙권력이 아직 약하고, 무사의 대부분이 농업경영자로서 기반을 이루고 있던 시기로 주군에 대한 가신從者의 독립성이 강했다.
 반면, 근세 에도시대江戶時代는 주군의 권력이 극도로 강하였던 시기로 대부분의 무사는 농촌에서 빠져나와 지행미知行米라는 봉급을 받고 생활하는 샐러리맨으로 변해버린 도시소비자였다.

1. 무사의 본류 : 천황의 후손들이 무사의 리더

일본어에 도료棟梁라는 말이 있다.[64] 도료란 일족一族・일문一門의 통솔자. 집단의 리더라는 의미이다. 중세 초기 무사단을 이해하기 위해서는 대표적인 무사의 도료를 배출했던 두 가문을 반드시 알아야만 한다. '미나모토源'가문과 '다이라平'가문이다. 미나모토는 '겐지源氏', 다이라는 '헤이시平氏'라고 하기도 한다.

헤이안 말기에 탄생한 무사는 전국 각지에 무사단을 형성했다. 그 중에서 활약한 자들은 미나모토 씨(源氏 또는 겐지)와 다이라 씨(平氏 또는 헤이시)이다. 당시에는 조정이 늘어나는 황족 수를 줄여서 조정의 재정 부담을 줄일 목적으로 황족들에게 성을 하사하여 귀족화하는 경우가 많았다. '미나모토'는 자식이 50명이나 되는 사가嵯峨 천황이 모계의 신분이 낮은 황자・황녀에게 '미나모토'라는 성을 하사하여 신하로 삼은 데에서 비롯된다.

한편, 다이라 씨는 간무桓武 천황의 증손에 해당하는 다카모치 왕高望親王이 '다이라'라는 성을 하사받아平高望 신하가 된 것에서 비롯된다. 중세 무사단은 이렇게 중앙 귀족의 혈통을 이어받은 사람들을 통솔자로 하는 일이 많았다. 특히, 이 두 가문은 누구나 잘 아는 명문 성씨이고, 나름대로 재력과 교양을 가지고 있었기 때문에 무사단의 중심이 되었다.

위의 두 가문 가운데 무사의 본류라고 하면 겐지를 들 수 있다. 겐지를 '세이와 겐지清和源氏'라 한다. 이들은 무사의 본류 중에 본류라고 해서 도쿠가와德川 장군 가도 같은 계통이라고 한다. 세이와 겐

---

64) 一族・一門의 統率者. 集團의 리더. 頭領.

지의 역사는 9세기 세이와 천황의 아들 사다스미 친왕貞純親王을 황족 신분에서 귀족 신분으로 바꾸는 신적강하臣籍降下를 통해 시작되었다.

사다마스 친왕은 이후 즈네모토經基라는 이름을 쓴다. 그리고 즈네모토는 지방관인 국사国司가 되어 무사시노스케武藏介로서 관동지방으로 내려간다. 이때 유명한 다이라노 마사카도의 난이 발생한다. 국사였던 미나모토노 즈네모토도 조정군朝廷軍으로서 참가하고, 마사카도와 라이벌 관계에 있었던 다이라노 사다모리平貞盛의 뒤에서 다이라노 마사카도와 대결해서 이겨버린다. 이것이 계기가 되어 미나모토노 즈네모토는 '용감한 무사武勇人'라는 이미지가 만들어지고 점차 즈네모토의 후손인 겐지는 무사 가문을 이어가게 되었다.

또 즈네모토의 아들 미쓰나카滿仲는 귀족 후지와라 가문의 보디가드 역할을 한데서 무사가 되었다. 그리고 미쓰나카의 아들 요리미쓰賴光는 통칭 '라이코'라 불렸으며, 귀신과 도깨비를 퇴치한 전설적 영웅으로 추앙받으면서 겐지가 무사가문으로서 유명해지게 되었다.

무사가문 겐지의 위상은 여기에 그치지 않고 다음 세대로 이어진다. 요리요시賴義, 요시이에義家 부자가 있었다. 이들은 전 구년前九年·후 삼년後三年의 난에서 큰 활약을 한다. 특히 요시이에의 활약은 두드러졌다. 그는 수하에 무사단을 거느리고 무사의 도료棟梁로서 겐지의 지위를 확고하게 만들었다. 이런 과정을 거치면서 세이와 겐지는 무사의 본류로서의 지위를 구축하게 된다.

무로마치 막부를 연 아시카가足利도 세이와 겐지의 분류分流이다. 도쿠가와 가德川家도 가마쿠라 무사단 닛다新田의 방계 혈족이라는 전승을 가지고 있는데 이것도 세이와 겐지와 연결된다는 얘기이다. 그 외에 전국무장戦国武将 다케다 신겐武田信玄, 호소가와細川, 이마가와今川, 야마나山名, 사토미里見 등의 가문도 모두 세이와 겐지의 후손들이다.

2. 무사의 어원과 무사의 등장

일본어에 '잇쇼겐메이一所懸命'이라는 말이 있다. 현대 일본어 가운데 사용 빈도가 많은 단어 중 하나로 일본인들의 근본정신이라고 해도 과언이 아닐 정도로 일본인들과 관계가 깊은 말이다. 지금은 '일생현명一生懸命', 즉 '한 평생 목숨을 걸고 일함. 열심히 하는 것'이라는 의미로 사용되지만 원래는 '일소현명一所懸命'으로 '한 곳을 위해 목숨을 바쳐서 지킨다.'는 의미에서 왔다.

'한 곳 또는 하나의 장소'란 무엇을 의미하느냐면 그것은 '소령所領'이라고 불리는 것이다. 가마쿠라시대의 무사들이 소유했던 영지를 말한다. 조상들이 고생하면서 개간했거나 목숨을 걸고 싸워 획득한 영지인 만큼 목숨을 걸고라도 지켜내야만 한다는 심정을 나타낸 표현이 '잇쇼겐메이'인 것이다. 이것은 무사들의 근본정신이며 일본인들의 의식 속에 연연히 계승되어 왔다. 그리고 오늘날 일본사회, 일본인들에게서 볼 수 있는 고유의 특성을 무사들의 생활방식과 정신에서 찾을 수 있을 것이다.

무사란 무관武官・무인武人의 총칭으로 10세기 이후, 사회적 신분을 나타내는 의미로 사용되었다. 무사를 의미하는 말은 다양하다. 먼저 즈와모노兵가 있다. 즈와모노는 원래 무기라는 의미로 사회에서 무기와 같은 역할을 하는 사람, 즉 전투를 직업으로 하는 사람을 말한다.

모노노후도 같은 의미이다. 즈와모노, 모노노후가 공적 기구에 조직되면 무사라 하고, 귀족이나 귀인을 모시며 호위하는 경호원이나 보디가드와 같은 자들을 사무라이侍라고 한다. 그러나 지금은 무사나 사무라이를 구분하지 않고 같이 사용한다.

무사는 말 그대로 싸우는 사람으로 전사戰士를 말한다. 문관文官이나 문사文士에 반대되는 말이다. 한편 사무라이侍는 원래는 전사라는 의미의 단어가 아니었다. 신분이 귀한 사람을 모신다는 의미에서 왔다. '사부라후'라는 일본어가 있다. 이것이 명사가 되어 '사부라이' 나중에 '사무라이侍'가 된 것이다. 숙어에 '근시近侍하다'라는 표현이 있다. 이 말은 '주군을 곁에서 모시다. 섬기다'는 의미이다. 그렇기 때문에 '귀족의 사무라이'라고 하면 이것은 귀족 곁에서 시중드는 비서관과 같은 사람을 가리킨다고 보면 될 것이다.

그럼 이런 사무라이가 왜! 싸우는 사람이라는 의미가 되었을까? 그것은 가마쿠라 막부의 장군인 미나모토노 요리토모를 무사들은 가마쿠라도노鎌倉殿라고 불렀고, 이들은 고케닌御家人이라는 형태로 요리토모를 근시近侍하게 되었기 때문에 가마쿠라도노와 주종관계를 맺은 고케닌을 사무라이라고 부르기 시작했다. 여기에서 가마쿠라도노를 근시하는 무사를 사무라이라고 부르는 것이 일반화되면서 사무라이=무사라는 인식이 생겨난 것이다. 전투를 업으로 하는 이미지의 사무라이가 원래는 전투와는 상관없는 말이었다는 것이 재미있다.

'병兵'자는 '즈와모노' 또는 '모노노후'라고도 읽는다. 즈와모노는 '강한 자' 또는 '강한 것'이라는 의미에서 왔는데, '모노'에는 사람을 의미하는 '자者'와 무기를 의미하는 '물物' 두 가지 의미가 있다. '강한 것'이라는 것은 칼을 의미하며, 긴 칼이나 창이다. 이런 강력한 무기를 자유자재로 쓰는 사람을 '즈와모노'라 불렀다.

'모노노후'라는 말도 자주 사용된다. 이 말의 어원은 고대의 호족인 '모노노베 씨物部氏'에서 왔다. 고대 야마토 정권大和朝廷의 군사 호족이었던 모노노베 씨가 군인의 대명사처럼 사용되면서 '모노노베 씨와 같은 사람'이라는 의미가 '모노노후'가 되었다는 것이다. 무사, 사무라이, 모노노후, 즈와모노와 같이 다양한 명사로 불리는 한 무리의 집단, 이들이 10세기, 11세기경에 일본 역사에 등장한다.

9세기 이후 지방제도가 흔들리면서 간무 천황桓武天皇이 채용한 곤데이제健兒制 이후, 무예를 연마하는 지방호족과 유력농민들이 생겨났다. 9세기 말 관동에서는 기마와 활쏘기 기술이 능한 무장집단이 율령국가의 공납물을 약탈하는 사건도 일어났다. 게다가 동북에서는 율령국가에 복속한 에미시蝦夷 포로인 부수俘囚의 반란이 계속되었다. 조정은 기마 병력을 중심으로 부수와 무장 세력을 진압하기 위해 각지의 무장집단의 협조를 받았다. 이들을 '즈와모노兵'라 부르고, 각국의 반란을 진압하기 위해 오료시押領使와 즈이부시追捕使에 임명했다. 그 중에는 간무 헤이시는 진수부鎭守府 장군과 국사国司에 임명되어 관동과 동북의 반란을 진압하는 일을 맡게 되었다. 헤이시는 임기가 끝난 뒤에도 현지에 토착하면서 일족이 세력을 구축하게 되었다.

10세기 초, 국사청부제도国司請負制度가 시작되고, 국사의 권한이 강화되면서 국사가 점차 자의적으로 정치를 행하게 되면서 현지의 세력들과 충돌이 자주 일어났다. 히타치 국常陸国에서는 939년 국아国衙와 대립하던 후지와라노 하루아키藤原玄明가, 다이라노 마사카도平將門의 도움을 요청했다. 마사카도는 935년부터 시작된 일족 내부의 싸움에서 이기면서 관동에서 이름을 떨치게 되었다. 이에 그치지 않고 국아를 습격했다. 이윽고 관동의 각국을 점령하고 자신을 신황新皇이라고 선언한다. 하지만 940년 조정의 진압군追討軍이 도착하기 전에 경찰·군사 임무를 담당하는 오료시押領使 후지와라노 히데사토藤原秀郷·마사카도의 사촌형 다이라노 사다모리平貞盛에 의해 진압된다.

비슷한 시기 세토내해의 해상세력 우두머리 후지와라노 스미토모藤原住友가 지방관청을国府를 습격하고, 다자이부를 불 질러 버린다. 그러나 941년 미나모토노 즈네토모源經基·오노 요시후루小野好古 등에 의해 진압된다. 이렇게 비슷한 시기, 동서 일본에서 일어난 반란을 쇼헤이承平·덴교天慶의 난(935~941)이라 부른다.

초기의 무사단은 반란 진압을 위한 군사지휘관이 된 간무 헤이시와 세이와 겐지와 같은 중하급 귀족을 중심으로 그 밑에 토착 국사의 자제나 유력토호, 수렵·어민 등의 비 농업민 등으로 구성되었다. 간무 헤이시와 세이와 겐지를 군사귀족이라 부른다. 쇼헤이承平·덴교天慶의 난을 계기로 등장한 무장집단은 이렇게 구성이 되었다. 이들은 특정 인물과의 사이에 동맹자적 결합을 중심으로 구성되었지만 상황이 불리하다고 판단되면 곧바로 배반하는 자들도 생겨났다. 쇼헤이·덴교의 난을 진압한 자들은 조정과 귀족, 국아로부터 '무용의 전문가 집단武勇の輩'으로 인정받게 되었으며, 그들의 자제들을 무사로서 인정하게 되었던 것이다. 나아가 헤이안시대 중기가 되면 이들 무사들이 조정과 국아의 군제軍制를 담당하게 된다.

무사란, 활과 말 타기에 뛰어난 기술을 가지고 있으면서 이러한 무예를 가업으로 대대로 전승하는 세습의 전업 무력집단을 말한다. 살생을 생업으로 삼고, 그 기능을 끊임없이 훈련하고, 살생을 당연시했다. 무예는 인간에 대한 살상·위협으로 이용됐지만 귀족을 포함하고 당시의 사람들은 무사를 살인·암살자로 인식하고 두려워했다.

미나모토 미쓰나카源滿仲는 969년에 안와安和의 변에서 후지와라 북가藤原北家에 접근하면서 겐지가 역사의 무대에 본격적으로 등장하는 계기를 마련한다. 그의 아들 요리노부賴信는 가즈사노구니上總国(지금의 지바 현 千葉県)에서 일어난 다이라노 다다즈네忠常의 난(1028~31)을 진압하면서 겐지가 관동에서 뿌리는 내리는 계기를 만들었다. 미나모토노 요리요시賴義·요시이에義家 부자는 전 구년의 역(前九年の役 1051~62)에서 무쓰노구니陸奧国의 포로의 장, 아베安部 씨의 반란을 평정하고, 요시이에는 기요하라 씨의 내분에 개입해 그를 무너뜨렸다.(後三年の役 1083-87). 조정은 이 싸움을 개인 간의 싸움으로 보고 요시이에에게 은상을 내리지 않았지만, 요시이에는 사재를 털어 그를 따르던 무사들에게 은상을 나누어 주었다. 이두 번의 난을 통해서 세이와 겐지와 동국 무사단의 주종 관계가 강화됐다.

한편, 간무 헤이시는 이세伊勢로 거점을 옮기고 다이라노 마사모리正盛가 12세기 초, 미나모토노 요시치카義親의 난을 진압하고, 그의 아들 다다모리忠盛가 세토 내해의 해적을 진압하면서 무용을 자랑했다. 두 사람은 원院의 북면의 무사에도 등용되어 세력을 늘렸다. 이시기의 주종 관계의 성립은 12세기 말의 겐페이갓센源平合戰을 거친 뒤였다.

11세기에는 각지에서 개발영주開発領主가 등장했다. 그들은 자기 영지를 다른 개발영주로부터 지키고, 국아의 압박에서 벗어나기 위해서, 또 성장하기 시작한 농민을 지배하기 위해 무장을 했다. 일족의 이에노코家の子나 종자의 가신을 이끌고 무사 집단을 형성했는데,

12세기 말에 이르면 세이와 겐지와 간무 헤이시는 귀종貴種, 즉 고귀한 신분출신으로서 무사들의 신망을 받으면서 무가의 우두머리로서 몇 개의 무사단을 통솔하게 된다.

현재 일본의 역사학계에서는 무사의 원형原形을 두 가지로 보고 있다. 하나는 소료惣領를 중심으로 주종관계로 맺어진 농장경영자=영주가 무사의 원형이라고 보는 '영주제론領主制論'으로 지방에서 농지 개간에 힘쓰면서 세력을 키웠던 유력 농민들이 개발 영주가 되어 스스로를 지키기 위해 무장한 것이 무사의 발단이 되었으며, 수도에 있던 경비담당의 무관武官과 지방 호족들의 교류 속에서 무사단이 탄생하게 되었다는 것이다. 다른 하나는 '비 영주제론非領主制論'으로 무예를 직능으로 하는 직능민職能民, 즉 궁중과 귀족의 경비를 담당하던 무관, 그리고 이들 가운데 지방으로 내려가 현지에 정착한 지방관들이 무사단의 우두머리가 되어 직업적인 무사집단을 만들었다.

무사가 역사 무대에 등장하기 시작한 것은 10세기 전반으로 공식적으로 무장하는 것이 허락되었던 무사들은 지방에서 권력을 비축하고 중앙에 대하여 반란을 일으키는 사례도 나왔다. 앞서 언급하였듯이 서 일본에서는 후지와라노 스미토모藤原純友, 동 일본에서는 다이라노 마사카도平将門가 일으킨 죠헤이・덴교承平天慶의 난이 대표적이다. 이 두 난은 무사단에 의한 반란이었으나 그들을 진압한 것도 조정 측의 무사단이었다.

서쪽 지방(특히 규슈 쪽)의 해적을 소탕하고, 30여 개의 영지를 지배한 헤이시平氏 가문과 관동지방 무사들의 지지를 받았던 겐지源氏 가문의 싸움도 무사단의 패권을 둘러싼 것이었다. 황실과 인척 관계를 맺는 등 조정을 잘 이용해서 권력을 쥐었던 헤이시 가문에 맞서 겐지의 리더인 미나모토노 요리토모는 정이대장군征夷大将軍에 임명되면서 관동에서 일본 역사상 최초의 무사정권인 막부를 연다. 이것이 가마쿠라 막부鎌倉幕府이다. 이후 막부는 조정과의 직접적인 무력충돌承久の乱에서 승리를 하면서 교토에 조정과 귀족公家들을 감시하는 교토 슈고京都守護, 나중에는 로쿠하라 탄다이六波羅探題를 두고, 황위 결정에 깊숙이 개입하는 등 조정을 감시·통제하면서 조정이 가지고 있던 기득권을 가져오면서 실질적인 국가권력으로서의 위상을 키워간다.

무사 정권인 막부의 성립으로 조정의 쇠퇴는 피할 수 없었다. 가마쿠라 막부의 멸망으로 천황 친정 정치가 고다이고 천황後醍醐天皇에 의해 회복되는 듯하다가 이것도 길게 가지 못하고, 아시카가 다카우지足利尊氏에 의해 무로마치 막부가 성립하게 된다. 잠시 동안의 천황 친정 정치를 겐무신정建武新政(1333~1336)라 한다.

겐무신정의 종언과 무로마치 막부의 성립으로 이어지는 과정에 일본은 지금까지 경험하지 못했던 왕조가 60여 년 동안 두 개로 쪼개지는데 이를 남북조시대南北朝時代라 한다. 무로마치시대까지를 중세라고 하며 무로마치시대 후반기 약 100여 년을 내란이 이어지는 시대라고 해서 전국시대戦国時代라고 부른다.

무사의 발생 배경을 살펴보면 무사계급이 제도적으로 확립되었다기보다는 오히려 자연발생적으로 생겨난 존재라고 하는 것이 정확할 것이다. 사회적으로 무사가 인식되게 되는 중요한 요소는 단순히 무기를 가지고 싸운다는 것만은 아니다.

예를 들면, 서민이나 농민들이 무기를 가지고 싸우더라도 그들을 무사라고 하지는 않는다. 당시에는 사람들이 '그들은 사무라이侍이며, 모노노후もののふ, 즈와모노兵이다'라고 인식하는 무리나 집단의

사람들에게는 공통의 스타일이 있었다. 그것은 단순히 칼을 가지고 싸우는 것만이 아니라 말을 타고 활 쏘는 기술을 갖추고 있다는 것이다.

전구년前九年·후삼년後三年의 난을 주제로 그린 일본 국보国宝『후삼년합전회사後三年合戦絵詞』라는 두루마리 그림絵巻物에는 신처럼 무사들의 추앙을 받던 하치만 다로 요시이에八幡太郎義家가 등장한다. 이 두루마리 그림에는 요시이에가 질주하는 말 위에서 양손에 활과 화살을 들고 적을 향해 쏘는 장면이 묘사되어 있다. 이 장면이야말로 즈와모노, 모노노후는 사람들의 머릿속에 각인된 무사의 이미지이다.

지금 설명한 이 장면은 야부사메流鏑馬라는 행사로 지금까지 계승되고 있다. 이것은 매우 고도의 기술이 요구된다. 양손을 말고삐에서 뗀 채로 질주하면서 활시위를 당긴다. 야부사메의 경우는 고정된 나무 표적을 지근거리에서 명중시키는 것이지만, 전쟁터에서는 움직이는 적을 겨누어야 한다.

적도 마찬가지로 말을 타고 질주하면서 활을 쏘는 형국이다. 그런 상황에서 적이 쏜 화살을 왼쪽 갑옷 소매를 방패로 삼아 몸을 돌려 피하면서 빈틈을 노려서 활을 쏴야만 했다. 이런 고도의 기술을 자유자재로 할 수 있어야지만 진정한 무사·사무라이라고 사람들이 인정하는 동시에 이런 말 타기·활 쏘는 기술은 매우 강렬한 인상을 사람들에게 주게 된다.

말 타기와 활 쏘는 기술은 1, 2년 해서 되는 것이 아니라 어렸을 적부터 수련을 거듭하고, 성인식元服을 거치면서 비로소 제대로 된 한 사람의 무사로 인정받는 15살 즈음에 터득하게 된다. 나아가 실전에 참전해서 멋지게 기량을 발휘할 때 사람들의 찬사를 받게 되며, 진정한 성인무사로 인정받을 수 있었다고 한다.

이처럼 말 타기·활 쏘는 기술은 조상 대대로 전수받는다. 전수가 없으면 이런 고도의 기술은 도저히 불가능하다. 따라서 여기에 '즈와모노의 이에家', '모노노후의 이에家'라고 하는 친족을 중심으로 하는 집단 관념이 생겨나고 특정의 무사 가문武士の家이 만들어지게 된다. 게다가 이런 가문에서 태어난 자가 무사武士인 것이다. 따라서 무사계급의 등장은 일본 사회에서 '이에'가 형성되는데 지대한 영향을 미치게 되었다는 점을 반드시 기억을 해야 할 것이다.

위의 설명을 정리하면 무사의 발생은 크게 두 가지로 나눌 수 있다. 첫째, 무사는 무예를 전문 직업으로 하는 세습 전사 집단으로 원래는 귀족으로 특정의 기능[65]이 세습, 전문·분업화되는 과정에 무예를 전문 직업으로 하는 계층이 나타났으며 이들은 조정의 군사, 경찰업무를 담당했다. 두 번째는 원래, 영지를 지키는 무력집단, 재지영주在地領主라 불리던 자들이었다. 이들은 세월이 흐르면서 긍지를 가진 특권계급으로 성장한다.

3. 무사와 토지

또 한 가지 무사를 이해하는 포인트는 원래 무사는 '토지의 사유(私有)'를 계기로 탄생되었다는 점이다. 토지를 소유하면 그 토지를 다른 사람에게 빼앗기지 않기 위해 무장을 하게 됨으로써 무사가 탄생한 것이다.

---

65) 법률학, 문학, 유학, 儀式, 공문서 작성 등을 담당.

얼마 후, 무사들 사이에 토지를 보장받는 대신 주군에게 복종해야 한다는 규칙이 생겨났다. 이것이 봉건제도封建制度이다. 봉건제도로 전국의 무사를 통솔하는 데 성공한 사람이 바로 미나모토노 요리토모源賴朝였다. 토지를 매개로 한 무사 통솔 시스템은 무로마치시대室町時代까지 이어진다.

봉건제는 쇼군將軍을 정점으로 무사를 통솔하는 이른바 종적 주종 관계縱關係の主從制이다. 그러나 이러한 무사 통솔 시스템은 무사들 사이에 횡적 유대 관계橫的關係가 결속되면서 동요하기 시작한다. 무로마치시대室町時代 말기에는 지역마다 그 지방의 무사 연합조직이 생겨서, 자립적으로 토지 문제 등을 해결하였다. 또 각지에서는 잇키一揆가 일어나고, 막부가 지방에 파견한 슈고守護는 막부를 떠나 지방을 기반으로 활동하게 되었다. 그리고 그 횡적 유대 관계를 완전히 능가했을 때 무로마치 막부의 권력은 상실되었다. 지방의 무사 세력들이 서로 싸우는 전국시대戰國時代로 돌입한 것이다.

중세 이전, 토지제도와 무사의 발생 과정을 간단하게 살펴보도록 하자. 나라시대奈良時代 초기에 만들어진 '다이호 율령大宝律令(701년)'에는 모든 토지는 국가의 소유라고 적고 있다. 농민들에게 빌려준 토지는 토지를 빌어서 경작하던 농민이 죽으면 자동적으로 국가에 반납反田收授制하는 것으로, 토지의 사적 소유를 금하고 있었다.

그러던 것이 간전영년사재법墾田永年私財法(743년)이 제정되면서 큰 변화를 가져왔다. 경작한 토지를 소유할 수 있게 되었던 것이다. 그런 이유로 헤이안 시대 초기, 유력 농민은 각지에서 잉여 노동력을 이용해서 새로운 신전을 개발하여 사유지를 넓혔다. 이들을 개발영주라고 하고 그 토지를 장원莊園이라고 한다.

개발영주는 지방 관료인 국사國司로부터의 수탈과 도적으로부터 장원을 지키기 위해서 무장을 하거나 서로 연대를 강화하여 결속하게 되는 데, 이것이 무사단의 출현이다. 후에 이 무사단은 간무 헤이시와 세이와 겐지를 중심으로 하는 2대 무사단으로 발전한다. 무사 가운데는 조정에 내야하는 세금에 대한 불만을 가지는 자가 많았다. 다이라노 마사카노平将門와 같이 지방에서 반란을 일으키는 무사도 있었다. 한편, 조정의 귀족들은 이러한 무사계급의 성장을 경계하기는커녕, 이들 무사들의 무력을 정쟁에 이용하려고 했다.

본격적인 무사의 등장은 헤이안시대平安時代의 일이다. 먼저 수도에서는 궁중과 귀족의 경비를 담당하던 무관武官, 지방에서는 현지에 정착한 지방관地方官들이 무사단武士団의 우두머리棟梁가 되어, 직업적인 무사집단을 만들었다. 이들은 무예를 전문 직업職能으로 하는 세습전사 집단으로 원래는 귀족으로 특정의 기능이 세습, 전문·분업화되는 과정에 무예를 전문 직업으로 하는 자들이 나타났다. 이들은 조정의 군사, 경찰업무를 담당하였다. 한편, 지방에서 농지 개간에 힘쓰면서, 세력을 키웠던 유력 농민들이 개발영주開発領主(在地領主)로서의 무사가 되어, 스스로를 지키기 위해 무장한 것이 무사의 발단이 되었다. 수도에 있던 경비담당의 무관과 지방의 호족의 교류 속에서 무사단이 탄생하여, 부하들을 조직하게 되었다.

4. 무사와 정치

헤이안平安 말기에 탄생한 무사는 전국 각지에 무사단을 형성했다. 그중에서 활약한 자들은 미나모토 씨(源氏 또는 겐지)와 다이라 씨(平

氏 또는 헤이시)이다. 당시에는 조정의 경비를 삭감하기 위해서 황실 사람들에게 성姓을 하사하여 황족의 신하로 삼는 경우가 많았다. 미나모토源라는 성은 자식이 50명이나 되는 사가 천황嵯峨天皇이 모계의 신분이 낮은 황자·황녀에게 '미나모토'라는 성을 하사하여 신하로 삼은 것에서 비롯된다. 한편, 다이라 씨平氏는 간무 천황의 증손에 해당하는 다카모치 왕高望親王이 '다이라'라는 성을 하사받은 것에서 비롯된다.

무사단은 이렇게 중앙 귀족의 혈통을 이어받은 사람들을 통솔자로 하는 일이 많았다. 특히, 이 두 가문은 누구나 잘 아는 명문 성씨이고, 나름대로 재력과 교양을 가지고 있었기 때문에 무사단의 중심이 되었다.

(1) 호겐·헤이지의 난保元·平治の乱과 다이라노 기요모리平清盛

헤이안 말기, 시라카와 상황白河上皇에 의해 시작된 원정院政은 차기 도바 상황鳥羽上皇에게 이어진다. 원래 도바 상황은 시라카와 천황의 뒤를 이은 호리카와 천황堀河天皇이 죽은 뒤, 즉위한 천황이었다. 그 도바 상황은 할아버지 시라카와 상황이 죽은 뒤, 그 유지에 의해 첫 번째 황자를 스토쿠 천황崇德天皇으로 하고, 스스로 상황이 되어 원정을 행했던 것이다.

이 천황계보天皇系図를 보면, 시라카와白河ー호리카와堀川ー도바鳥羽ー스토쿠崇德의 관계는 도바 상황의 입장에서 보면, 조부·아버지·본인·아들이 된다. 그러나 실은 계보와는 달리 스토쿠 천황은 시라카와 상황의 아들이었다. 스토쿠 천황의 어머니이면서, 도바 천황의 황후인 다이켄몬인쇼지待賢門院璋子는 시라카와 천황의 애인이

기도 했다. 실제로 도바 천황의 황후가 입궐한 시기와 궁궐을 비운 시기 및 장소, 스토쿠 천황이 태어난 시기를 기록에서 계산해 보면, 시라카와 천황이 손자의 부인과 관계를 맺어 나은 자식인 것은 확실하다고 한다.

이러한 배경에서 도바 상황은 스토쿠 천황을 철저하게 싫어했다. 형식적으로는 자신의 아들이어도, 숙부로 부르며 계속 미워한 것이다. 그 때문에, 시라가와 상황의 유언을 따라 스토쿠 천황을 양위했지만, 도바 천황(후에 상황이 됨)은 기분 좋게 생각하고 있지 않았기 때문에 스토쿠 다음에 도바의 아들이고, 스토쿠에게는 동생인 고노에近衛에게 양위하면, 그 다음은 스토쿠의 아들을 천황으로 한다는 조건을 제시하며, 스토쿠를 바로 양위시켜버린다.

도바 상황은 스토쿠 천황을 양위시킨 뒤, 총애하는 비후쿠몬인토쿠시美福門院得子와의 사이에서 얻은 어린 천황을 고노에 천황으로 즉위시킨다. 일찍이 시라가와 상황이 자신에게 한 것과 똑같이 보복한 것일지도 모른다.

게다가, 고노에 천황이 요절하자, 스토쿠 천황에게 후계자인 황자가 있었음에도 불구하고, 굳이 스토쿠의 이복동생을 고시라카와 천황後白河天皇으로 앉힌다. 스토쿠 천황이라고 해도, 이 남동생을 기분 좋게 생각할 이유가 없고, 여기에서 스토쿠 대 고시라카와의 대립이 무력 충돌로 불거지게 되었다.

(2) 섭관가摂関家에도 영향을 미친 도바鳥羽 대 스토쿠崇徳의 원한

천황가의 후계자 문제가 원한이나 대립을 만들 고 있을 즈음, 대정관부太政官府의 최고 직위인 섭관가에도 권력싸움이 일어나고 있었다. 당시 관백関白인 후지와라 다다미치藤原忠通는 시라카와 상황시대 때, 아버지 다다자네忠実를 대신해서 관백을 맡고 있었다. 하지만, 도바 상황시대가 되자, 아버지가 나이란内覧으로 정계에 복귀하면서 다다미치는 미묘한 입장에 놓이고 만다.

나이란이라는 것은 천황에게 오는 주상奏上문서를 천황보다 먼저 읽는 임무로, 그것은 본래, 관백의 일에 포함되는 역할이었다. 그런데 아버지 다다자네가 나이란을 맡으면서 조정에는 관백이 두 명 있는 것과 같은 것이 되어 버렸다. 여기서 다다자네·다다미치 부자 사이에도 엇갈린 주장이 생겨난다. 복귀한 다다자네는 다다미치와 의절하고 섭관가의 후계자로 다다미치의 이복동생인 요리나가頼長를 앉힌 뒤에, 나이란직을 양보해 버렸다. 권력의 중심에 있어서 또 하나의 형제대립이 생겨난 것이다.

고노에 천황이 승하하자, 요리나가가 천황을 저주했다는 소문이 돈다. 이것은 다다미치가의 책략에 의한 것이라 여겨지지만, 결국, 다다자네·요리나가 부자는 도바 상황의 화를 사, 스토쿠 상황에게 접근해 가는 것이었다.

이러한 정계의 불안한 움직임 속에 고노에 천황을 대신해서 즉위한 고시라카와 천황과 후지와라 다다미치는 무인武士 가문의 중요 인물이었던, 미나모토노 요시토모源義朝와 다이라노 기요모리平清盛에게 접근한다. 한편, 스토쿠 상황과 후지와라 요리나가는 미나모토 씨로 요시토모의 아버지 미나모토노 다메요시源為朝, 기요모리의 숙부인 다이라노 다다마사平忠盛들을 자기편으로 만들어 대항했다. 여기에서 복잡한 집단 대립 구도가 생겼다.

(3) 다이라노 기요모리平淸盛와 겐페이 갓센源平合戰

다이라노 기요모리의 가계家系는 수도에서 출세한 전형적인 예이다. 기요모리의 조부인 다이라노 마사모리平政盛는 이세伊勢를 기반으로 하는 '하급 귀족의 신하'에 지나지 않았으나, 주군이 상황의 측근이라는 관계로 관직을 받았다. 상황이 가장 사랑하는 딸이 죽었을 때 마사모리는 명복을 빈다는 명목으로 영지를 기진寄進해서 상황을 감동시켰다. 이 일로 마사모리는 상황의 거처를 경호하는 북면의 무사北面の武士의 수령으로 임명되었다.

그 아들인 다다모리忠盛는 시라카와 상황의 명을 받들어 남해의 해적을 토벌하고 세토내해瀬戸内海를 자신의 세력 하에 두었다. 이후 공적으로 원의 처소에 승전昇殿할 수 있게 되었다. 귀족들에게 시골뜨기라고 경멸을 받아온 무사도 이렇게 해서 귀족의 대열에 끼게 되었다.

호겐·헤이지의 난保元平治の亂은 황족과 귀족의 권력싸움이었다. 그러나 이 권력싸움을 종식시키는 데 기여한 것은 귀족들이 정쟁에 끌어들인 무사들이었다. 두 난에서 승리한 다이라노 기요모리는 고시라가와 상황後白河上皇과 협력해서 조정 내에서의 권력을 확대해 갔다. 기요모리는 무사출신으로는 처음으로 귀족의 최고 벼슬인 태정대신太政大臣에 오른다.

그 후, 기요모리는 지행국知行国과 장원莊園을 늘리고, 중국의 송宋과의 무역을 통해 막대한 경제적 이익을 얻게 된다. 광대한 토지와 막대한 경제력을 가지고 귀족은 물론 무사들을 가신화해 나간다. 나아가서는 딸들을 섭관가摂関家와 천황에게 시집보내면서 양쪽의 외척의 지위를 확보하게 된다. 고시라가와 상황을 유폐시키고 조정 내에 헤이시 정권平氏政権을 수립한다.

그러나 고시라가와 상황의 아들 모치히토왕以仁王이 각지의 겐지源氏에게 거병할 것을 명령하는 선지宣旨를 내리면서 반反헤이시平氏 세력이 전국에서 봉기하기에 이른다. 기요모리清盛가 사망하면서 헤이시平氏 세력은 약화되고 본격적인 겐지源氏와 헤이시平氏를 중심으로 하는 싸움이 시작된다. 이것을 겐페이 갓센源平合戦이라고 한다.

5. 중세 무사와 근세 무사

귀족 시대에서 무사 시대로 바뀌었다고는 하나, 무사들이 귀족정치를 타도하려고 했던 것은 아니었다. 최초로 무가정권을 수립한 미나모토노 요리토모도 조정으로부터 정이대장군征夷大将軍이라는 관직을 받았으며, 그 권한을 이용해서 전국의 무사를 통솔했다. 통솔 대상도 무사와 농민에 불과하여, 귀족이나 유력 사원을 지배하지는 못했다.

무가정권이 강력한 권력을 장악하게 되는 것은 에도시대에 이르러서이며, 그 후로도 계속 강력한 무력을 지녔음에도 불구하고 조정을 타도하는 일은 없었다. 무사들은 조정의 권위에는 의외로 약했던 것이다. 이것이 무사 시대를 이해하는 포인트라고 할 수 있다.

역사적 용어는 지속성과 가변성을 동시에 가진다. 따라서 시기에 따른 용어의 개념을 명확히 파악하는 것이 중요하다. 무사 또는 사무라이라는 용어도 마찬가지이다. 일본 역사에서 무사계급이 등장하는 것은 10세기경으로 최초의 무사정권이 들어선 것은 12세기 말, 가마쿠라 막부鎌倉幕府부터이다. 이후 무사가 통치한 기간은 대략 700여 년이다. 이 긴 세월 동안 무사라는 용어도 시대적 상황이나 정치적인 이유로 그 의미가 달랐다.

발생 초기의 무사와 막부가 성립되고 난 다음의 중세 무사, 전란의 시대인 전국시대戰国時代의 무사, 그리고 평화의 시대인 에도시대의 무사는 똑같이 무사라는 용어를 사용하지만 그 실체는 많이 달랐다. 일본의 무사를 이야기할 때는 이 점을 명심하고 봐야 한다. 그렇지 않으면 무사에 대한 잘못된 인식을 가지고 판단하게 될 수도 있기 때문이다.

다음은 중세 무사와 근세 무사에 대해서 살펴보기로 하자.

<표> 무사의 변천사

	헤이안(平安)시대	가마쿠라(鎌倉)시대	무로마치(室町)시대 전기	전국(戰國)·아즈치모모야마 (安土桃山)시대	에도(江戶)시대
	794~1992년경	1192~1333년	1333~1467	1467~1603	1603~1867
	지방 영주의 확대와 함께 무사가 등장	무사에 의한 천하통일 가마쿠라 막부는 무가사회	아시카가 쇼군의 권위 아래 무사가 문화를 몸에 익히다	각지에 다이묘가 난립하는 전란의 시대	관료기구의 Top으로서 '무'보다 '문'의 시대
인구 비율	약 3%	약5%	약 5%	약 5~7%	5~7%
사회적 지위	귀족 아래로서 보디가드로서 일하다	지배계급이지만, 지방에서는 地頭도 유력	지배적 계급이지만 자치를 행하는 농민도 등장	귀족을 능가하여 사회의 톱으로 서다	지배계급
민중의 존경	영민(領民)에 대한 엄격한 징세 때문에 두려움의 대상	개발을 지도하는 영주는 존경 받음	영주로써 토호(土豪)·농민의 저항을 받는 일도	전투를 수행하는 한편, 약탈 등도 일삼음. 멀어짐	존경받음
경제 사정	사유지를 가지고 묘슈(名主)로부터의 수입이 있다.	직접영지를 지배하고 있어서, 영민으로부터의 수입이 있다.	조세의 징수가 잘 이루어지지 않아(진척되지 않고) 가난해진 무사도 있었다.	전투가 많고, 상급무사도 검소한 생활을 하였다	최하급의 무사는 현금 3량과 1년 분의 쌀 정도
역사적 배경	지방에서 개간에 힘써 영지를 넓힌 유력농민이 호족으로 대두. 한편 교토에서는 조정의 무관이 귀족의 신변이나 집의 경호를 하고, 실력을 인정받아 왔다. 지방의 호족과 중앙의 무관 중에서 무사단이 발생하여, 종자를 조직한 직업적인 전사로서 성장했다.	겐페이갓센 후, 동국 무사 단을 지방의 장원·공령에 두는 것을 인정받은 미나모토 요리토모가 정이대장군이 되어, 가마쿠라 막부가 성립됨. 쇼군과 무사는 어은과 봉공의 봉건적 주종관계로 맺어져, 전투에의 참가나 가마쿠라나 교토의 경비를 담당하는 대신 영지를 보증 받았다.	몽골의 침략에 의해 무사는 피폐해지고 은상을 충분히 받을 수 없어 가마쿠라 막부에 등을 돌린 신흥 무사들도 등장. 그들은 영주나 막부와 대립하고 '악당'이라고 불렸다. 가마쿠라 막부는 멸망하고 아시카가씨가 무로마치 막부를 연다. 국내 통치는 각지의 슈고다이묘에게 맡기고 있었다.	각지에서 실력을 길렀던 수호 다이묘는 국인, 지방 무사로 구성된 가신단을 편성하는 전국 다이묘가 된다. 장원제를 부정하고, 라쿠이치 등의 독자적인 경제 정책을 가지는 다이묘도 나타난다. 다이코켄지에 의해 장원제도는 명실 공히 끝을 맞이한다. 오다 노부나가, 도요토미히데요시, 도쿠가와 이에야스에게 권력이 모인다.	도쿠가와 막부가 성립되고 도요토미가문이 오사카 여름전투에서 멸망하고 전란의 시대는 끝을 알린다. 막부는 각지의 다이묘에게 통치를 위임하는 한편 무가제법도에 의한 규제. 거기에 참근교대의 의무화나 改易에 의해 경제적인 성장을 억제하는 막번체제를 확립했다. 조정이나 신사도 통제.

사상적 배경	다이라노 마사카도를 수호신으로 한 묘겐(북극성) 신앙이나, 정토신앙 등이 죽음과 항상 이웃하여 있는 무사들 사이에 퍼지고 있었다. 특히 헤이안 말기에는 말법의 시대가 온다고 여겨져, 불교이외에 의지할 곳을 구하는 무사도 많았다. 무사특유의 윤리·명예의식이 형성되기 시작했다.	전란이 계속되고, 기근과 흉작도 잇따른 세상에서, 무사계급·일반 서민을 대상으로 한 가마쿠라불교가 등장. 실사회에 뿌리를 내린, 가마쿠라불교에 귀의함으로써 무사는 잡념의 불식을 구하고, 운명에의 체념을 몸에 익혔다. 「무가의 풍습」이나 「무사의 길」 등의 무가사회의 관습법은 「고세이바이시키모쿠」로서 정비되고, 제도로서도 무사의 사상이 명문화되었다.	기타야마, 히가시야마 문화 다도나 꽃꽂이 등이 아시카가 장군의 비호를 받았다. 신흥 무사는 화려함을 좋아하고 렌가나 차모임을 좋아했다. 오닌의 난 이후 문화인이 황폐한 교토를 벗어나 학예를 장려하는 지방의 다이묘 곁으로 모여들면서 지방에서도 무사가 문화적 교양을 몸에 익힐 수 있었다. 한편 선종에 귀의하는 무사도 많았다.	겐카료세이바이, 사적 동맹의 금지, 연좌제 등 엄벌주의를 기초로 한 분국법이 각지의 다이묘에 의해 제정된다. 불교색은 엷어지고, 유럽문화가 유입되는 가운데 현세적이며 호화롭고 화려한 모모야마 문화가 개화. 다이묘 중에서는 크리스트교로 개종하는 사람도 있었지만, 바테렌 추방령에 의해 무용지물이 된다. 하극상의 시대에 있어서 무사는 살아남는 것이 최우선.	4대 장군 이에쓰나의 시대에는 전국(戰國)시대의 악폐인 순사가 금지된다. 5대 장군 쓰나요시는 유학 중에서도 주자학을 장려하여, 군신 부자의 구분, 상하의 질서, 대의명분을 권장했다. 에도시대의 무사가 존경받았던 것은 이 주자학의 질서를 지키고 있었기 때문이다. 에도 후기에는 예의가 제일로 중시되었다.
옷차림	히타타레에 갑옷을 입은 무사. 오리에보시(귀족이나 무사가 쓰던 두건)를 덮어 쓰고 있다. 칼은 마상에서 내려치는 것이 유리한 직선칼에서 곡선칼(휨이 있는 것)으로 변화.	무사는 마상에서 싸웠고, 먼저 활과 화살, 그 다음에 접근전이 되고 나서 칼로 싸웠다. 히타타레에 갑옷과 투구를 쓰고, 화살통에 화살을 넣어서 휴대했기 때문에, 무구(무기, 병기, 갑옷, 투구)의 총중량은 40kg 가까이였다.	자루가 긴 칼과 같은 창이나 기나타(薙刀)와 함께 활약하는 것이 이 시기. 말에 타서 활에 의한 공격도 행해졌고, 가마쿠라 시대와 그다지 바뀌지 않는다.	전쟁의 주역은 징병된 농민. 철포의 전래도 있어서 기마전에서 보병전 위주로 대폭 변화한다. 칼도 바로 빼서 사용할 수 있는 우치가타나(打刀)가 메인으로.	일상복으로는 하오리하카마를 사용하고 출근할 때는 무사예복을 입었다. 우치가타나와 단도 2자루를 차고 있었는데, 무사의 자부심이다.

(1) 중세 무사와 무사단武士団[66]

중세 무사들에게 있어 영지는 생활의 기반인 동시에 일족, 가신과 종자의 거주지로 무사단을 유지하고 발전시켜나가는 기반이었다.

동국東国을 무사의 고장이라고 하는 이유는 먼저 서 일본에 비해 미개발 토지가 많았다는 점이다. 여기서 동국은 관동関東 지방과 동북東北 지방을 포함한 개념이다. 두 번째는 지리적으로 교토의 중앙정부의 지배력이 덜 미치는 곳이었으며, 조정이 있던 서 일본에 비해 장원莊園이라 부르는 사유지를 개발할 수 있는 여건이 충분했다는 것이다. 마지막으로는 치안이 좋지 않아 자신과 일족의 재산과 생명을 지키기 위해서는 무력武力이 필요했기 때문에 무장한 무사가 탄생할 수 있는 제반 조건이 갖추어져 있었다는 점이다.

다음은 중세 무사가 영지 소유자, 즉 영주인 이유를 알아보면, 일족一族·가신을 이끌고 농민·부랑민을 고용해서 미개발 토지를 개간·개발해서 논과 밭을 조성한다. 이를 신전 개발新田開発이라 하고 신전을 개발한 무사를 개발영주라 부른다.

개발영주는 계속적으로 새로운 토지를 조성하는 한편, 기존의 토지를 경작하면서 영지를 늘려간다. 땅 소유주로서 권리를 행사하면서 영주在地領主로 성장한다. 영주의 저택은 단순히 집으로서의 기능만 있었던 것이 아니라 일족(일명 무사단)의 거점이 된다. 이렇듯 영지는 무사 영주에게 있어서는 사활을 걸고 지켜야 하는 재산이자 일족의 생활 기반이었다. 이와 같이 자신이 소유한 영지를 거점으로 해서 지배력을 실현해 나가는 무사 영주제를 '재지영주제在地領主制'라 한다.

---

66) 중세 무사는 혈연을 같이 하는 일족이 단결하여 집단을 이루게 되는데 이들을 武士団이라고 함.

재지영주는 혹독한 자연환경과 농민들의 귀속을 둘러싼 싸움, 영지의 경계나 소유를 둘러싼 분쟁, 조정이 파견한 지방관인 국사国司의 세금징수와 압력 등의 간섭에서 자유로워지기 위해서 자신이 개발한 영지를 중앙의 유력 귀족에게 기부한다. 이를 기진지계 장원寄進地系莊園이라 한다.

　장원莊園이라는 단어는 많이 나오는 역사적 용어이지만, 정작 장원이란 무엇인가라는 것을 설명하자면, 이 말만큼 설명하기 어려운 단어도 없다. 장원이란, 사적 소유지를 말하는데 재지영주가 자신이 소유하고 있는 영지를 교토의 귀족에게 기부하게 되는 것은 국사에게 압력을 가할 수 있는 영향력을 가진 중앙의 귀족에게 땅의 소유권만 주고, 실질적인 영지 지배권을 인정받는 것이다. 이렇게 해서 유력 귀족 명의의 토지에 대해서 지방관이 간섭한다거나 세금을 징수할 수 없게 만들어 버린다.

　또 이 말처럼 일반인들과 연구자 사이의 이해의 차이가 큰 것도 없을 것이다. 일반 사람들에게 장원제莊園制가 발달한 시대는 언제라고 생각하느냐고 질문한다면 많은 사람들은 헤이안시대, 또는 후지와라 씨와 연결 지워서 대답할 것이다. 그러나 많은 연구자들은 헤이안시대 말부터 가마쿠라·무로마치시대 중엽까지라고 말할 것이다. 이처럼 일반인들과 연구자 사이에 인식의 차이가 생기는 이유는 여러 가지이지만, 하나는 장원제가 오랜 기간에 걸쳐 있었다는 사실이다. 장원이라고 하더라도 여러 가지 형태가 있었기 때문일 것이다. 그러나 일반인들이 배운 학교교육에서는 장원의 발생에 대해서만 주로 교육을 했기 때문일 뿐만 아니라 역사교과서에서도 장원을 단순화시킨 한 가지 유형만을 기술하고 있기 때문일 것이다.

　관동에는 이런 유형의 장원이 늘어나고, 무사들의 수도 증가하게 된다. 후에 무사정권이 들어서고 나서는 바뀌었지만 이 당시 무사라는 지위는 신분상으로는 높은 것은 아니었다. 아무리 소령을 개발하더라도 소유권은 약했다. 이점을 극복하기 위해서 무사들은 중앙의 유력 귀족이나 대사원등에 개발한 토지를 기부하는 형태로 실질적인 토지 운영권을 인정받았다.

나중에 미나모토노 요리토모가 가마쿠라 막부를 열고나서는 요리토모에게 토지 소유권을 인정받았다. 이것을 본령안도本領安堵라고 한다. 이것이 당시 무사단에게 있어서는 최대의 관심사였다. 당시 무사들의 토지 소유권은 대단히 취약했기 때문에 각 무사 가문에 있어서 소유권을 보호·인정받기 위하여 사활을 걸었다고 할 수 있다. 따라서 본령안도를 인정해줄 수 있는 막부 장군과 주종관계를 맺으려는 무사들이 늘어나면서 막부와 무사계급이 역사의 중심적 존재로 부상하게 되었다.

가마쿠라 막부는 각지의 장원과 공령公領에 일찍이 장관莊官·고지鄕司·지토地頭 등의 수입을 이어받은 혼포지토本補地頭를 임명했으나, 조큐의 난承久の乱의 이후, 신포지토新補地頭가 들어와 토지 지배의 모습이 크게 바뀌었다. 지토는 원래 장원과 공령公領의 연공을 맡아 징수해서 그것을 장원영주에게 납입하였다. 그러나 점차 자연재해 등의 이유로 연공을 미납하거나 횡령하는 등 불법을 되풀이하게 되면서 장원영주 측에서는 수입을 확보하기 위해서 지토에게 장원관리권을 주고 연공을 징수하도록 하는 지토우케쇼地頭請所, 地頭請 계약을 맺는 경우가 늘어났다. 그러나 장원이 있는 현지에 생활하고 있는 지토가 교토에 있는 장원영주보다는 훨씬 유리한 형편이었기 때문에 계약은 자주 파기되었다. 13세기 후반부터 14세기 말에 걸쳐 장원영주와 지토가 장원 전체를 반으로 나눠 서로 지배권을 침범하지 않도록 하는 시타지주분下地中分이라는 방식이 널리 받아들여졌다. 여기에는 교섭에 의한 것和与과 재판에 맡기는 방법이 있었지만, 그 결과, 지토가 토지 지배권을 가지는 경우가 많았다.

영주가 된 지토는 무로마치시대가 되면 새롭게 성장한 중소무사단과 더불어 중소영주로서 고쿠진国人으로 불리며, 일국一国전체를 지배하려는 슈고다이묘守護大名와 종종 충돌하기에 이른다. 한편, 명맥을 유지하고 있던 장원도 고쿠진을 포함한 재지의 무사세력에게 빼앗기거나, 장원의 농민들이 연공을 체납한다든지 하면서 장원영주는 슈고다이묘의 힘을 빌어 연공징수를 원활하게 하려고 한다. 이것을 슈고우케守護請け라 한다. 그러나 고쿠진이나 토호는 슈고와 주종관계에 있었고, 농민 가운데는 스스로가 연공을 징수하는 지게우케地下請를 하는 경우도 있었기 때문에 장원영주가 장원을 유지해 나가기가 점점 어려워졌다. 이윽고 슈고다이묘는 국내의 고쿠진·지사무라이地侍를 가신으로 만들어가면서 장원을 포함한 경작지와 산림, 벌판, 호수와 늪 등의 일국 전체를 슈고다이묘의 지배하에 두게 된다. 이러한 경향은 영내의 모든 토지와 농민을 직접 지배하는 다이묘戦国大名에 의해서 더욱 강화되어 간다. 오랫동안 지속되어 온 장원제는 도요토미 히데요시가 전국적으로 실시한 다이코겐치太閤檢地에 의해 완전히 사라진다.

(2) 근세의 무사

동일 시대의 무사라고 하더라도 다양했다. 에도시대의 경우, 지방 번에 소속된 무사와 중앙정부에 해당되는 막부에 소속된 무사로 나눌 수 있다. 지방 번의 무사를 번사藩土라고 하고, '천하의 하타모토

旗本・고케닌御家人'이라 불리던 막부 직속의 무사를 막신幕臣이라고
한다.

쇼군將軍・다이묘大名도 무사이고, 각 번藩의 사무라이侍도 가로家
老부터 아시가루足輕, 짐을 나르는 츄겐中間・고모노小者까지도 넓은
의미에서는 무사이다. 이처럼 무사는 시대별로 차이가 있고, 에도시
대처럼 동일 시대에도 다양한 무사가 있다는 것을 기억할 필요가 있
을 것이다.

번(藩)이란?

막부로부터 토지를 부여받고 자치권을 인정받은 번주藩主, 그 번
주를 최고위top로 하는 통치조직으로 영주인 다이묘大名 가문의 가
신단家臣団으로 구성된 행정기관이다. 번藩이라는 말이 일반적으로
쓰이게 된 것은 막부 말기의 일이다. 그전까지는 'OO 가OO家',
'OO 국OO国'이라는 말이 쓰였으며, 공문서에서 번藩이라는 단어가
나오기 시작한 것은 메이지시대明治時代부터다.

다이묘 가문의 대부분은 도카이東海 지방 출신인 전국무장戰国武將
을 선조로 하고 있으며, 에도시대 초기에 해당 영지로 이주해 간 가
문이 많다. 에도 막부는 토착영주인 전국무장에 대해서도 '가이에키
改易',[67] '덴포轉封'[68]를 통해 이들을 선조들의 영지로부터 몰아내고
관료화가 진행되었다. 영지에 대한 통치는 막부가 다이묘들에게 부
여한 임무 같은 것이었다고 보면 된다.

한편으로 농민이나 조닌町人 등과 같은 영국領国의 주민들은 토지
에 귀속된 자들로 영지의 재산으로 여겨지고 있었다. 다이묘 가문이

---

67) 에도시대에 무사에게 과한 벌. 신분을 평민으로 내리고 영지・가록(家祿)・저택 등을 몰수함.
68) 에도시대에 다이묘(大名) 등의 영지를 다른 곳(출신지보다 못한 곳)으로 옮김.

덴포轉封를 당하면 다음 지역, 즉 변경된 영지로 따라가고자 하는 영지 주민들도 있었으나, 경작지가 줄면, 수입이 줄어들기 때문에 데리고 갈 수 있는 인원수는 막부의 결정에 따를 수밖에 없었으며 제한되어 있었다.

또한 영지의 주민이 마음대로 다른 지역으로 이동하는 것은 원칙적으로 인정되지 않았기 때문에 천재지변이 빈발했던 에도시대 중기에는 농민들이 마음대로 농지를 포기해버리고 떠나는 자가 늘어나 사회적인 문제가 되었다.

영지에 대한 다이묘의 통치는 임무였으나, 통치방식 등은 다이묘 가문에 일임되어 있었기 때문에 세금을 거두는 비율 등을 포함해서 자치自治가 인정되고 있었다. 막부 직할령의 연공이 '4공6민4公6民(세율 40%)'인 것에 반해서 '6공4민6公4民'인 지역도 있었다.[69] 번은 정치와 경제와 함께 독립된 하나의 '지방정권'이었다.

다음은 에도시대를 몇 가지 주제를 중심으로 기술해보면,

1) 지방과 중앙이 격차가 없는 시대였다.

에도 막부, 즉 도쿠가와 이에야스에 의해 성립된 에도시대를 '도쿠가와의 평화'라고 부른다. 에도시대는 현대 일본의 초석을 완성한 시대라고 할 수 있다.

우선, 에도시대라 하면 사농공상과 신분이 확실하게 나뉘어있는 시대였다고 여겨지기 십상이다. 그러나 사실은 그렇지 않다. 신분제도가 있기는 했지만 각자 직업별 역할을 다하고 있는 '역할분담'으로 여겨지고 있는 현대와 비슷한 사회였다고 할 수 있다.

---

69) 농민수확의 4할을 연공(조세)로 거두던 일. 6공4민은 세율60%로 4공6민보다 농민의 부담이 컸다.

도쿠가와 통치 265년간은 큰 전쟁이 없는 '평화로운'시대로 다양한 문화가 생겨났다. 에도시대에 생겨난 문화의 대부분은 현대에까지 전해지고 있다. 물론 신분사회의 엄격한 부분도 있었다. 그러나 에도시대의 신분제는 서양의 봉건주의적인 신분사회와는 달리 '도쿠가와의 평화'는 신분을 넘어서서 일본전체에서 향유되어왔다는 것이 주목할 만한 점이다.

에도시대에 대해서 착각하는 것 중 하나로 수도인 에도만 발전되어 있고 지방은 뒤쳐져있었을 것이라는 생각이다. 분명 에도는 정치, 경제, 문화의 중심지로 에도 시대 중기에는 인구가 100만 명에 달할 정도로 발전되어 있었다. 그렇다고 해서 지방이 쇠퇴했던 것은 아니다.

에도시대에는 산킨코타이제도參勤交代制度가 있었기 때문에 여러 번의 번주, 번의 무사들은 자신들의 영지와 에도를 왕복하고 있었다. 이때 사람뿐만 아니라 물건과 문화, 정보도 함께 이동하였다.

번주의 대부분은 에도에서 태어나 에도에서 자라고, 에도가 자신의 생활 기반이었기 때문에 영지에 대한 애정이 없는 경우가 많았다. 심지어 산킨코타이의 기간이 지났어도 건강을 핑계로 에도에 머물면서 자신의 영지로 돌아가고 싶어 하지 않는 번주도 있었다. 이러한 생각을 가진 번주들이 영지로 돌아가는 것이기 때문에 가능한 한 에도에서와 비슷한 생활을 하고자 적극적으로 에도의 문화를 가지고 갔던 것이다.

각 번의 중심도시였던 조카마치城下町[70]를 작은 에도라고 부르기도 한다, 각 번은 에도의 문화를 영지로 가지고 돌아가, 그 곳에서 에도를 재현하려고 했었다는 것을 의미한다. 규모만 다를 뿐 번의

---

70) 제후의 거성(居城)을 중심으로 해서 발달된 도읍.성시(城市); 제후의 거성(居城)을 중심으로 해서 발달된 도읍.성시(城市); 제후의 거성(居城)을 중심으로 해서 발달된 도시.

중심지는 에도의 거리와 비교해서 손색이 없는 지방 도시였다. 만약 에도와 각 번이 문화적으로나 경제적으로 큰 격차가 있었다면 막부 말기에 지방에서부터 막부를 타도하려고 하는 움직임은 일어나지 않았을 것이다.

또한 정보 면에서도 격차는 크지 않았다. 통신수단은 파발꾼을 보내서 편지를 주고받는 것뿐만 아니라, 오사카의 쌀 시세를 전하는 하타후리통신旗振り通信[71] 등이 있어서, 에도에서 일어나는 사건이나 정보는 1주일 정도만 지나면 전국으로 전해졌다.

정보는 신선도가 생명. 이는 지금이나 에도시대나 마찬가지다. 얼마나 빠르게 정보를 얻을 수 있을지, 각 번들이 치열한 경쟁을 벌이고 있었으며, 고도의 정보전이 전개되고 있었다. 에도의 생활이라고 하면 니시키에錦絵에 그려져 있는 것처럼 화려한 생활을 상상하지만, 꿈꾸는 생활이나 모범적인 생활의 모습으로써 그려진 것이기도 했다. 에도시대 초기에는 지방과의 격차가 있었지만, 에도시대 전체를 놓고 보면 생활수준의 차이는 점차 줄어들고 평준화·통일화가 진행되었다.

2) 재정압박의 원인이 된 에도의 번藩 저택

에도에 있는 번주藩主의 저택이 하는 가장 큰 역할은 막부로부터 부여받은 직무=즉, 공무를 다하는 것, 그리고 다양한 정보를 모으는 것이었다. 그러기 위해서는 막부에 바치는 헌상품이라든지 하타모도 旗本나 다이묘大名들과의 교제비용이 필요했다.

예를 들어, 7대 쇼군인 도쿠가와 이에쓰구德川家継가 위독해졌을

---

71) 신호 등을 하기 위해 깃발을 흔듦. 또, 그 사람.

때 재빨리 이 정보를 손에 넣은 기슈 번紀州藩은 멋진 행렬을 준비해, 병문안을 했던 반면, 오와리 번尾張藩은 그 소식을 나중에 알아차리고, 허둥지둥하면서 황급히 에도 성으로 들어갔다.

기슈 번과 오와리 번은 둘 다 고산케御三家에 속하는 가문으로 도쿠가와 이에야스德川家康의 혈통을 이어받아 쇼군을 배출할 수 있는 문벌로써 서로 라이벌 관계에 있었다. 에도 성에 등성登城하면 같은 방에서 대기하고 있었지만, 기슈 번은 오와리 번에게 이에쓰구가 위독하다는 정보를 알려주지 않았던 것이다. 이러한 일도 있고 해서 기슈 번의 요시무네吉宗가 8대 쇼군으로 뽑히게 되었다. 에도 성江戸城 안에서는 이러한 정보전이 밤낮으로 일어났다.

다른 번과의 교류에 대해서도 번주가 자신의 영지로 돌아가 있을 때에는 번주의 대리 역할을 루스이留守居가 담당하였다. 에도 성에는 루스이 조합留守居組合이라는 일종의 사교클럽이 있어서 각 번의 루스이가 모여 서로 정보를 주고받고 있었다.

이러한 루스이 조합은 정기적으로 모임을 가졌다. 그 안에는 친척 일가도 있었기 때문에 친목을 깊이 다지는 의미에서도 정기적으로 열리곤 했다. 무사는 체면을 중시하여 루스이 역留守居役이라고는 해도 다이묘 가문이 연회를 연다고 하면 교제비로 들어가는 비용은 만만치 않았다고 한다.

중요한 정보를 얻을 수 있느냐 없느냐는 번의 존폐와도 직결되기 때문에 번 재정이 어려워도 에도 저택에서 사용하는 교제비용만큼은 삭감할 수가 없었던 것이다. 에도 성에는 가문마다 급家格이 정해져 있어서 비슷한 급의 번끼리 교류하는 것이 특징이었다.

3) 에도가로江戸家老와 구니가로国家老[72])는 어느 쪽이 더 우수했나?

에도저택江戸屋敷이 하는 일은 번의 존립과 관련되는 중요한 일이었다. 때로는 번주를 대신해서 에도 성에 등성登城하기도 했기에 에도가로는 무능한 사람을 배치할 수가 없었다. 에도가로와 구니가로 중에서는 좀 더 우수한 인물을 에도가로에 배치해 두고 있었다.

에도시대 중기가 되면 많은 번들은 재정난에 허덕이게 된다. 번의 재정은 영지国元에서 부담하고 있었기 때문에 맨 먼저 예산삭감 대상이 되는 것은 에도저택에 들어가는 비용이다. 에도저택에서 하는 일은 앞에서도 말했던 것처럼 막부에서 부여한 공무와 정보전으로 비용이 많이 들어간다. 매년 예산을 편성할 때가 되면 에도가로와 구니가로가 예산편성을 두고 싸우는 일은 드문 일은 아니었다. 싸운다고 하지만 직접 다투는 것은 아니고, 편지를 주고받는 식으로 예산편성을 둘러싼 기氣 싸움이 일어났던 것이다.

에도에서는 허세경쟁도 중요했다. 잘생긴 남자를 고용해서 행렬을 만들거나, 저택을 고쳐 짓거나 하는 것은 에도에서는 필요한 경비일지라도 영지国元에서 보면 쓸데없는 지출로 비쳐지는 경우도 많았다.

4) 산킨코타이参勤交代로 에도에 온 번 무사藩士

산킨코타이로 에도에 온 번사藩士들의 대부분은 에도저택 내의 연립주택長屋에서 생활하게 되지만 직책에 따라서는 무척이나 한가했다. 에도시대의 각 직책은 전부 전문가에다가 만능인 무사들만 있었

---

72) 다이묘가 참근교대로 에도에서 근무하는 동안 영지에서 가신을 통솔하고 번의 업무를 관장하던 중신.

던 것은 아니다. 필요하니까 데려다 쓰긴 하지만 필요한 상황이 매일 있었던 것은 아니었기 때문에 한 달에 한 번도 일이 없는 경우도 있었다. 그 때문에 에도저택에서는 번의 무사들에게 무언가 배울 거리를 추천하기도 했다.

에도와 영지国元 사이에 큰 격차가 없다고는 해도 문화의 중심지는 에도였다. 영지에서 나와 에도에 가서 최신 기술이나 학문을 배우고 싶어 하는 번 무사들이 많았다. 막말, 페리의 흑선이 내항했을 때 서양의 기술이 널리 전해지자 각 번들은 다투어 에도로 사람을 보내 서양문물을 배우게 하였다. 에도의 사설학교는 한 달 수업료가 비싼 곳도 있었지만, 번의 명령으로 유학을 하는 경우 번으로부터 수업료를 지원해주었다. 학문과 새로운 지식을 익히면, 영지로 돌아가 이를 전했다. 이렇게 해서 학문도 중앙에서부터 지방으로 전파해 나갔다.

5) 하가쿠레무사葉隠れ武士

무사의 실상이라고 하면 니토베 이나조新渡戸稲造의 『무사도武士道』나 야마모토 조초山本常朝(야마모토 쓰네토모)의 『하가쿠레葉隠れ』[73)의 이미지가 강할지도 모른다. 다만 이 2가지에 묘사되고 있는 무사상은 현실성이 좀 떨어진다. 칼을 소지하는 것이 무사의 특권, 즉 부레이우치無礼討ち[74)가 인정되는 무사라 하더라도 단순히 "무례하게 굴었으니까"라는 이유로 사람을 벤다면 처벌을 받았다.

『하가쿠레』에 그려진 무사상은 '이상적인 무사상을 만들어놓고

---

73) 에도시대의 무사였던 야마모토 쓰네토모가 저술한 책으로 무사들의 생활상에 대한 묘사와 '무사란 매일 아침 눈을 뜨면 죽음을 생각해야 한다.'는 구절로 유명함.

74) 에도시대에 무사가 무례한 짓을 한 양민을 죽여도 죄가 안 되었던 일. 단, 무사가 무례한 짓을 한 양민을 죽여도 죄가 안 되었던 일. 무사가 무례한 짓을 한 양민을 죽여도 죄가 안 되었던 일. 정당한 이유가 있을 때에만 상대를 베는 것이 인정되었다.

그렇게 되기를 바란다.'는 것이었지 실생활과는 많은 차이가 있었다. 『하가쿠레』가 집필된 시점에서도 처벌을 받을 만한 행동이었다.

예를 들어, 마을에서 싸움이 일어나서 지고 있는 편으로부터 도움을 요청 받고 싸움에 끼어들어 상대방을 베었다고 치자. 정의감 넘치는 무사다운 행동이지만, 도움을 요청했던 사람이나 구경하고 있던 사람이 증언을 해주지 않으면, 그 무사는 살인죄로 몰리고 상황에 따라서는 멸문お家断絶에까지 이르기도 한다. 무사들은 이렇듯 처세에 대한 어려움으로 고민하였다.

무사는 지배계급이었지만, 그 행동에는 엄격한 제한이 따랐다. 그랬기 때문에 당시 무사들은 '하가쿠레'에 그려진 무사상을 이상적인 것으로 동경했던 것이다. 지배계급이지만 무사가 함부로 무력을 휘두를 수 없었던 이유는 에도시대가 평화로웠기 때문일 것이다.

6) 무가사회武家社会의 내부는 가문의 격家格과 규모로 엄격하게 제한

무사신분과 그 이외의 신분 사이에는 격차가 있었을까? 에도시대는 사농공상士農工商의 엄격한 신분제 사회였으나 의외로 신분 간 이동이 가능했다. 무사는 무사신분을 버리는 것이 가능했으며, 무사가 아닌 자가 무사가문에 양자로 들어가 무사가 되는 것도 가능했다. 농촌을 떠나 도시로 가서 장사를 시작하는 농민도 있었고, 기술을 익혀 장인이 되는 경우도 있었다.

농촌에서 올라와서 성에 근무하게 된 시녀下女가 번주藩主의 눈에 들어 측실이 되고 그 사이에서 태어난 아들이 가독을 상속하거나, 더부살이 신세였던 도쿠가와徳川家의 서자庶子가 쇼군이 되어 그를 모시던 시동小姓이 함께 출세하거나 하는 일은 극히 예외적인 경우였고, '격차格差'라는 의미에서는 상급무사와 중하급무사의 차이는 매우 컸다.

생활과 경제적인 면에서도 상급무사와 중급, 하급무사는 현격한 차이가 있었다. 무가사회는 가문의 급에 따라 엄격하게 구분이 되었다. 가문의 격은 세습되는 것이어서 중급무사가 '대리代理'로 상급무사들이 맡는 직책에 임명된다고 하더라도 이는 당대에 한정된 것일 뿐, 가문의 급이 낮으면 그 자손이 꼭 상급무사가 되는 것은 불가능했다. 이 경우 중급무사는 급이 다른 상급무사들과 같이 일하는 것이므로 집단따돌림을 당하는 일도 있었다. 중·하급무사는 위로는 상급무사들과의 격차, 아래로는 서민들의 경제력, 생활수준이 오히려 더 높은 경우가 많았다는 점에서 이들을 샌드위치 인생이라고 할 수 있을 것이다. 이것이 막말~메이지 초기와 같은 대 변혁기에 이들을 혁명의 주도세력으로 만들었는지도 모른다. 막부말기 하급무사 출신의 활약은 대단한 것이었다. 조슈 번長州藩의 가쓰라 쇼고로桂小五郎나 사쓰마 번薩摩藩의 사이고 다카모리西郷隆盛는 하급무사 출신이었다. 상급무사보다도 하급무사들이 더 민감하게 시대의 변화를 알아챘던 것일지도 모른다.[75]

7) 근세무사의 경제사정

이시가와 에이스케石川英輔[76]는 저서에서 에도 막부의 기본방침 중에 '권력을 가진 자에게는 재산이 적게, 재산이 있는 자에게는 권

---

75) 八幡和郎監修(2016)『別冊宝島2527 江戸三百藩の家計簿』宝島社, pp8~11.

76) 石川英輔(1997)『大江戸生活事情』講談社. pp68~70. "権あるものには禄うすく, 禄あるものには権うすく."

력이 가지 않게'한다는 막부의 강한 원칙에 기인한 바가 크다고 적고 있다. 이 원칙은 최고 권력자인 쇼군은 예외라고 하더라도 철저하게 지켜졌던 것 같다.

오랫동안 도쿠가와 가문을 모셔왔던 후다이다이묘普代大名는 5만 석에서 10만석 미만의 영지를 지급받는 정도였다. 이것은 다이묘의 녹봉禄高으로는 중中이하의 규모였다. 막부의 최고 지위인 가로家老는 후다이다이묘 중에서 선출되기 때문에 '권력을 가진 자는 재산이 적게'라는 원칙이 적용된 대표적인 사례라고 할 수 있다.

반면, 가가 번加賀藩(102만 7천석), 사쓰마 번薩摩藩(77만 8백석), 센다이 번仙台藩(59만 5천석), 구마모토 번熊本藩(54만석)과 같은 대번大藩은 원래 도자마다이묘外樣大名로 재력을 가진 번이었지만 중앙의 정치에는 일체 관여하지 않는 구조였다. 이보다는 철저하게 배제되었다고 보는 것이 정확할 것이다.

중앙의 정치에서 뿐만 아니라 실지로 에도시대 무사는 정치가 또는 행정 관료로 권력을 행사할 수 있는 신분이었지만, 경제적으로는 넉넉하지 않았다. 어느 정도였는가 하면, 에도시대 중기 이후가 되면 번 재정이 어려워 상인들에게 돈을 빌리는 경우가 많았다. 그래서 다이묘 중에는 상인들에게 돈을 빌리고 갚지를 못해 그들에게 얼굴을 들 수 없을 정도였다고 한다. 심지어는 영지의 농민들에게 생활비의 사용내역까지 간섭을 받을 정도로 눈치를 보는 1만 석 미만의 영주旗本도 있었을 정도였다. 고리대금업자들이 돈을 빌려주면 원금을 갚을 수 없는 무사들을 상대로 높은 이자를 받는 경우가 대부분이었다.

이시가와는 이것과 관련해서 재미있는 말을 하고 있다. 막부의 이러한 원칙이 260년 동안 바뀐 적이 없이 관철되었기 때문에 권력과

부가 일부 특정인에게 집중되는 것을 막을 수 있었다는 것이다, 형식상으로는 정이대장군에 의한 전제정치이기는 했으나 당시 에도사회는 민중들의 체제나 무사계급에 대한 불평불만이 혁명으로 표출되었던 프랑스나 러시아, 중국과는 분명 차이가 있었다는 것이다.

에도시대, 특히 하급무사는 가난했다. 경제력이 없고, 무력을 사용할 수 없는 무사들이 택할 수 있는 방법은 지배계급으로서 엄격한 규율과 도덕을 지키면서 학문에 전념하는 길 밖에 없었다. 무사들이 유학에 관심을 가지게 된 이유도 이것과 관계가 있다. 당시 무사들의 학문의 주류는 주자학이었다.

무사들은 가령 하급무사라 하더라도 적어도 한학漢学의 기본은 알고 있는 지식인들이었다. 이들은 무사로서의 체면을 목숨보다도 중요하게 생각했다. '무사는 먹지 않아도 이쑤시개'라는 말이 있듯이 배가 고파도 그렇지 않은 척 배부른 척하는 표정을 지어야 한다는 의미로 엄격한 자기희생을 통해 권위를 지키고자 했다는 것을 말해준다.

가난한 하급 무사의 생활을 그린 영화 「무사의 가계부武士の家計簿」, 「황혼의 사무라이 세이베たそがれ清兵衛」나 「무사의 체통武士の一分」을 보면 당시의 하급무사들의 삶이 얼마나 고달팠는지를 알 수 있다.

지배계급이지만 부와는 무관한 삶을 살아갈 수밖에 없었던 무사들이 선택할 수 있는 것은 많지 않았다. 그리고 세습되는 무사의 신분은 세월이 흐르면 점점 궁핍해질 수밖에 없는 구조로 되어있었다. 무사들은 막부 초기에 정해진 봉록을 그대로 받고 있었다는 점이다. 시대의 변화나 물가상승 등 제반 여건의 변화와는 상관없이 처음에 정해진 봉록을 가지고 생활해야만 했던 것이다.

권력을 가진 무사계급이 물질적으로 풍요롭지 않도록, 경제적으로 부유한 상인계급은 권력을 가질 수 없도록 했던 막부의 원칙은 예상도 못했던 다양한 사회적 현상을 만들어내었다. 무사들은 봉급쟁이 유학자로, 상인계급의 성장은 조닌 문화의 발전을 가져왔다.

8) 에도시대의 번藩 조직

에도시대는 일본인들의 행동 패턴의 원형이 만들어진 시대라고 할 정도로 조직과 의사 결정 등은 에도시대에 만들어진 행동 패턴의 영향이 크다.

정치가들이 세습하는 것도 그 대표적인 예라고 할 수 있다. 다른 나라와 비교해서 일본만큼 국회의원의 세습 비율이 높은 나라는 많지 않다. 아베 수상도 3대에 걸친 정치가 집안 출신이라는 것은 유명하다.

우리의 국회의사당이 있는 장소가 여의도이다. 그래서 우리는 현실 정치를 여의도정치라고 부르기도 한다. 일본에서는 국회가 있는 곳이 나가타쵸永田町이다. 그래서 '나가타쵸'라고 하면 정치라는 의미로 통하기도 한다. 이런 나가타쵸에서는 자신이 소속하는 정당의 파벌을 마을 또는 촌이라는 의미의 무라村라고 부르고, 자신의 선거구를 표밭票田이라 한다.

선거구에 돌아가는 것을 논매기라는 의미의 다노구사토리田の草取라 부른다. 마치 자신의 전답을 상속하는 것처럼 선거구를 세습하고 선대와 같은 파벌인 '무라'에 들어가게 된다. 이것은 일본의 정치가 에도시대의 '무라'의 조직 문화의 영향을 받고 있다는 것을 의미한다.

일본 국회의 원형을 찾는다면 에도시대, 쇼야庄屋[77]가 메이지시대

---

77) 영주가 임명한 지방 관리로서 대관(代官) 밑에서 마을의 납세와 사무를 맡아 보던 촌락의 장.

가 되면서 대지주가 되어 지주의회를 구성하였다. 이른바 에도시대 쇼야의 집회가 지방의회의 원형이며, 메이지 유신은 이들 구 쇼야들이 정계진출을 달성한 혁명이었다고 평가하는 주장이 있다. 이것은 역사의 철칙이지만 오랜 기간 동안 육성되어 온 조직 문화는 쉽게 없어지는 것은 아니다. 에도시대의 조직이라고 하면 '무라', '마치町', '번藩'이 있다. 가족을 포함한 인구가 1만 명을 넘는 조직은 무라와 도시라는 의미의 마치, 그리고 다이묘의 영지인 번藩 정도이다. 이들 에도시대의 조직은 나가타쵸의 정치 문화뿐만 아니라 군대 문화, 기업 문화에서도 반영되고 있다.

9) 에도시대의 번 조직藩組織은 현대사회의 회사조직会社組織

이야기를 무사사회로 바꾸어 에도시대의 무사에 대해서는 번 조직에서의 무사의 생활이라는 주제로 살펴보기로 하자.

에도시대의 번은 회사처럼 상하 관계로 이루어진 조직이며, 주요 업무는 정치였다. 다이묘 일가大名一家의 주식회사에서 가장 중요한 일은 영지를 잘 통치하는 것이다. 그러나 도쿠가와 막부가 성립되고 나서 태평성대의 시대가 도래到来하면서 번은 농업회사, 무사는 관리직으로 바뀌었다.

관리직이라고 하지만 자치권이 서민들에게 주어졌기 때문에 행정적인 업무보다는 주로 연공 징수나 관개공사와 같은 공공사업, 치안 유지를 위한 업무, 즉 범인 검거와 재판을 담당하였다. 주요 산업은 쌀 생산으로 영내에서 수확되는 쌀 중에서 번의 몫은 조금씩 달랐다. 막부 소유의 영지에서는 40%, 그 외의 번에서는 50 내지 60%를 연공으로 받았다.四公六民

번 내부를 살펴보면, 대부분의 번 소속 무사藩士는 전투가 없는 평화의 시대였기 때문에 직책은 있었지만 할일이 없는 한직閑職이 많았다고 한다. 그 가운데 업무가 많은 곳은 경리를 담당하는 간조부교勘定奉行와 지방行政을 담당하는 고오리부교郡奉行정도였다. 그 외에는 한 해에 몇 번 내지는 2년에 한 번 있는 산킨코타이參勤交代 때에 임무가 돌아오는 정도였다.

에도시대의 무가사회는 이런 식으로 운영되던 세습제世襲制 조직이었다. 임원의 자제는 임원으로 평사원의 자제는 평사원으로 살아야 했다. 요즈음 한국사회에서 많이 들을 수 있는 금 수저인지 흙 수저인지가 태어나면서 정해진다. 거기에다가 장남만이 그 직무를 계승했기 때문에 차남 이하는 장남이 사망하거나 개인적인 문제가 있어 계승이 어려운 경우가 아니면 가업을 이어받을 수가 없었다.

그러나 세습제신분사회世襲制身分社會라는 것은 예기치 못했던 사회적 현상을 일반화시켜버리기도 한다. 계승할 사람이 없으면 그 가문은 단절되어 버리기 때문에 이를 보완하기 위해서 양자제養子制와 무코요시제婿養子制가 발달했다. 실제로 집안을 이을 수 없는 차남 이하가 양자로 가는 경우가 많다. 에도시대 중기, 오와리 번尾張藩에서는 약 30%의 가문에서 양자가 가계家系를 계승했던 것처럼 무사사회에서 양자제는 세습제적 전통을 이어갈 수 있는 암묵적인 사회적 약속이었다. 이것이 한국이나 중국과는 다른 일본형 양자제를 가능하게 했다.

다음은 무사의 수입에 대해서 살펴보자. 지방 영주인 다이묘의 연봉은 어느 정도였을까? 번의 주요 수입원은 쌀이었다. 최대 120만 석을 생산했던 가가 번加賀藩에서는 대략 50만 석(약 500억에서 1조 엔)의 쌀 수입이 있었다고 한다. 다이묘는 영지를 번 소속 무사들에게 일정 면적의 토지를 나누어 준다. 이것을 지교知行라 한다. 무사들은 자신에게 주어진 토지에서 농민들로부터 연공을 징수한다. 하급무사는 쌀이나 돈으로 봉록을 받기도 했다.

에도시대의 번 조직은 현대의 회사조직과 비슷하다. 그러나 차이는 승진시스템이 없다는 것이다. 무사가 승진할 수 있는 가장 기본은 전투에 참가해서 공을 세우는 것이다. 그것을 보고 영지知行를 나누어주는 것이 기본이었다. 그러나 전투가 사라진 에도시대가 되면 크게 승진할 수 있는 기회는 지극히 제한적이었다. 무사의 수입이란 기본적으로는 에도시대 초기에 정해진 영지를 대대로 가록家祿으로 물려받았기 때문에 수입에 변화가 없었다. 회사에 입사해서 받은 첫 월급이 265년 동안 그대로였다는 것이다. 물가상승 등 사회경제구조의 변화와는 상관없이 임금 인상이 없었다는 것이다. 매우 드문 경우이기는 하지만 신분에 상관없이 유능한 자는 출세를 할 수도 있고 지위와 임무도 받았다. 이 경우, 지위와 임무는 본인에게만 한정되었다. 그렇기 때문에 승진보다는 현상 유지가 일반적이었다.

6. 무사와 일본인의 이름

이것은 '일상생활에서는 없어서는 안 되는 중요한 것'이고, 무사시대에 이것은 '매우 복잡하고 알기 어려운 것'이었고, 이것은 '인간이 세상에 태어나서 제일 먼저 소유하는 것'으로 '호랑이는 죽어서 가죽을 남기고, 사람은 죽어서 이것을 남긴다.'는 말이 있다. 이것은 바로 이름이다. 험한 세상을 살아가는 우리는 '몸뚱이 하나 밖에 없다'는 표현을 쓰지만 정확하게 말한다면 '몸뚱이 하나'와 '이름 석

자'라고 하는 것이 맞을 것이다. 그러나 '몸뚱이 하나'는 죽으면 없어지지만 '이름'은 죽어도 남는다. 우리는 수많은 이름들을 기억하면서 살고 있다. 일본인들의 이름을 보면 한국과 중국과는 다른 이름체계를 가지고 있다.

한국의 경우 중국식 이름 체계의 영향을 받아 지금의 성명 체계가 만들어졌다. 지금과 같이 한자를 사용하는 중국식 이름 체계를 사용하기 시작한 것은 신라의 경우, 6세기 중엽 이후로 한국에서 성은 10세기 초, 고려 태조 왕건이 즉위하면서 급속하게 전국으로 확대되었다.[78]

중국의 영향을 받기 전에는 족명族名 보다는 개인의 명칭個人名을 이름으로 사용했다. 그러나 일반적으로 아시아의 전통사회는 가부장제적 씨족 명칭家父長制的氏族名이나, 왕권으로부터 받은 사성賜姓을 귀족이나 무가의 혈연집단을 나타내는 명칭으로 쓰고 있다.

일본인의 이름은 한국이나 중국과는 다르다. 그러나 일본 역시 중국식 이름 체계의 영향을 받았으나 몇 차례의 전환기를 거치면서 지금과 같은 이름 체계가 완성되었다고 할 수 있다. 첫 번째 전환기는 사가 천황嵯峨天皇(786~842)대라고 할 수 있다. 그는 재위 기간 중에 (1) '겐지源氏'성姓의 개시[79] (2)아명童名(幼名)의 개시 (3)한자 2자字의 실명実名의 개시 (4)게이지系字(도오리지 通り字라고도 함)의 도입을 꼽을 수 있다.[80] 그러나 지금과 같은 묘지名字(苗字)+나마에名前와 같

78) 이것은 고려 14대 문종(文宗 1047~82년)과 24대 원종(元宗 1260~74년)이 과거 응시자에게 성과 본관 記載를 의무화했다. 그리고 조선 시대에는 법제도상으로 경국대전의 戸口式(戸籍簿의 書式)에 기재를 의무화하고 그것을 기준으로 해서 1442년(세종15)부터 성이 다른 자를 양자로 삼는 것을 금지(異姓養子)하고, 1667년(현종10)부터 동성불혼제를 강제하면서 전국적으로 정착되었다. 이병수(1988) 「朝鮮の姓―韓国・北朝鮮の現行制度を中心に―」(黒木三郎 外編 『家の名・族の名・人の名』三省堂)pp269-279.

79) '미나모토'라는 성은 자식이 50명이나 되는 사가(嵯峨) 천황이, 모계의 신분이 낮은 황자・황녀에게 '미나모토'라는 성을 하사하여 신하로 삼은 것에서 비롯된다.

은 이름 체계가 정착된 것은 메이지시대明治時代이후부터라고 할 수 있다.81) 메이지 이전까지만 하더라도 일본인들은 실명과 통칭通稱을 같이 사용複名했기 때문에 이름은 매우 복잡하고 알기 어려운 것이었다.82)

(1) 묘지名字와 나마에名前

우리는 수많은 이름들을 기억하면서 살고 있다. 그런데 역사 속 인물 중 대부분은 현재 우리가 알고 있는 호칭으로 불리지 않았다는 것을 아는 사람은 적다. 메이지 이전까지만 하더라도 일본인들은 실명과 통칭을 같이 사용했기 때문에 이름은 매우 복잡하고 알기 어려운 것이었다. 현재 일본인들은 묘지와 나마에로 자신의 이름을 표기하고 부르고 있다. 이것은 메이지시대 태정관포고太政官布告(149호)83)

---

80) 이 가운데 동일 세대인 형제간에 사용되던 系字는 고산죠천황 대에 이르면 부·자·손으로 한 자씩 상속하는 도오리지(通字)=系字로 전환된다. 거의 같은 시기에 후지와라·오에 등 대부분의 씨족에서도 동일한 현상을 볼 수 있다. 형제가 횡적인 관계에서 한 자씩 공유하던 계자에서 이어지는 부·자·손으로 이어지는 종적인 관계에서 한 자를 공유하는 도오리지로 전환하게 된다. 이러한 경향은 원정기 전후로 해서 대부분의 가계에서 도오리지를 가지게 되었다. 도오리지를 '나노리노 이치지(—字)' 또는 '이치지(—字)'라고도 부른다. 도오리지는 한 자인 경우가 많으나 세이와 겐지의 경우, '요시(義)'였으나 院籍降下 이후 도오리지로 사용되던 '요리(賴)'자가 두 번째 도오리지가 되었다. 도오리지 사용은 이후에도 이어져 오다가의 '노부(信)', 도요토미가의 '히데(秀)', 도쿠가와가의 '이에(家)' 등도 같은 맥락이라고 할 수 있다.

81) 근대 메이지 4년, 폐번치현을 계기로 명치천황제국가가 성립하고, 같은 해 4월 호적법이 공포되고, 국민들을 파악(통제)하기 위한 수단으로 호구조사를 하고 이것이 치안유지 수단으로 이용되었다. 호적은 가족을 '이에'로 표시하고, 이미 명치 3년에 평민들도 묘지를 사용할 수 있다는 태정관포고에 의해 '우지'가 '家名'을 표시하도록 하면서 '우지'는 행정뿐만 아니라 兵籍取調를 위해서 활용되었다. 그러나 명치 초년의 '우지'는 막번체제 하의 무사적 '우지'관념을 계승하고, 由緒·혈통·조상의 表象이 되었다. 더욱이 처의 '우지'의 경우, 남편의 '이에'를 상속하지 않는 한 '所生の氏'를 사용하도록 했다.(黒木三郎 편 『家の名·族の名·人の名』三省堂 1988, p23)

82) 일어일문학 54집, p2.

83) 메이지 정부는 메이지5년5월7일, 태정관포고(149호)에서 '從來通稱名乘兩樣相用來候處自今一名タルベキ事'라는 '複名禁止令'을 공포하였다. 즉 이것은 이름(人名)을 하나(單一化)로 사용토록 하는 규제이다. 그때까지 일본인들은 실명(나노리)와 통칭을 같이 사용했다. 이후 일본인들은 실명과 통칭 중 하나를 사용하게 되었다. 예를 들면 사이고 다카모리는 원래 ①西郷 ②吉之助 ③隆盛였는데 ②통칭을 버리고 ③실명을 사용했다. 사이고처럼 통칭을 버리고 실명을 선택한 경우로는 木戸準一郎孝允(たかよし)와 大久保市

이후에 실명과 통칭 중 하나를 선택해서 사용하게 되면서부터 생겨난 인명표기법人名表記法이다.

역사 속 인물이 옛 문헌이나 기록에는 다양한 호칭으로 표기되고 있는 경우가 많아, 동일 인물이 다른 사람으로 파악되는 경우가 종종 있다. 쇼토쿠 태자聖德太子가 사망 후에 붙여진 호칭이라는 것을 아는 사람은 많지 않다. 생존 시에는 마구간 왕자라는 의미의 우마야도오지厩戸皇子로 불리었다.

지금은 일반적인 호칭의 기본이 되고 있는 역사 교과서에서도 생존 시에 사용한 호칭을 쓰기 시작했다. 야마가와출판사山川出版社에서는『상설 일본사詳說日本史』2002년도 검정 판부터 쇼토쿠 태자는 존명存命 중에 사용한 명칭이 아니기 때문에 우마야도오지로 변경해서 쓰고 있는 것도 그런 이유에서이다.

(2) 중세무사의 묘지와 나마에

가마쿠라 막부를 대표하는 겐지 장군 가源氏将軍家와 외척 호조가北條家의 가계도를 보면 이름에 일정한 원칙이 작용하고 있음을 알 수 있다. 겐지의 경우, 이름에서 요시義 자나 요리賴 자가, 호조는 도키時 자가 반복적으로 사용되고 있다.

반면, 여성명과 관련된 것으로 미나모토노 요리토모源賴朝의 정실 마사코와 몇 명을 제외하고는 그냥 여자 또는 ○○의 처라고만 표기되어 있다. 요리토모의 장녀 오히메大姫, 차녀 산망三幡[84])의 이름도

藏利通가 있다. 반대로 ①板垣 ②退助 ③正形(まさかた)는 실명을 버리고 통칭을 선택한 경우이다. 지금의 남성명에서도 통칭계명과 실명계명의 이름이 있다. 이전까지는 幼名・實名(나노리 名乗・이미나諱)・아자나(字)・通稱・別號 등 복잡하게 이루어진 이름이 지금처럼 묘지와 나마에로 정착되었다.

84) 산망(三幡)은 아자나(字)이고, 오토히메(乙姬)는 통칭으로 자매 중에서 여동생이라는 뜻이다.

보이지만, 이들은 실명이라기보다는 태어난 순서排行와 관계가 있는 이름인데 반해 마사코政子는 여성명으로 많이 볼 수 있는 자형子形 이름이다. 그리고 역사교과서에 마사코는 미나모토노 마사코源政子라고 하지 않고, 호조 마사코北条政子라고 표기하고 있다. 이것은 일본 여성들이 결혼을 하면 남편과 같은 묘지를 사용하는 것과는 다르다.

이처럼 가마쿠라를 대표하는 두 가문의 가계도를 들여다보고 있으면 중세 일본인들의 이름이 지금과는 사뭇 달랐다는 것을 알 수 있다. 남성명男性名은 규칙을 가지고 표기하고 있는 반면에 여성명女性名은 규칙과는 상관없이 표기하고 있는 것 같은 인상이 강하다.

아울러 역사 속 인물이 지금 우리가 알고 있는 이름과는 다르게 표기되어 있다는 사실이다. 가마쿠라 막부의 역사서 『아즈마카가미吾妻鏡』에서 요리토모라는 이름을 찾기란 쉽지 않다. 일본 최초의 무사정권을 만든 인물로 역사 교과서에는 수도 없이 등장하는 요리토모라는 이름이 정작 막부의 기록에는 없다. 그것은 요리토모라는 실명 대신에 관직명 통칭官職名通称인 부에이武衛, 혹은 막부의 장長이라는 의미의 가마쿠라도노鎌倉殿 등으로 표기를 하고 있기 때문이다.

다음은 관동 무사들의 이름인데, 역사 교과서에 오바 가게치카大庭景親는 오바 사부로 가게치카大庭三郎景親, 다이라노 가네다카平兼隆는 산미 다이라노 가네다키散位平兼隆, 구도 시게미츠工藤茂光는 구도 스케시게미츠工藤介茂光, 도이 사네히라土肥実平는 도이 지로 사네히라土肥次郎実平, 오카자키 시로 요시자네岡崎四郎義実, 우사미 사부로 스케시게宇佐美三郎助茂, 아마노 도나이 도오카게天野藤内遠景, 사사키 사부로 모리즈나佐々木三郎盛綱 등으로 표기되어있다. 성姓과 실명뿐만 아니라 태어난 순서輩行名를 알 수 있는 통칭通称이 들어가 있다. 이처럼 중세인들의 이름은 상당히 복잡했다.

(3) 무사들에게 있어서 묘지名字(苗字)란?

무사에게 있어 묘지는 자신의 신분을 나타내는 중요한 지표指標의 하나이며, 동일한 지명地名을 친족명으로 사용하는 혈연집단을 의미한다.

묘지 이전의 친족 혹은 동족명同族名으로는 오토모大友·모노노베物部·소가蘇我 등과 같은 씨족명氏姓名[85]이 일반적이었다. 씨족명 가운데 무사가문으로 발전한 것은 '겐페이토키츠源平藤橘'와 같은 4대 사성賜姓이 있다. 이중 간무 헤이시桓武平氏·세이와 겐지清和源氏·후지와라 씨藤原氏는 무사의 리더棟梁로서 유명하다.

헤이안 중기 이후, 지방에서 성장한 무사들은 자신의 저택居館(야카타 館)을 중심으로 영지를 형성하였는데 이것을 혼료本領라고 부른다. 혼료는 조상의 무덤이나 조상신이 모셔져 있어, 일족의 결속력을 다질 수 있는 토지였다. 여기에서 지금은 '열심히 노력하는 것. 목숨을 걸고 일하는 것'이라는 의미의 '잇쇼겐메이一所懸命'라는 말이 유래 되었다. 중세 무사들에게 있어 토지는 자신과 일족이 목숨을 걸고 지켜야하는 소중한 재산이었던 것이다. 이 혼료를 거점으로 삼으면서, 무사는 본래의 성姓과는 다른 혼료의 지명地名을 묘지로 사용하게 되었다. 이와 같은 토지를 '묘지의 기원이 되는 토지名字の地'라고 부른다.

묘지의 기원이 되는 토지는 쇼엔명莊園名·군향명郡郷名·촌명村名·아자나명字名·묘덴名田 등 다양한 지명에서 온다. 세이와 겐지清和源氏 중 아시카가足利는 지금의 도치기 현栃木県 아시카가쇼足利莊를

---

85) 우지(氏)라 불리는 친족 지배 계급 집단과 정치적 지위를 나타내는 가바네(姓)라는 존칭에 의한 야마토(大和)조정의 세습신분 제도.

일족의 묘지로 썼던 것이다.

헤이안시대에는 국아国衙의 명부名簿에 묘지를 등록하게 함으로서 무사라는 신분이 승인되었다. 따라서 묘지를 사용한다는 것은 무사로서의 특권이며, 가마쿠라 막부법鎌倉幕府法을 보면 무사에게 '묘지를 삭제한다名字を削る'는 명예형도 있었다. 그리고 묘지는 혼료와 함께 소료惣領(嫡子)에게 상속되었다. 이처럼 남자 중심으로 이루어진 일족을 묘지족名字族이라고 부르고, 처는 결혼 후에도 친정의 묘지를 사용하였다夫婦別姓.

한편, 분할상속에 의해 토지所領를 받은 쇼시庶子(2남·3남 등)도 소료와는 다른 토지의 지명地名을 묘지로 사용하게 되었다. 가마쿠라 초기 관동의 유력 무사 와다 요시모리和田義盛를 예로 보면, 원래는 다이라 씨平氏였으나 미우라 일족三浦一族에서 다시 분가分家되어 나왔기 때문에 '미우라의 와다三浦の和田'라는 복잡한 묘지를 사용하게 되었다. 이처럼 묘지는 이에家 레벨의 혈연집단을 가리키는 용어로 가마쿠라시대에는 분할상속의 영향으로 계속적으로 생겨났다. 아울러 새로운 묘지를 사용하는 쇼시庶子는 공적인 임무나 전투에 참가할 때에는 소료 가惣領家의 지휘 하에 들어가게 된다.

중세시대 무사를 중심으로 증가한 묘지는 다양한 지명에서 유래하고 있다. 무사들이 타 지역으로 분가해 나가면서 기존의 친족명칭인 우지氏나 세이姓 대신에 묘지로 사용하기 시작한 것이었다. 현재 일본의 묘지 숫자는 20만~30만으로 추정되는데, 이중 80% 이상이 토지명土地名과 관계가 있다. 이것은 중세 무사가문이 분할상속에 의해 묘지의 수가 증가한 것과 밀접한 관계가 있음을 말해준다.

제2장. 무사와 일본·일본인

1. 무사문화가 만들어낸 일상 및 행동패턴

일본의 역사문화를 얘기할 때, 어떤 관점에서 보느냐에 따라 대답은 달라질 수 있다. 문화의 특질을 규명하기 위해서는 역사 속에 내재하는 고유의 형태를 파악함으로써 해당 문화가 가지고 있는 문화적 요소를 알 수 가 있다.

오랫동안 일본은 같은 동아시아 문화권에 속하는 나라들과는 달리 700여 년 동안 지배층이 문인文人이 아니라 칼 찬 무사였다는 것은 이들에 의해 형성·발전된 전통과 문화가 일본인들의 일상생활 속에서 숨 쉬고 있음을 느낄 수 있다. 무사들의 스테이터스 심벌이었던 다도, 결혼식 때 입는 하오리하카마羽織袴, 스모선수의 머리스타일인 오이쵸大銀杏, 근면하고 예의바른 일본인 등 이런 것들은 사실 무사나 사무라이와 깊은 관계가 있다.

일본은 12세기 말 최초의 무사정권인 가마쿠라 막부鎌倉幕府로부터 메이지유신明治維新 직전까지 무사계급이 지배하게 된다. 따라서 일본문화 가운데는 무사계급에 의해 형성·발전된 것들이 헤아릴 수 없을 만큼 많다.

예를 들어 현대 일본어 가운데는 무사와 관련 있는 단어가 많다.

몇 가지만 열거해 보면, 일대일 승부라는 의미의 잇키우치一騎打ち, 이것은 헤이안平安·가마쿠라시대鎌倉時代의 전투合戰에서 온 것이다. 잇쇼켄메이一所懸命(一生懸命)는 일족의 기반이 되는 영지를 생활 근거로 하여 목숨을 걸고 지킨다는 의미에서 지금은 무슨 일을 목숨을 걸고 함. 또는 그 모양이라는 의미로 사용된다. 승패·운명을 판가름하는 갈림길이라는 의미의 덴노잔天王山. 덴노잔은 교토 인근에 있는 산이다. 오다 노부나가가 최측근 아케치 미쓰히데明智光秀의 습격을 받고 혼노지本能寺에서 자결하고 난 다음에 히데요시와 결전을 치른 장소로 유명하다. 이외에도 무사를 상징하는 칼과 관계있는 단어들이 다수 있다.

기한의 마감이라는 의미의 시메키리締め切り, 적당한 크기로 자른 생선토막. 살점을 의미하는 기리미切身, 칼의 휨이 칼집과 잘 맞지 않는다는 뜻에서 비롯된 것으로 지금은 두 사람 사이가 잘 맞지 않다고 할 때 사용하는 소리가 아와나이反りが会わない 라든가, 주군 없이 떠돌아다니는 무사를 뜻하는 로닌浪人이 직업을 잃는 것. 또는 그 사람. 입학시험이나 입사시험에 불합격하여 다음 시험을 대비하고 있는 사람이란 의미로 사용되고 있다. 이처럼 현대 일본어 중에는 무사와 관련된 단어가 많다.

일본을 대표하는 문화 가운데는 무사계급과 관계가 있는 것이 다수 있다. 무사의 스테이터스 심벌이었던 다도茶道를 비롯하여 꽃꽂이生(け花,[86] 선종禪宗, 노能楽, 무사도 정신武士道 등 다양하다. 이 가운데 다도와 꽃꽂이는 여성들의 취미나 교양으로 알려져 있지만 원래는 무장들의 스테이터스 심벌이었다는 사실을 아는 사람은 많지 않다.

---

86) 다도는 센고쿠(戰國)시대 무장들의 스테이터스 심벌.

게다가 이들은 정신적인 면과 양식미樣式美를 중시하고, 충효정신을 기본으로 하며 예의 규범을 기준으로 삼는 삶을 살았다. 그런 정신성을 살린 말이 '무사는 굶고도 먹은 체하며 유유히 이를 쑤신다武士は食わねど高楊枝', '무사는 두 말하지 않는다武士に二言なし'와 같은 숙어이다. 무사는 체면을 중시하며 '그는 사무라이네!'라는 말은 시원스러운 행동과 성격을 칭찬하는 말이다. 이밖에도 '전투는 무사에게 물어라!'[87]는 뭐든지 전문가에게 물어보는 것이 제일 낫다는 말이고, '꽃은 벚꽃이 제일이고, 사람은 무사가 최고'라는 말도 있을 정도로 무사와 관계있는 속담이 많다.

무사의 영향은 눈에 보이는 일상뿐만 아니라 조직과 의사결정 등의 행동패턴에서도 나타난다. 오랜 기간 동안 육성되어 온 조직문화는 쉽게 없어지는 것은 아니다. 에도시대의 막부 정치와 지방 번 조직은 현대 일본의 정치 일번지인 나가타쵸(永田町)정치 및 행정조직, 군대조직, 기업문화에도 반영되고 있다.

이처럼 무사계급에 의해 형성・발전해 온 다양한 문화적 요소가 일본을 대표하는 문화코드로서 자리매김을 하고 있다. 그런 점에서 무사에 대해 제대로 알고 있으면, 역사나 문화 속에 내재하고 있는 일본의 속살을 이해할 수 있을 것이다.

(1) 중세무사와 근세무사의 행동패턴

현대 일본인들의 생활은 외형적으로는 서양식 라이프 스타일이 차지하고 있는 것처럼 보이지만, 조금만 안을 들여다보면 고유의 전통문화가 살아 숨 쉬고 있음을 알 수 있다.

---

87) 戦の事は武士に問え.

에도시대는 일본인의 행동패턴의 원형이 만들어진 시대이다. 특히, '조직'문화나 의사 결정과정, 정치에 있어서는 에도시대에 만들어진 행동패턴이 현재에도 이어져 내려오고 있다는 것을 알 수 있다.

'정치가의 세습'도 그 중 하나이다. 구미나 동아시아 여러 나라들과 비교해 보아도 일본만큼 세습 국회의원의 비율이 높은 나라는 없다. 나가타쵸永田町에서는 자기가 속한 파벌을 '무라村'라고 부른다. 그리고 자신의 선거구를 '표밭'이라 부르며, 지역구에 돌아오는 것을 '논의 김매기'라 한다. 마치, 대를 이어 논을 상속하는 것처럼 선거구를 세습하고, 또, 부친과 같은 파벌인 무라에 들어간다. 이것은 일본의 정치가 에도시대의'무라'의 조직 문화의 영향을 받았다는 것을 의미한다.

근대화 이전의 '무라'는 자연촌으로 생활의 터전이 되었던 공동체의 단위였다. 에도시대에는 햐쿠쇼百姓 신분의 자치단체의 단위였고, 중세시대의 소손惣村을 계승했다. 에도시대에는 이러한 자연촌이 약 6만 여개 이상 있었다고 한다. 또 중세 초기의 영주가 장원공령莊園公領과 그 하부 단위인 묘덴名田을 영지 단위로 삼았던 반면, 전국시대와 에도시대의 영주의 영지는 행정단위를 무라와 마치町로 분류했다. 메이지시대가 되면서 중앙집권화가 진행되는 과정에 자연촌 합병이 이루어지면서 예전의 몇 개 무라가 합쳐진 새로운 '무라'가 생겨났다. 이것을 '행정촌行政村'이라 부른다.

구식 형태의 일본조직에서는 대학에서도 사회에서도 관공서에서도 그렇지만 같은 조직 내부에서 종적으로만 사람이 움직이지 않도록 되어 왔다. 이 점에 대해서 일찍이 네덜란드의 비교 정치 경제학자 카렐 반 월프렌Karel van Wolfren이 일본사회를 분석하고 지적한 대로이다.

지금까지의 일본은 사회에서도 관공서에서도 그 조직에 오래도록 눌러 앉아 공헌한 사람이 득을 보는 구조였다. 전직轉職을 하면 오히려 손해를 볼 수 있었다. 조직을 떠돌아다니며 실적을 올리는 만큼, 커리어적인 신뢰가 늘어나는 미국사회와는 대조적이었다. '사회 안에서 누구에게 지위를 주는가!'라고 했을 때, '그것은 이 사회에 아주 오래 있었던 사람이 좋다.'는 생각이 오랜 전통처럼 인식되었다. 지금도 그 생각은 남아 있다. 이와 같은 전통적인 일본의 조직 문화는 대학이든 기업이든, 에도시대 이후의 일본 가족의 문화와 밀접한 관계가 있다.

여기에서 무사와의 관련성을 중심으로 살펴보면, 에도시대에 개개의 '이에'를 넘어선 규모의 조직이라 하면, 앞에서 언급한 '무라', '마치', 그리고 '번藩'정도이다. 에도시대의 대표적인 상인 집안인 미쓰이三井나 스미토모住友도 '무라', '마치', '번'과 비교하면 작은 규모이다. 소속인구가 가족을 포함해서 1만 명을 넘는 대규모의 조직은 무라나 마치, 그리고 번 정도였다. 신앙으로 결성된 자座나 고講라는 것이 있지만, 이들 조직은 1년 365일 활동을 하는 것은 아니다. 일향종一向宗 신도들의 집단행동인 잇코잇키一向一揆도 노부나가·히데요시에게 해체당해 흔적도 없다.

무라는 자연발생적으로 생겨난 사회집단으로 태어나면서 대를 이어 소속하는 공동사회이다. 반면, 근세에 행정목적이나, 전쟁, 장사와 같이 인위적인 공동의 목적을 위해 만들어진 대규모의 조직, 즉 공동사회는 무사계급에 의한 행정조직인 '번'밖에 없다. 인위적으로 만들어진 조직으로는 번뿐만 아니라, 대사원이 있긴 하지만, 대부분의 사람들이 일상생활에서는 조정이나 대사원을 접할 기회가 없을 뿐더러 본 적도 별로 없다. 그래서 메이지 이전까지만 하더라도 일본인들에게 있어서 번은 어떤 목적달성을 위해 만들어진 대규모 조직으로는 유일한 것이었다. 그런 점에서 근세의 번은 공동의 목적을 위해 만들어진 유일한 행정조직이었다고 할 수 있다.

에도시대, 근세형 무사단近世型武士団의 전형典型은 중부지방의 노비평야濃尾平野에서 생겨났다는 말이 있다. 근세 무사를 행정 조직으로 편성시키는 번 시스템은 노비평야를 중심으로 오다 노부나가가 발명하고, 도요토미 히데요시가 개량하고, 도쿠가와 이에야스가 전국적으로 확대시켰다는 것이다.

노비평야를 중심으로 생겨난 근세형 무사단은 이전의 중세 무사단의 주종제와는 큰 차이가 있었다. 근세형 무사단이란 어떤 것이냐면, 매우 집권적集権的이라는 것이다. 즉 주군이 절대적이라는 말이다. 그리고 통치를 위한 성城이 있다. 이 성을 중심으로 형성된 도시가 조카마치城下町이다. 주군의 명령으로 가신들은 조카마치에 주택을 마련하고 모여 살았다. 가신 대부분이 같은 지역에 사는 절대적 주종제絶対的主従制였다. 주군에게 절대적 권력이 집중되어 있는 조직은 의제적 친족의식擬制親族意識으로 연결되어 있었다. 주군을 중심으로 가신단은 모두가 '한 집안家中'이라는 의식을 가지게 되었다. 이러한 근세형 무사의 친족의식이 노비평야를 중심으로 하는 중부 일본에서 생겨났다는 것이다.

일반적으로 중세시대는 가신단이 주군 곁에 상주하지는 않았다. '여차하면 가마쿠라로!いざ, 鎌倉へ'[88]라는 말처럼 중세형 무사단은

---

88) 『하치노키(鉢の木)』 속에 묘사된 이야기로 가마쿠라시대 주군에 대한 무사의 충성심을 말해주는 것으로 시골무사 사노 쓰네요(佐野常世)가 자신을 방문한 호조 도키요리(北条時頼)를 주군인지도 모르고 가마쿠라에 전란이 일어나면 "비록 지금은 영지를 빼앗기고 이렇게 구차한 생활을 하고 있으나, 만약 가마쿠라에 무슨 일이 일어나면 다 낡아빠진 갑옷을 입고, 녹슨 칼을 들고, 마른 말을 몰아서라도 맨 먼저 달려가겠다."고 했다는 이야기이다.

명령이 있으면 주군을 위해 전투에 참가하는 형태였다. 평소에는 산과 들에 자신의 성을 마련하고 거기에 살았다. 1년에 몇 번 있는 행사 때가 아니고는 주군을 만나는 일이 없었다. 그러나 전투에 참가하라는 명령이 내려지면 여기저기에서 모여든다. 이렇게 모인 무사들은 자기편의 깃발과 갑옷과 투구를 갖추고 결전식決戰式을 거행한다. 이렇게 해서 전열을 갖추고 출전한다. 이것이 일반적인 중세형 무사단中世型武士団의 모습이었다.

사실 가마쿠라시대에는 상황에 따라 주군을 바꾸는 경우가 드물지 않았다. 요리토모가 헤이시를 압박하기 시작하면서 헤이시 편의 무사들이 요리토모 쪽으로 전향하는 경우가 많았다. 요리토모는 이들을 차별 없이 받아드려 막부의 중요 요직에 앉힌다. 대표적인 인물이 헤이시 편에 있다가 전향해서 사무라이 도코로侍所의 장관이 된 가지와라 가게토키梶原景時이다. 따라서 가마쿠라무사들의 주군에 대한 관념은 근세무사들처럼 '한번 주군은 영원한 주군'과 같은 절대적인 주종관은 아니었다. 물론 이 때도 주군을 위해 초개와 같이 목숨을 버린 무사의 이야기가 없었던 것은 아니지만, 절대적인 충성이 무사들에게 있어 보편적인 것은 아니었다. 이것이 중세무사와 근세무사의 가장 큰 차이점이라고 할 수 있다.

중세 무사는 영지에서 일족과 이에노코家の子, 로토郎党와 같이 농업에 종사하는 것이 일반적인 형태였다. 이에노코는 헤이안시대 말에서 가마쿠라시대에 걸쳐 차남 이하나 서자庶子와 같은 혈연자들로 소료惣領의 지배하에 있었다. 로토는 가신으로 소료와는 비 혈연관계의 무사이다. 이들은 평소에는 농업에 종사하다가, 주군의 부름이 있으면 달려가는 것이 중세 무사의 습성이었다. 그렇기 때문에 중세 무사단은 장기전에는 효율성이 떨어졌다. 농사 일이 바쁠 때는 영지로 돌아가야만 했다.

그렇다면 요리토모는 이러한 관동 무사들을 어떻게 해서 자신의 가신으로 삼았을까? 그것은 개별적으로 이루어지던 주종관계를 공적인 주종관계로 전환하는 통치시스템을 만들었기 때문에 가능했다. 요리토모는 '잇쇼겐메이'라는 말이 상징하듯이 토지를 매개로 하는 새로운 방식의 주종관계를 만들어 낸다. 요리토모와 주종관계를 맺은 무사를 고케닌御家人이라 부른다.

가마쿠라 무사의 최대 관심사는 일족의 번영과 영지의 확대에 있었다. 따라서 이들은 자기 몸과 일족의 이익을 위해서 주군을 받들지만 무사 상호간에는 특별한 연대감이란 없었다.[89] 무사들에게 연대감이 중요시 되는 것은 전국시대에 가서이다. 전국 무장들은 다도와 렌가連歌를 통해 가신상호 간의 연대감을 돈독히 하였다.

반면, 노비평야지역은 달랐다. 일대가 모두 평야였기 때문에 집권적인 조직이 가능했다. 노비평야지역은 자연적 조건으로나 경제적 조건에서 병농분리兵農分離(刀狩り)가 수월한 지역이었다. 조카마치에 모여 살면서 일치단결해서 반복적으로 전투훈련을 할 수 있었다. 여기에 노비평야의 무사들에게 화력을 장착한 뎃포라도 지급하게 되면 그 위력은 엄청나다. 눈 깜짝할 사이에 천하통일을 이룩한다. 노비평야에서 생겨난 근세형 무사단과 신병기인 뎃포 조합이 역사전환의 포인트가 된다.

당시 경제선진지역이라면 교토주변이지만, 교토와 주변지역은 오래 전부터 엔랴쿠지延曆寺라든가, 도다이지東大寺와 같은 중세신앙의 뿌리가 깊은 사원세력의 영향력이 강한 곳이었다. 게다가 이들 관서

---

89) 家永三郎(1982) 『日本文化史』, 岩波書店, p.118.

지방 무사들은 주군에 대해 절대적인 충성심을 가지고 있다기보다는 지역연합 또는 종교 연합적 성격이 강한 횡적관계의 주종관이 특징이다. 소손, 혼간지本願寺, 홋케잇키法華一揆 등이 대표적이다. 흔히 오사카 사람들은 권위에 종속되는 것을 싫어하는 경향이 있다고 하는데, 이것은 전통적으로 횡적 연합이 뿌리 깊었던 역사적 배경이 이를 뒷받침하는 것이라고 볼 수 있다. 이처럼 관서지방에는 종적인 규율을 중시하는 군사집단이 만들어지기에는 한계가 있었기 때문에 강력한 리더십을 가진 전국 다이묘가 성장할 수 없었다고 보는 시각이 일반적이다.

1) 중세형 무사단의 한계

한편, 근세형 무사의 전형을 이룬 중부 노비평야의 무사단에 비해, 우에스기上杉나 다테伊達, 다케다武田와 같은 동 일본 무사단은 전통이 있어 강하지만, 교토와는 지리적으로 먼 변경 지역으로 경제적으로는 후진지역이었다. 가신단家臣団은 강하지만, 병농분리가 이루어지지 않았기 때문에 원정길에서는 한계가 있어, 수도 교토에는 들어가는 것이 쉽지 않았다. 반면, 경제 선진지역인 관서지방은 병농분리는 이루어졌지만, 횡적연대가 강해, 집권적 권력이 생성되기 어려운 여건 때문에 강력한 군단은 없었다. 반면, 동 일본과 관서의 중간 지역인 노비평야가 근세형 무사단의 요람으로 이곳에서 3명의 무장이 천하를 놓고 경쟁하는 구도가 형성되었던 것이다. 이 3명을 덴카비토天下人라 부른다.

근세형 무사단이 성장할 수 있었던 중부 노비평야지역을 일본의 학계에서는 '중간지역론中間地域論'이라 한다. 게다가 여기에서 성장한 근세형 무사단은 병참兵站조직도 잘 갖추고 있었기 때문에 1년 내내 원정을 나서도 비교적 잘 견디었다. 지리적으로도 수도인 교토에 곧장 들어갈 수 있는 위치에 있었다. 그러나 무엇보다도 중요한 것은 이들은 지는 전투라 하더라도 주군 곁을 떠나는 일 없이 끝까지 남아 충성을 다했다. 이것은 중세무사단과는 확연히 차이가 나는 점이었다. 중세무사단은 일단 싸움에서 패색이 짙으면 대부분은 영지로 돌아가 버린다. 유명한 군기물軍記物인 『다이헤이키太平記』가 그렇다. 1만 명이 넘게 있던 병사가 순식간에 대장을 포함해서 소수만 남게 된 경우가 허다하다. 이렇게 되면 주군 입장에서는 목숨을 걸고 싸우는 것이 어려워진다. 많은 중세무사단은 긁어모아서 만들어진 호족연합체豪族連合体였던 것이다. 이들이 소수정예로 바위보다도 단단한 결속력을 자랑하는 근세형 무사단을 이길 수가 없다. 오다 노부나가가 오케하자마 전투桶狭間の戦い에서 중세형 무사단인 이마가와今川 대군을 격파할 수 있었던 것도 바로 이 때문이다.

중세형 무사단은 대군이었기 때문에 전투에서 움직임이 신속하지 못하고, 연대감이 부족했다. 이들과 대조를 이루었던 것이 이에야스를 따르는 미카와 무사단三河武士団이었다. 이에야스가 미카타가하라 전투三方ケ原の戦い에서 패하고, 다케다 기마부대의 맹추격을 받을 때, 미카와 무사들은 이에야스를 한 가운데 둘러싸고 목숨을 걸고 지켜냈다. 그 중에는 이에야스를 대신해서 죽은 가신도 있었다. 이 덕택에 이에야스는 무사할 수 있었다.

노비평야라는 공간이 노부나가, 히데요시, 이에야스와 같은 덴카비토를 배출한 것처럼, 전국시대 말, 노비평야에는 주군에게 충성을 다하는 근세형 무사단이 등장하여 일본전국을 휩쓸었다. 그리고 전투 때의 군사조직이 그대로 행정조직으로 기능하고 있다. 막부와 번은 행정기관처럼 보이지만 원래는 군대조직이었다.

막부와 번의 행정조직은 기본적으로 전시 때에 기능하는 군사편성으로 이루어져 있다. 번 소속 무사에는 세 종류가 있다. 사무라이侍, 가치徒士, 아시가루足輕이다. 이 가운데 사무라이는 상급무사로 가로家老와 반가시라番頭, 侍大将, 모노가시라物頭, 足輕大将, 헤이시平士, 馬廻 등이 있는데, 모노가시라 이상이 지휘관이며, 헤이시는 자신의 부하를 거느리고 전투에 참가한다. 사무라이 가운데도 가시라頭가 붙는 지휘관은 지위가 높다.

메이지시대 정치가들 가운데는 하급무사 출신들이 많다. 후쿠자와 유키치福沢諭吉는 50석 미만, 다카스기 신사쿠高杉晋作도 150석 미만이었다. 사이고 다카모리西郷隆盛, 오쿠보 도시미치大久保利通는 다카스기의 1/3, 내지는 1/4 정도였다. 이토 히로부미伊藤博文와 야마가타 아리토모山形有朋는 아시가루 출신이므로 10석 내지는 20석 규모의 집안이었다.

참고로 무사 세계는 상급무사, 중급무사, 그리고 하급무사냐에 따라 기질이 달랐다. 집안의 사회적 신분이나 지위家格에 따라 달랐다. 100석 이상의 상급무사는 독립성이 강했다. 번 무사 가운데도 자기 생각을 가감 없이 말하도록 교육을 받았기 때문에 방약무인傍若無人하며 제멋대로인 사람들이 많았다. 다카스기 신사쿠高杉晋作와 오쿠보 시게노부大久保重信가 그런 유형이다. 한편, 후쿠자와, 오쿠보, 사이고는 50석 이하의 가치徒출신으로 이들은 실무능력이 있었다. 가독상속 때에는 필적筆跡과 주산珠算 시험이 있었다. 유능한 관리형 타입이 많았다.

2) 종신고용終身雇用을 보장한 번藩 조직이 최강의 군대를 만들었다.

번은 하나의 약속으로 이루어져 있었다. 같은 곳에 모여 살면서 다이묘를 지키는 울타리가 되었고, 그 대신 토지와 가문의 명예家名는 보장해 준다. 아버지가 전사하면 어머니 뱃속에 있는 태아나 양자養子라 하더라도 영지와 집안의 명예를 보장한다는 것이었다. 토지와 가문의 명예를 소중하게 생각하는 일본적 문화의 특성이 최강의 군대를 만들었던 것이다. 고용제도로 말하면, 종신고용을 넘어서, 세대를 초월한 영원한 고용제도永代雇傭制度가 큰 동기부여가 되었다.

그리고 무사의 봉록은 군사비이다. 500석을 받는 무사는 통상 20명의 무사를 거느리고 전쟁터에 나가야 하는 '군역軍役'의 의무가 있었다. 주신구라忠臣蔵로 유명한 오이시 구라노스케大石蔵之助의 봉록은 1,500석이다. 선조가 오사카의 진大阪の陣 전투에서 적의 목을 2개 벤 보상으로 받은 것이 1,500석의 봉록과 번의 가로직家老職이었다. 이 정도면 오이시는 60명의 가신을 거느릴 수 있었다. 만약에 전투에 참가해야 할 경우가 생기면 이들이 오이시가 지휘해야하는 군대 편성인원이 되는 것이다.

영화로도 만들어졌던 「무사의 가계부武士の家計簿」에서도 나오듯이 무사 특히 상급무사의 봉록은 선조가 적의 수급首級을 얼마나 땄느냐로 정해지는 것으로 한번 정해진 봉록은 세월이 흘러도 변함이 없다. 반면, 중급무사인 가치는 근무연수가 오래되거나, 상사나 동료들의 평판 등을 가지고 능력을 평가받았다.

막부에서는 다시다카노세이足し高制라는 인재등용제도를 통해서 이 경직화된 봉록제도를 바꾸려했지만, 무가사회의 기본 틀은 바뀌

지 않았다. 무사신분이더라도 상급무사로 태어나면 평생을 상급무사로, 하급무사로 태어나면 아무리 능력이 탁월해도 평생 하급무사로 살아야만 했다. 이른바 금 수저는 금 수저, 흙 수저는 흙 수저로 살아가야만했다. 동시대의 조선이나 중국은 과거제도로 관료를 선발했지만, 일본의 무사 시스템에서는 지위나 봉록은 보장해 준다. 리스크를 일으키지 않지만, 부정부패도 적어진다. 일본의 관리는 비교적 뇌물을 받지 않는 편이라는 말이 나오는 것도 신분의 세습과도 무관하지는 않다.

유명 TV 드라마 미토코몬水戸黄門은 악덕 관리만 있는 것처럼 만들었지만, 사실은 그렇지 않다. 드라마의 특성상 악덕관리가 있을 수밖에 없다. 또한 미토코몬에 악덕 관리나 가로家老는 나오지만 악덕 다이묘는 나오지 않는다. 이것은 유교 윤리의 영향이다. 군주를 비판하는 것은 불충不忠에 해당된다. 측근이 나쁘다고 생각한다. 막말, 민중들이 막부를 싫어해도 그 분노와 비난은 쇼군이 아니라, 아이즈 번会津藩이나 로쥬老中(다이묘를 감독하던 직책)와 같은 측근들에 대한 것이었다. 태평양전쟁에서도 비판은 도죠 히데키東條英機에 집중됐다. 이것은 유교적인 충성사상이 있는 군사조직에서 볼 수 있는 심리이다.

다음은 번 조직 내에서의 의사결정에 대해서 알아보자. 근세사 연구자인 가사마쓰 가즈히코笠松和比古는 일본적인 품의서 결재방식稟議書決裁方式의 의사결정이 번 조직에서 생겨났다고 말한다.[90] 현장 실무자가 기안한 결재문서는 위로 올라가 수정과정을 거치기도 하지만, 보통은 상사의 추인追認을 받는다. 이러한 결재방식은 도쿠가와

---

90) 同氏(1993) 『士(サムライ)の思想―日本型組織と個人の自立―』 日本経済新聞社, p63 이하에 구체적으로 기술하고 있다.

막부의 관료제도뿐만 아니라 근세 무가사회에서 정착되었다. 이러한 품의제를 중심으로 하는 막부 및 번의 의사결정과정에 말단의 현장 실무자를 포함한 많은 사람들이 참여하는 것이 되면 이것은 합의에 의해 결정되는 형태를 띄게 된다.[91] 이처럼 근세의 무가武家조직은 하나의 잘 짜여 진 정치조직으로써 고도의 정치통합을 이끌어 낼 수 있었다. 이것이 중세의 분산적 무사영주제(在地領主制)와는 다른 점이라고 할 수 있다.

이 품의제를 바탕으로 하는 합의제정치는 막번시대 뿐만 아니라 근대 메이지시대 관공서는 물론이고 회사 조직에까지 이어지고 있었다. 일본인은 전문가를 좋아해서 제너럴리스트가 적다고 한다. 현장이나 전문가에게 맡기는 풍토가 있다. 현장 전문가가 자기 부서에서 기안한다. 이런 타입의 의사결정은 현장의 판단에 의해 자연스럽게 일이 진행되는 점에서는 긍정적인 측면이 있다. 하지만 누가 결정한 것인지, 책임 소재가 불분명해지는 단점이 있다. 그리고 대체로 선례주의先例主義에 의해 움직인다.

현장 전문가들은 좁은 범위의 일을 하고 있기 때문에, 조직 전체보다는 담담하게 눈앞에 보이는 일을 선례에 따라 행한다. '이전부터, 이렇게 해 왔기 때문에'와 같은 선례주의를 중시하기 때문에 일을 하는 전문가 입장에서는 이 품의제稟議制는 괜찮다. 그렇지만 예상치도 못했던 변수가 발생한다거나, 크게 바뀔 때에는 무력하다. 또한 그 일을 맡은 부서에 불리한 안은 절대로 올리지 않는다. 그러니까 숲을 보지 않고 나무만 보는 것처럼 부서에 유리하기만 하면 전체를 무너뜨리는 안이라도 나올 수 있다.

---

91) 同氏(2003)『武士道その名誉の掟』 教育出版. 同氏(2007)『武士道と日本型能力主義』新潮社.p77.

흔히 번의 최고 의사결정자는 번주藩主, 즉 다이묘大名라고 생각하기 쉽지만, 이것은 절반은 맞고, 절반은 틀린 것이다. 번주가 직접 번정藩政을 주도적으로 행한 것은 에도시대 전기 약 100년 정도였다. 이후에는 번의 '가로家老와 부교奉行의 합의'에서 결정되었다. 단, 번주는 가로나 측근의 인사문제에는 의견을 말한다. 에도 중기 이후, 통상적으로 번주는 가로회의에는 출석하지 않는다. 번주는 기업에 비유하면 사장이라기보다, 회장이나 최고 고문이라고 보면 된다. 번에는 인사부서가 없다. 가로가 인사를 결정하고, 번주는 보고를 받는 식이다. 인사도 대부분은 선례를 따르며, 무사가문의 사회적 위상이나 지위家格로 거의 결정된다. 게다가 가로는 대부분 세습되었으며, 실질적인 것은 비서진에 의해 움직이는 경우가 많다. 그렇기 때문에 번의 의사결정은 누구에 의해 이루어지고 있는지 모른다.

막말, 일본에 온 영국 외교관은 "일본의 번의 의사결정은 누가하고 있는지, 모른다.", "다이묘가 결정하는 것이 아니고, 배후에서 가로가 결정하는 것 같다. 결국, 모른다." 그 가로 곁에는 반드시 서사가 붙어 있다. 신분은 낮지만 유능하고, 기안이 올라오면, 선례나 판단에 필요한 자료를 조사해서 올린다. 그것을 가로회의에 제출하고 "이 경우, 이런 안이 있습니다."라고 가로에게 알려주어 번 정치가 돌아가도록 한다. 번 내부에 실무관료가 생겨난 것이다. 사이고나 오쿠보와 같은 메이지유신의 정치가는 대체로, 이러한 실무적인 자리에 있던 가치 층 무사들이었다.

궁지에 몰린 일본인은 어떤 개혁도 삼킨다는 말이 있다. 1,800년 쯤부터 여러 번에서는 실무관료를 번에서 설립한 학교藩校에서 양성하기 시작한다. 그러나 여전히 신분제도가 있고, 번교를 우수한 성적으로 졸업하였더라도 자동적으로 간부로 등용하지는 않았다. 특히 군사지휘권은 무사로서의 명예로움의 근간이었기 때문에, 실무능력을 겸비한 유능한 자에게 맡기는 것이 아니라, 여전히 문벌출신 가로가 장악하는 구조였다. 서양의 근대국가처럼 지휘관을 사관학교에서 양성하는 것은 아니었다.

그러나 조슈 번長州藩이 기존의 틀을 바꾸기 시작한다. 조슈 번은 시모노세키 전쟁下關戰爭에서 서양열강의 근대 군대에 무참히 당했다. 게다가, 여러 번으로 구성된 막부 군에게 포위당해, 회사로 말하면 무너지기 바로 직전까지 궁지에 몰린다. 일본인은 궁지에 몰리면 강해진다는 말이 있다. 어떤 변혁이나 개혁도 수용한다. 궁지에 몰린 조슈 번은 근대식 군대를 만들어서 오무라 마스지로大村益次郎를 통해 군사학교를 만들어 지휘관을 양성한다. 이렇게 되자, 일본의 무사들도 가치관을 바꾸었다. 세습신분제가 안고 있는 문제점을 인식하기 시작하면서, 군사학교를 세우고, 서양식 군대를 만들어야 한다는 생각을 하게 된다.

일본인은 일단, 패배의 원인을 찾으면, 바뀌는 것은 빠르다. 안정을 좋아해서 안정을 잃어버리게 될 것 같으면, 불안해져 단숨에 개혁을 시도한다.

일본인은 외부에서 큰 변화의 파도가 밀려오면 변하기 쉽다. 또한 정권의 중심이 변해서 정말로 바꾸고자 하면, 톱 다운방식으로 개혁이 매우 효율적으로 추진된다. 개혁을 성공시키는 번주는 첫 번째로, 세상이 돌아가는 것에 직접적으로 관심을 가지는 번주, 두 번째로, 스피드하게 개혁을 행동으로 실행하는 번주이다. 다이묘가 갑자기 현장에 온다. 현장에 와서 담당자로부터 직접, 문제점이나 정보를 듣고, 바로 실행한다. 이것을 하지 않고, 남에게 맡기는 다이묘는 개혁에 성공하지 못한다. 남에게 맡기는 경우는 담당자에게 전면적으로 위임하고 지켜보지 않으면 성공하지 않는다.

또한 정권의 중심이 제대로 의사결정이 가능하도록, 번주 직속의 현장 정보를 수집, 조사하는 분석기관이 있는지, 이것이 중요하다. 돗토리 번의 군사 개혁 담당자가 "서양의 프로이센이라는 나라에는 무학대학武学大学이라는 것이 있는 것 같다. 다양한 조사와 연구를 해서 정책을 결정한다. 이런 것이 일본에는 없다."고 안타까워했다는 얘기가 있다.

무학대학이란, 아마도 참모본부라든가 사관학교와 같은 것일 가능성이 크다. 전통적으로 일본의 번은 '감찰관監察官'이나 '밀정密偵'은 있지만, 대세를 움직이거나, 바꿀 정도는 아니었다. 과거의 명장名將·명군名君은 직접 현장정보의 수집 분석에 힘을 쏟았다.[92]

2. 현대일본사회의 원형原形이 만들어진 에도시대 江戸時代

근세를 에도시대[93]라고도 한다. 대체적으로 에도시대의 원형이 만들어졌다는 1568년부터 1867년까지를 근세라고 한다. 지금 일본을 대표하는 많은 것들 가운데는 에도시대에 만들어지고 완성된 것들이 많다.

에도시대는 일본인들의 행동패턴의 원형이 만들어진 시대라고 할

---

92) 磯田道史(2013) 『歴史の読み解き方』 朝日新聞出版, 江戸の武士生活から考える賁 참고.

93) 에도시대의 원형이 성립된 오다 노부나가(織田信長)의 교토에 간 1568년부터 도쿠가와 요시노부(德川慶喜)의 대정봉환(大政奉還, 1867년)까지, 즉 아즈치·모모야마(安土桃山)시대와 에도시대를 합하여 일컫는다.

정도로 조직과 의사 결정 등은 이 시대에 만들어진 것들이 많다. 에도시대와 현대를 비교해 볼 때, 가장 큰 차이는 사회제도이다. 경제나 서민생활 같은 것은 원래 자연의 추세로 결정되는 경우가 많기 때문에, 눈에 띌 정도의 내용의 변화는 많지 않다. 그러나 인위적인 요소가 많은 사회제도는 현대와는 큰 차이가 있다.

정치가와 관리가 무사계급에서만 발탁되었다는 것이다. 하지만 무사라고 해서 모두가 정치가나 관리가 될 수 있었던 것도 아니었다. 태어난 집안家格에 의해 지위가 정해졌다. 인재를 등용하기 위한 장치, 즉 다시다카제足高制를 통해 어느 정도의 신분 상승은 가능했지만 그 범위는 경미한 것이었다.

반면, 지금은 나이 외에는 법률상의 제한이 없이, 선거나 시험에 통과하기만 하면, 누구나가 정치가나 관리가 될 수 있기 때문에, 이론적으로는 가장 뛰어난 적임자를 정치가로 선택할 수 있는 구조이다. 그렇기 때문에 다시 예전의 세습신분제 사회로의 회귀를 주장하는 사람은 없다. 그러나 지금과 같은 개방적인 인재선발 시스템과 민주적인 절차에 따라 움직이고 있는 사회제도 속에 살고 있는 현대인들이 그렇게 생각하고 있다고 해도 에도시대의 사람들이 민주주의를 동경해, 세습신분제적 지배 체제에 대해 끊임없이 불만을 느끼고, 개혁을 하고 싶어 했을까? 라고 한다면 그것은 다른 문제이다.

세상에는 노력해서 출세하고 싶어 하는 사람도 있지만, 그렇게까지 해서 권력을 잡고 싶어 하지 않은 사람이 대부분이다. 특별한 불평가 이외는 출세 할 수 없다고 생각하는 것 보다, 오히려 출세 할 필요가 없는 사회의 편안함에 만족하고 여유롭게 살고 있었던 것은 아닐까? 물가는 안정되어 있고, 전쟁은 없고, 가업을 지키기만 하면 안정된 생활이 보장되던 평온무사平穩無事한 시대가 에도시대였다.

원칙적으로는 신분간의 이동이 어렵고, 계속되는 무가지배武家支配의 중압에 반항해, 사회주의 혁명이나 체제변화를 갈구하는 에너지가 내재하고 있었느냐면 그렇지 않다. 물론, 인간이 살고 있는 곳에서 불평불만이 끊이지 않기 때문에, 무가 지배에 반항하던 사람도 있을 것임에 틀림없다. 하지만, 전체적으로 보면, 에도시대의 사회는 혁명이 일어날만한 분위기는 없었다. 그 이유는 도쿠가와 막부德川幕府의 방침에서 찾을 수 있다. 당시 막부의 생각은 권력과 부가 일부 사람들에게 집중되지 않도록 하는 사회 구조를 견지하려는 원칙을 가지고 있었다는 것이다. 형식상으로는 정이대장군征夷大将軍의 군사정권에 의한 전제정치專制政治라고 해도, 일본이 혁명이 일어난 프랑스와 러시아, 중국과는 상당히 다른 사회였다는 것을 말해준다.94)

(1) 일본적인 것과 에도시대

현대 일본인들의 생활은 외형적으로는 서양식 라이프 스타일이 차지하고 있는 것처럼 보이지만, 조금만 안을 들여다보면 고유의 전통문화가 살아 숨 쉬고 있음을 알 수 있다. 에도시대는 쇄국鎖国에 의한 고립이 외부세계와의 단절을 가져왔으며, 내부적으로는 이전시대와는 달리 동일한 문화패턴을 가지게 되었으며, 의식주를 비롯해서 많은 '일본적'인 것들 가운데는 이전부터 있었던 것들도 에도시대에 들어가서 그 형태가 완성되고, 생활 속에 정착된 것이 많기 때문이다.

일본 전통요리라고 부르는 것들도 그 역사를 더듬어보면 대개 에도시대에 완성된 것들이다. 이는 요리만이 아니다. 오늘날 전해지는

---

94) 石川英輔(1997) 『大江戸生活事情』 講談社. pp68~70.

일본의 전통문화 일반이 대개 그러하다. 따라서 에도시대의 사회·경제사적 위치를 고려하지 않고서는 일본의 문화를 제대로 이해하기 어렵다. '도쿠가와의 평화'라고도 하는 에도시대는 현대 일본의 초석을 완성한 시대이며, 열도 전체, 지방과 중앙의 격차가 거의 없는 시대였다.

1) 음식과 의복

먼저 음식에서 일본을 대표하는 음식을 떠올리자면 여러 가지가 있다. 코스요리인 가이세키요리會席料理, 스시寿司, 튀김인 덴뿌라天麩羅, 전골인 스키야키すき燒き 일본인들은 언제부터 먹기 시작하였을까?

술과 식사가 함께 제공되는 연회 요리인 가이세키요리는 1830~40년대에 등장한다. 가이세키와 발음은 같으나 한자가 다른 가이세키요리懷石料理가 있다. 회석懷石이라는 말은 긴긴 겨울밤 스님들이 공복감을 덜기 위해서 따뜻한 돌을 배에 대었다는데서 유래한 것으로 이 요리는 다회茶席에서 먹는 식사로 요리라기보다는 차 본래의 맛을 느끼는데 부담이 가지 않도록 공복감을 면할 정도의 가벼운 식사를 말하는데, 차가이세키茶懷石라고도 한다. 공복인 채 자극이 강한 차를 마시는 것을 피하고 차를 맛있게 맛보는데 지장이 없는 소량의 일식 코스 요리를 가리키는 실리적 의미로 변화했다.

공복인 채 자극이 강한 차를 마시면 위가 심하게 자극받아 출혈을 일으키는 경우가 있다. 전국시대戰国時代에 군량미 보급이 여의치 않아 굶고 있던 가모 우지사토蒲生氏郷가 다테 마사무네伊達政宗로부터 끓는 물처럼 뜨거운 차를 대접받고, 독이 들어있는 것으로 오해했다고 하는 에피소드가 있다.

이밖에도 일본의 대표 음식인 스시와 전골, 덴푸라를 보편적으로 먹기 시작한 것은 에도시대 후기이며, 일반화된 것은 메이지시대明治時代부터이다. 우리가 흔히 스시라 부르는 것은 에도마에즈시江戶前寿司[95] 또는 니기리즈시握り寿司이다. 에도마에江戶前라는 말은 동경식東京式이라는 뜻이다. 스시라고 하면 18세기까지는 교토京都나 오사카大阪에서 만들어진 오시즈시押し寿司(はこ寿司 하코즈시)'가 주류였지만 19세기 초에 바쁘게 일상을 살아가는 에도 사람들을 위해 즉석에서 만들어주는 에도식 '니기리즈시'가 생겨나면서 점차 '오시즈시'를 대신하게 되고, 동경식 스시가 스시의 대명사가 되었다.

오시즈시는 재료를 스시용 틀에 넣어 눌러 만드는 방식으로 모양은 우리의 무지개떡처럼 재료를 차곡차곡 포개 눌러 만든다. 따라서 오시즈시는 슬로푸드이고, 니기리즈시는 패스트푸드라고 할 수 있다. 에도시대에는 바쁜 일상을 살아가는 사람들을 위해 스시를 비롯해 다양한 패스트푸드 가게가 등장했다.

니기리즈시와 마찬가지로 당시 사람들이 즐겨 이용했던 패스트푸드 중에는 메밀국수와 튀김을 파는 포장마차가 있다. 메밀국수를 이팔국수二八そば라고 하는데, 그 이유는 100% 메밀가루는 반죽이 잘 안되기 때문에, 메밀 80에 밀가루 20%를 섞어서 만들었다고 해서 '니하치소바', 즉 '이팔소바'라고 불렀다.

음식뿐만 아니라 의복에 있어서도 지금과 같은 형태의 기모노着物가 만들어진 것은 에도시대 중기인 겐로쿠 시대元禄時代(1688~1703)이다. 이때의 연호를 따서 겐로쿠 시대라고 한다.

---

95) 가미가타(上方, 교토・오사카적인 것)에 대한 대응 표현으로 에도식 양식・방법을 말함.

여성 기모노에서 빠질 수 없는 허리에 두르는 띠인 오비帶의 폭도 이 시기를 전후로 넓어졌다. 기모노는 활동하는 데는 불편해서 비능률적인 면은 있으나 다다미 생활에는 편리하도록 만들어졌다. 기모노에 맞는 머리모양인 시마다마게島田髷나 마루마게丸髷도 비슷한 시기(1661~1672년대)에 본격적으로 보급되었다. 당시 여성들의 패션은 유곽의 여성들이 선도했다고 한다. 이처럼 '일본적인' 전통이나 풍습 중에 많은 것들은 에도시대 중기인 겐로쿠元禄 시기 전후에 획기적인 변화를 거쳐 현재까지 이어지고 있는 것들이 많다.

2) 예술·예능

다음 대중예술과 예능부분을 살펴보면, 지금도 일본을 대표하는 전통예능으로 많은 사람들로부터 사랑받고 있는 가부키歌舞伎, 그리고 가부키공연에서는 반드시 등장하는 샤미센三味線, 풍속화인 우키요에浮世絵, 모두가 겐로쿠 시대 이후, 대중적인 사랑을 받으면서 지금까지 이어져오고 있다.

영국의 희극배우 찰리 채플린과 프랑스 시인 장 콕토(Jean Cocteau, 1889-1963)는 가부키를 일본문화의 최고봉이라고 절찬했다. 그리고 가부키가 지금도 많은 대중들로부터 사랑을 받고 있음을 잘 알 수 있는 것은 재정자립도를 보면 알 수 있다. 파리나 밀라노의 오페라좌와 같은 세계적인 극장에서도 정부의 보조금을 받고 운영되고 있는데 반해, 가부키는 일절 정부의 재정적인 지원 없이 공연 수익금으로 유지되고 있다.96)

---

96) 일본의 가부키좌(歌舞伎座)인 쇼치쿠(松竹)는 연간 110만 명의 관객동원을 목표로 잡고 있을 정도이다. 쇼치쿠는 일본의 영화·연극의 제작·흥행·배급회사. 가부키 흥행에 있어서는 현재 독보적인 존재이다.

가부키는 에도시대 서민은 물론, 지배계급인 귀족이나 무사도 위장을 하고 보러 올 정도로 전全 계층의 사랑을 받았던 대중예술의 정수라고 할 수 있다. 그리고 지금도 남녀노소를 막론하고 가부키 공연을 보러간다.

지금은 가부키 공연에서 빠질 수 없는 악기인 샤미센은 일체형 악기가 아니라, 조립식 악기이다. 샤미센 연주자는 공연 1시간 전에는 반드시 공연 장소에 도착을 해야 한다. 왜냐하면, 샤미센의 각 부분을 조립해서 현을 연결한 후, 최소 1시간이 지나야만 현이 팽팽해져서 좋은 소리를 내기 때문이다.

일본인들 중에는 만화, 애니메이션이 전후에 들어와서 일본을 대표하는 대중문화가 된 것이라고 생각하는 사람이 많은데, 사실은 그렇지 않다. 사실, 만화나 애니메이션은 이전부터 일본인들의 일상생활문화 속에 있었다. 인간은 추억을 먹고 산다고 한다. 많은 일본인들은 유년시절, 만화와 애니메이션에 대한 추억들을 가지고 있다. 중년이 되어서도 그 추억들을 떠올리며 이야기한다. 일본인들의 만화, 애니메이션 사랑은 현대에 들어와서 생겨난 것이 아니라, 그 역사가 길다는 사실을 아는 일본인들이 사실은 많지 않다.

도쿠가와 이에야스가 에도막부를 연 것은 1603년, 처음 100여년은 고도성장기로 에도의 인구가 2배에서 3배로 증가했다. 이유는 전쟁이 사라지고 평화가 도래했다는 것이다. 전쟁으로 소모되던 노동력을 하천정비나 신전개발과 같은 토목공사와 농업정책으로 전환했기 때문에 비약적인 사회발전을 가져왔다. 생활기반이 안정되어 감에 따라 사람들의 생각과 생활에도 여유가 생겨났다. 그때까지 서민들에게 멋스럽게 문예활동을 즐기거나 교양생활을 하는 것이 허용되지는 않지만, 이제 농민이나 조닌町人들도 문예를 즐기거나 취미

활동을 하면서 인생을 즐길 수 있게 되었다. 이때 서민들의 문화에 대한, 그리고 지적 호기심을 충족시켜준 것은 대량생산에 의한 인쇄문화이다. 그전까지는 문자나 그림을 직접 손으로 옮겨 적거나 그리는 사본寫本문화가 중심이었지만, 인구가 증가하고 수요가 늘어나면서 목판으로 인쇄한 제본의 대량생산이 필요하게 되었던 것이다.

처음에는 가나로 쓴 소설인 가나조시仮名草子에서 시작했지만, 에도시대 중기 이후부터는 사회의 변화 속도가 빨라졌다. 당시는 정보를 전달할 수 있는 미디어는 출판밖에 없었다. 세태를 소재로 하는 구어체 문장에 삽화가 들어간 대중소설이 유행하면서 우키요에浮世繪는 삽화로 시작하여, 나중에 1장짜리 그림으로 바뀌었다. 초기의 우키요에는 붉은색을 사용한 소박한 필채판화筆彩版画인 베니에紅絵였다. 그러다가 다색판화인 니시키에錦絵로 발전한다.

이처럼 에도에서 발달한 우키요에가 전국으로 퍼져나간 이유와 서민들뿐만 아니라 다이묘들까지 그 매력에 빠지게 만들었던 매력은 무엇이었을까? 그것은 누구나가 알 수 있는 보편적인 내용이 표현되어 있었기 때문이다. 우키요에는 지금의 신문이나 잡지, 혹은 TV와 같은 것이었다. 특히 막말幕末에는 문자 정보도 늘어나고 내용도 정치, 경제, 의학, 스포츠, 패션, 여행, 음식에 이르기까지 일상생활의 거의 대부분을 다루었다.

그러나 '조닌문화는 유치하다'는 말이 있는 것처럼 나약하고 비국민적이라고 경멸되어온 우키요에가 미술사적美術史的으로 '하층계급'의 미술로 무시되다가 제2차 세계대전 이후가 되어서 겨우 시민권을 얻게 된다.

3) 선종禪宗 문화와 일상

일본인들의 생활, 그리고 전통문화 가운데는 불교, 그 가운데 선종불교와 깊은 관계가 있다. 선종禪宗이란, 중세, 가마쿠라시대鎌倉時代에 중국으로부터 들어온 불교의 한 종파로 선종이 처음 일본에 들어왔을 당시는 중앙과 지방에서는 다르게 인식하고 받아들였다. 중앙의 귀족·무사계급에게는 종래에 일본에는 없었던 특별한 이문화異文化를 수용한다는 감각으로 받아들여졌다. 다르게 표현하면, 이국적異國的인 정취가 느껴지고, 일본적이지 않다는 점에서 환영받았다고 할 수 있다. 반면, 지방에서는 중앙과는 다른 측면에서 선종을 받아들였다. 지방영주를 중심으로 가지기도加持祈禱를 위한 종교로 인식했던 것이다.

가지기도加持祈禱란, 밀교密敎에서, 병이나 재난, 부정 따위를 면하기 위하여 신불에게 드리는 기도를 말하는데, 지방의 무사들 사이에서는 전쟁에서의 승리나, 질병퇴치, 풍작 등과 같이 일상생활과 관련된 것들에 대한 염원을 선종을 통해 성취하고자 했다는 의미로 이해를 하면 될 것이다.

그러나 중세는 아직 선종이 서민들에게까지는 다가서지 못했다. 가장 큰 이유는 어렵다는 것이다. 그러다가 근세에 들어서면서 선종의 승려들은 서민들에게 다가서기 위한 여러 가지 노력을 보이기 시작한다. 어렵기 만한 불교의 경전経典이나, 저술著述을 쉽게 풀어서 전달하려는 노력을 하는가 하면, 출가出家나 좌선座禅만이 수행의 요건이 아니라는 것을 강조하면서 민중들이 쉽게 이해하고, 다가갈 수 있도록 노력했다.

이러한 노력의 결과, 선종은 근세에 들어서 민중의 종교·신앙생활뿐만 아니라 일상생활에도 많은 영향을 끼치게 되었다. 비교를 하자면 일본인들의 삶 속에서 선종은 우리의 생활풍속에서 유교의 영향이 큰 것과 비슷하다. 건축, 정원, 공예, 예능, 다도, 꽃꽂이[97] 등, 일본인들의 생활 곳곳에서 선종의 영향을 쉽게 찾아 볼 수 있다.

우선 주택 건축양식에서 처음에는 궁전건축에 사용되었으나, 근세에 들어서면서 서민들 속으로 퍼져나간 쇼인즈쿠리書院造 양식을 들 수 있다. 쇼인즈쿠리 양식의 특징으로는 원래 현묘玄妙한 세계로 들어가는 관문이라는 의미의 현관玄関, 자연채광 창호문, 고정식 선반, 자시키座敷, 도코노마床間, 다다미疊, 후스마襖 등이 대표적이다. 도코노마床の間는 전통적인 일본식 주택의 중심을 이루는 다다미방, 구석에 바닥을 1단 높게 만들어 배치한 공간으로 다실에는 반드시 도코노마를 갖추고 있다. 여기에는 족자, 장식품, 화병 등을 장식하였다.

일본인들에게 있어 선종은 주택건축양식뿐만 아니라 일본인의 정신세계나 미의식에서도 볼 수 있다. 돌과 모래만으로 강과 바다를 표현한 교토 료안지龍安寺의 정원은 초현실적인 선의 세계를 표현한 가레이산스이 식枯山水式 정원의 정수이다.

가레이산스이 식枯山水式이란, 말라붙은 폭포모양이 나도록 돌을 가로세로로 배치하고, 그 앞에 흰 모래를 넓게 깔아, 바다 모양이 나도록 만든 정원이다. 가레이산스이 수법은 입체적으로 산을 쌓아올려 만드는 방식과 편평한 땅에 입체적으로 구성하는 방식이 있다. 후자의 방식으로 만든 것이 교토의 료안지 정원이다.

평론가 히사마츠 신이치久松真一는 저서『선과 미술禅と美術』에서 일본인은 '불균제不均齊(불균형)의 미학, 즉 균형이 맞지 않는 것을

---

97) 불교의 공양의례 중 하나였던 꽃꽂이가 생활예술로 세속화.

선호하는 경향이 있다'면서 선종과 일본인들의 미의식을 연결 지워서 설명하고 있다. 불균제의 미란 만개한 꽃보다는 막 피기 시작한 꽃이나, 지고 난 후의 꽃에서 미를 찾는 것을 말하는데 이것은 일본인들이 즐기는 다도에서 추구하는 와비차詫び茶와도 연결된다.

(2) 기독교 전래와 탄압, 그리고 사청제도寺請制度

1) 기독교 전래와 탄압

일본에 기독교가 처음 들어 온 것은 문헌상으로는 8세기 나라시대이다. 『속 니혼키続日本記』에 의하면 경인景人이 쇼무 천황聖武天皇(재위 724-749)을 알현했다고 되어 있다. 경인이란 경교景敎의 교인을 말하는 것으로, 당시 중국 당나라에서는 네스토리우스파 기독교가 포교하고 있었는데, 이를 경교라 했다. 그러나 일본에서 실제로 포교가 이루어졌는지에 대해서는 명확하지 않다. 이것을 제외하면 일본에 기독교(가톨릭)가 전래한 것은 전국시대인 1549년이다.

전국시대(1549), 스페인 선교사 프란시스 자비엘은 규슈에서 선교활동을 하며, 약 700명에게 세례를 주었다. 신자는 자비엘이 전도한 지 30년 만에 10만 명에 이르렀다. 이렇게 급격히 신자가 늘 수 있었던 것은 당시의 권력자 오다 노부나가의 보호가 있었기 때문이다. 노부나가가 기독교를 보호한 것은 신앙 때문이 아니라 개인적인 호기심과 정치적인 이유에서였다.

노부나가는 신구 불교세력을 타도하고 천하통일을 위해서 외래종교인 기독교를 적극 활용할 필요가 있었다. 자비엘이 가고시마에 상륙했을 때 영주는 그를 환영하고 전도를 허용했으며 주택까지 제공했다. 히라도에서도 야마구치에서도 영주의 환영을 받았다.

영국領国지배를 둘러싸고 사투를 벌이고 있었던 규슈의 다이묘들로서는 포르투갈 상인을 상대로 남만무역에서 얻은 막대한 이익은 커다란 매력이었다. 그래서 그들 중에는 스스로 기독교에 귀의하고 선교사의 포교활동을 적극 지원하는 사람도 있었다. 1579년에는 기독교에 귀의한 다이묘가 나가사키 항을 예수회에 기증하기도 했다.

기독교로 개종한 규슈의 다이묘大名들에게 있어서는 남만무역이 커다란 매력이었다면, 무학문맹인 서민 중에는 밀교에서 가지기도加持祈禱로 병을 고칠 수 있다고 믿는 것처럼 십자가로 병의 부위를 쓰다듬는다든가 성상聖像을 물에 담갔다가 그 물을 마시면 낫는다고 생각하는 사람도 많았던 것 같다.

그 밖에 기존 세력에 불만을 가진 자 중에 기독교에 귀의하는 사람도 나중에는 점차 늘어났다. 이처럼 민중 사이에 기독교가 번져나가자 히데요시는 차차 기독교가 자신의 전국 지배에 방해가 되리라고 판단해서, 1587년 규슈 정벌을 마치고 돌아오는 길에 갑자기 기독교 금지령을 내린다. 그러나 기독교 금지령을 내렸을 당시에는 선교사들에게 겁을 주는 정도로 포교는 묵인했다. 그러나 기독교도 26명이 나가사키에서 처형되는 극단의 사태는 금교령이 내려진 지 9년 후인 1596년 11월에 일어났다. 그 배경에는 그해 9월에 시코쿠 지방 도사土佐에 도착한 스페인선 페리페 호 선장의 실언을 생각해볼 수 있다. 그는 자기 나라의 강대함을 뽐내며, 군대를 파견하여 침략할 것이라고 말했던 것이다.

히데요시를 이은 도쿠가와 이에야스도 처음에는 무역을 중시하여 기독교를 묵인하다시피 하나 점차 금교령을 강화했다. 그러나 이에야스의 측근들은 일본이 신국神国으로 불법을 존중해야 함과 기독교가 무서운 마법임을 강조하면서 기독교에 대해 금교 조치를 취할 것

을 권했다. 이에야스가 죽고 난 후 막부는 봉건지배 강화를 위해 금교령을 더욱 강화하여 17세기 중반에 이르기까지 박해와 순교의 역사가 전개되었다. 기독교 신자를 가려내는 방법으로 나가사키에서 신자가 아님을 증명하기 위해 예수나 마리아상의 판화를 밟고 지나가게 하는 후미에踏み絵[98]도 매년 행해졌다.

막부의 기독교 탄압은 1637년 기독교의 거점이었던 규슈의 시마바라 반도와 아마쿠사에서 기독교 농민을 중심으로 무거운 세금과 폭정에 항거해서 일어났던 시마바라의 난이 진정된 후 신자의 색출은 계속되고 17세기 말에는 표면상으로는 신자가 모두 모습을 감추어 버렸다. 그러나 아무리 철저하게 탄압을 하더라도 신앙심으로 뭉친 기독교도들을 근절하지는 못했다. 그들은 홋카이도를 포함하는 전국에 잠복했으며 신자가 가장 많았던 규슈 북서부의 농어촌에는 기독교 신자의 촌락 공동체 조직이 살아남아 그들의 신앙을 몰래 지켰다. 이들을 숨은 기독교 신자라는 뜻으로 가쿠레 기리시탄이라 불렀다. 메이지시대가 되어 기독교 금령이 해제되고, 프로테스탄트계를 중심으로 기독교 신자 수가 증가했다. 현재 일본의 기독교 신자는 신·구교를 합쳐 182만 명에 지나지 않지만, 신자 수에 비해 사회에 미치는 영향은 의외로 크다.

2) 사청제도寺請制度

여기에서 사원과 그 사원에 보시를 하는 단가와의 결합인 사단관계寺檀関係, 즉 절과 단가檀家에 대해서 살펴보고 가기로 하자.

단가란, 어떤 특정의 절에 소속하면서 그 절에 장례식 등 불사仏事

---

98) https://search.yahoo.co.jp/image/search?ei=UTF-8&p=%E8%B8%8F%E3%81%BF%E7%B5%B5

일체를 맡기고 시주를 통해서 재정적으로 그 절을 돕는 집. 또는 그런 신도를 말한다. 17세기 에도막부의 기독교 탄압을 계기로 출발한 사청제도寺請制度가 확립되면서 모든 사람들은 반드시 어느 절의 시주施主, 즉 일본에서는 단가檀家가 되어야만 했다. 이들 단가들이 조상의 위폐를 모셔 두고 시주하는 절을 단나데라檀那寺라고 한다.

사청제도는 메이지시대에 들어가면서 폐지되었지만, 단가와 단나데라의 관계는 지금도 이어지고 있다. 단가는 단가 총 대표를 두고 임원과 사무를 보는 사람으로 구성된 조직을 운영하고 있다. 이들은 절 주지와 수시로 만나 절 운영과 행사 진행 등을 의논한다. 경내에는 단가의 묘가 마련되어 있는 것이 보통이다. 죽은 이의 명복을 빌고 기일 같은 때에 불사를 하는 추선공양追善供養과 장례는 단나데라의 중요한 수입원이 된다.

그리고 단나데라는 주민들을 대상으로 우리의 서당과 같은 데라코야寺子屋를 운영하기도 한다. 데라코야는 지금의 서예교실이나 학원, 아이들에게 놀이 공간을 제공하는 등, 지역의 사설 교육기관으로서의 역할도 겸하였다. 보통 한 집안에서는 하나의 단나데라에 소속하는 것이 일반적이지만, 한단가半檀家 또는 후쿠단가複檀家라 해서 한 집안 사람 중에도 남자와 여자가 각기 단나데라가 다른 경우도 있다.

3) 고립과 '일본적'인 것

일본은 오랜 역사 동안 세계의 주요 국가들 중에서 가장 고립된 국가였다. 에도시대에 들어서면서 일본은 국가와 지역 간의 교류가 활발했던 당시의 외부 세계와 의도적으로 단절된 채 고립의 상태를 이어가게 된다. 의도적으로 외부와 단절(쇄국정책 1638~1853)을 선택하였다. 이 시기 세계는 국가 간·지역 간 교류가 활발했던 반면, 일본은 완전한 고립을 선택하였다. 일본인들은 자연적 고립과 인위적 고립을 통해서 자신들만의 방법으로 발전을 도모하게 된다.

긴 고립의 역사는 다음과 같은 부산물을 남겼다. 첫째, 자신들은 조선·중국인들과는 다르다는 생각. 둘째, 일본인들의 마음속에는 그들끼리의 강한 일체감과 더불어, 타인들 앞에서는 고통에 가까운 어색함을 느낄 정도로 자의식이 형성되었다. 자신들 이외의 세계를 '우리 또는 우리들'이라는 '와레와레我々', '그들'이라는 '가레라彼ら'로 구분하는 이분법적 사고를 가지게 되었다.

이러한 고립은 일본인들에게 외래로부터 들어온 문물을 강하게 의식하게 만들었고, 그것이 어디에서 들어온 것인가에 대한 관심으로 이어졌다. 강한 '외래外来'와 '고유固有'의식을 가지고 문화적 차용을 역사의 주요테마로 여기게 되면서 일본인은 모방을 잘하고 창조력이 부족하며 차용한 것 속에 내재한 본질을 이해하지 못한다는 인상을 주기도 한다. 하지만 한편으로 지리적·인위적 고립은 일본인들만의 독자적인 문화를 만들 수 있는 여건을 제공하였다.

고립이 만들어 낸 또 하나의 부산물은 문화적 균질성文化的均一性이다. 쇄국과 같은 외부세계와의 단절은 내부적으로 동일한 문화 패턴을 형성할 수 있었다. 쇄국은 지배체제의 확립에 중요한 의미를 부여했다.

그리스트교 금지라는 표면적 이유에서 시작된 쇄국鎖国은 사실 경제상의 문제가 더 중요했었다. 쇄국의 상황 하에서도 문화적 정보는 상당히 풍부하였으며, 일본적 문화는 세계로부터의 단절·고립이라는 자극을 받으면서 성숙되어갔다고 할 수 있다.

하지만 쇄국은 외부와의 관계를 일절 끊어버린다는 것이 아니라

이념적으로 국가가 대외관계의 모든 것을 장악하는 체제로 국가 정책상 허용되는 범위 내에서의 관계는 오히려 적극적이었다. 근세의 '일본적' 문화 형성에는 쇄국이 큰 영향을 미쳤다고 할 수 있다. 엄밀히 말하자면 이 시기의 쇄국은 외국과의 교류가 일체 금지된 형태라기보다는 엄격하게 제한되고 통제된 형태라고 보는 것이 더 타당할 것이다.

이상, '일본적'인 문화적 특질의 대부분은 ①근세의 소산所産이며, ②근세 이전부터 있었던 것들도 에도시대에 들어가서 그 형태가 완성되어 일본의 전통문화가 된 것이 많다.

제3장. 무사의 생활과 문화

1. 무사의 일상생활

무사들이 평소 일상생활은 시대별로 차이가 있다. 안타깝게도 중세시대에는 무사들의 하루 생활을 꼼꼼하게 기록한 자료는 많지 않다. 기록 사회였던 근세 에도시대는 방대한 양의 문헌자료와 회화, 민속자료가 남아있어 괜찮지만, 중세시대는 그렇지 않다. 그나마 전국시대戦国時代 무장들이 남겨놓은 일기日記 등을 통해서 유추해 볼 수 있지만, 일기에 적혀있는 것들은 일상생활이 아니라 특별한 것들이 많다. 누구를 만났다든가, 어디에 갔다든지 하는 것이 적혀있을 뿐 아침 몇 시에 일어나, 무엇을 먹고, 하루 종일 무엇을 했는지를 시간별로 적어놓은 것은 없다.

그러나 전혀 없는 것은 아니고, 어느 정도 무사의 하루 생활을 복원할 수 있는 사료도 있다. 전국시대 무장 호조 소운北条早雲의 「소운지도노 21개조早雲寺殿 21箇條」가 그것이다. 이 사료는 예전에는 호조 소운이 제정한 분국법分国法, 즉 전국시대 무가법武家法의 범위에서 연구했었지만, 지금은 오히려 가훈적家訓的 성격으로 연구되고 있다. 내용을 보더라도 영국통치領国統治를 위한 무가법이라기 보다는 가신들에게 일상생활에 대해서 훈시訓示하는 내용으로 구성되어 있다.

(1) 중세무사의 생활과 문화

여기에서는 「소운지도노 21개조」를 중심으로 다른 무장들이 일기에 기재된 내용을 참고로 무장들의 하루 24시간을 복원해 보면 다음과 같다. 제1조에는 신불神仏을 믿어야 한다고 되어 있다. 전국시대 무장은 항상 죽음과 맞닿은 상태에 살고 있고, 또 전쟁터에서는 상대를 죽이는 일도 있었으므로, 사후 세계나 사자死者로부터의 저주라는 점에서는 현재의 우리보다 훨씬 절실한 것이 있었다고 생각한다. 무장들이 절을 짓고, 고인을 기리고 있는 것은 상상 이상으로 많다. 무장 본인이 출가해서 승려가 되는 경우도 있었다. 다케다 신겐武田信玄은 히에이잔 엔랴쿠지比叡山延暦寺로부터 곤노다이이소즈權大僧正의 지위까지 올랐을 정도이다. 우에스키 겐신上杉謙信처럼 법의를 걸치고 전장에 나간 무장武将도 적지 않았다.

제2조에서는 첫째, 아침에는 일찍 일어나야 한다는 내용으로 이어지고 있다. 무장들의 하루시작은 빨랐다. 소운은 '인시寅時에 일어나야 한다.'고 적고 있다. 인시는 새벽 3시에서 5시까지를 가리키는데, 늦어도 5시에는 일어났다. 일어나면 손과 얼굴을 씻기 전에 화장실과 마구간, 정원, 대문 밖까지 한꺼번에 돌아보고, 청소해야 할 곳이 있으면 하인에게 지시한다. 그 다음, 서둘러서 머리를 가다듬고, 신단神棚과 불단仏壇 앞에서 기도하고, 출근하기 전에 처자와 하인에게 그 날 해야 할일을 일러둔다. 소운은 6시 전에는 등성登城하라고 적고 있다. 이 가훈의 대상은 소운의 거성居城인 니라야마 성韮山城 주변에 사는 상급무사들이다.

5시에 일어나서는 아침밥을 먹을 시간이 없을 수도 있기 때문에 4시쯤에는 일어나야만 했을 것이다. 성에 출근해서도 곧바로 성주에게 올라가지 말고, 대기하고 있다가 호출이 있으면 들리도록 소리 내어 대답하고, 성주 앞으로 나가 명령을 기다린다.

이렇게 성에서의 하루가 시작되는 것이지만, 「소운지도노 21개조」는 상세한 것까지 기술하고 있다. 예를 들면, "복도에 서서 얘기하고 있는 사람 옆에 가서는 안 된다."는 것까지도 있다. 이것은 잡담으로 귀한시간을 빼앗겨서는 안 된다는 것이지만, 제12조에 있는 것처럼 "그런 시간이 있으면 공부나 해라"는 것이 소운의 생각이었던 것 같다. 조금이라도 시간이 나면 사물의 본지를 보려 하고, 책을 들고 다니면서, 사람들이 없을 때는 책을 보고, 자나 깨나 글 읽기와 쓰기를 소홀히 하지 말라"라고 되어 있다. 이뿐만 아니라 "공부, 학문의 친구를 만들어라!"고도 적고 있으며, 가도歌道도 중요하다고 하고 있다. 여기에서 가도란, 시작詩作이나 시에 대한 연구를 말한다. 성 안에서 일하는 동안에는 위에서 언급한 것처럼 공부할 수 있는 시간이 있었던 것 같다. 그러나 세상은 전란이 끊이지 않는 전국시대였다. 학문에만 전념할 수만은 없었다. 그래서 소운은 "일 중간에는 말을 타고 훈련해야 한다."고도 했다.

이렇게 성 안에서 일을 마치고 집으로 돌아가게 되지만, 퇴근 시간에 대해서는 언급이 없다. 그때그때마다 달랐던 것 같다. 오후 6시에는 집 대문을 닫는다. 자기 전에 부엌을 중심으로 화재위험을 점검하고, 8시 전에는 잠자리에 들었다. 이상이 대략적인 전국시대 무장의 하루일과였다.

물론 전투가 있을 때는 완전히 다른 24시간이지만, 오전 4시 기상, 8시 취침시간은 동일했던 것 같다. 그런데 「소운지도노 21개조」에는 성에 출근하지 않는 날에 대해서는 언급이 없어 이 부분에 대해서는 다른 무장의 일기를 참고로 살펴볼 수밖에 없다. 보통은 동료 무장을 방문하거나, 방문객을 맞이하거나 하면서 시간을 보냈던 것 같다. 남의 집을 방문할 때나 방문객을 맞이할 때는 먼저 목욕을 하고, 다도나 장기·바둑을 두고 난 다음에 술자리가 열린다. 술자리 횟수는 많았던 것 같다.[99]

(2) 근세무사의 생활과 문화

중세시대보다 다양한 사료史料가 남아있는 근세무사의 생활이지만, 간단하게 기술하기란 쉽지 않다. 무사도 다양한 클래스가 있었으며, 태어난 환경이나 자질에 따라서도 일생은 많은 차이가 있었기 때문이다. 그래서 여기에서는 어느 지방 번의 하급무사를 가상의 모델로 해서, 무사의 일상을 살펴보기로 하자. 주인공을 에도 다로江戸太郎라고 한다.

이름을 다로라고 한 것은, 남자 이름에 많이 사용되던 통칭通称으로 장남이기 때문이다. 다로는 번藩의 문서나 기록을 맡아보던 무사 집안에서 출생했으며, 현재 나이는 26세로 기혼이다.

1) 무사武士의 하루 일과

다로는 15세에 성인식인 겐푸쿠元服을 하고, 장남으로 수습修習 과정을 거쳐 집안의 대를 잇는다. 25세에 7살 연하의 아내와 결혼, 슬하에 아들 하나가 있으며 맡은 바 임무를 충실히 수행하고 있다. 그러나 다이묘가 산킨코타이参勤交代로 에도江戸에 가기 때문에 내년에는 에도에서 근무할 것이라는 소문이 돌아 마음을 졸이고 있다.

---

99) 小和田哲男(1990) 『日本史小百科 武将』 近藤出版社, pp76〜77.

▶ 아침(4:00-8:00) 능력 있는 무사는 아침 먹기 전부터 체력 단련
을 소홀히 하지 않는다.

에도시대가 되면 전투는 없어졌기 때문에 '무예연마'는 형식적인
것이 되어버리고, 후기에는 번 마다 검술 대회를 열어 우수한 성적
을 내는 것을 명예로 생각하게 되었다. 그래서 아침 훈련은 빠뜨릴
수 없다. 검술은 물론이거니와 활쏘기와 승마 기술도 무사들에게는
중요한 무예였기 때문에 이를 '궁마의 도弓馬の道'라 부르며 꾸준한
연습을 게을리 하지 않는다. 검술뿐만 아니라 창이나 언월도偃月刀처
럼 긴 자루 끝에 휘어진 칼이 달린 나기나다長刀 연습도 했다. 가문
에 따라 장기로 다루는 무기가 정해져 있었다.

훈련 뒤에는 냉수마찰을 하면서 심신을 단련했다. 서민들처럼 매
일 뜨거운 물 목욕은 하지 않았다. 무도武道는 참선座禅과 깊은 관계
가 있다. 무사들은 선종의 승려처럼 참선을 통한 명상을 했다. 그래
서 '검술과 참선은 같은 것'이라는 의미로 '검선일치剣禅一致'라는 말
이 있다. 목욕 후에는 옷을 갈아입고 머리를 손질한다. 기본적으로
는 남녀공이 집에서 머리를 손질한다. 머리를 전문으로 만져주는 이
발사가 오기도 한다.

▶ 업무(8:00-16:00)
성城에 출근해서 하는 업무는 지위와 임무에 따라 다르다. 번의
최고직인 가로家老는 번 무사들을 관리, 메츠케目付는 무사의 품행이
나 분규 등과 같은 것의 감찰 역. 그 외의 무사들은 기록 관련 업무,
의례 연습, 포술 훈련, 경비 업무, 영내 순찰 등이 주요 업무이다.
지위나 임무에 따라서는 하는 일이 없어 다다미 담당이라는 의미

의 '다다미부교疊奉行'와 같은 한직閑職도 많다. 오전 10시 경에 출근해서 점심시간 전에 귀가하는 경우도 있다. 에도시대는 기록 사회였다. 인사 관련 기록부터 비품에 이르기까지 상세하게 장부에 기록했다. 부정을 방지하는 첫걸음은 기록에 있다고 생각했다.

하급무사 가치徒의 일상을 보면, 이들이 하는 일은 장군이나 지방번의 번주가 사냥을 할 때나 산킨코타이 때 호위하는 임무를 맡았다. 사냥이라는 것이 항시 있는 일이 아니기 때문에 평소에는 교대로 성문을 지키는 일을 했으며, 사흘에 한번 정도 일을 했다고 보면 된다.

하지만 이것마저도 맡은 일이 있는 편이었다. 가쓰 가이슈勝海舟의 아버지, 가쓰 고키치勝小吉는 특별히 맡은 바 임무가 없는 '다다미부교'였기 때문에 매일 술로 나날을 보냈다고 한다. 다다미부교는 성의 다다미 관리 책임자로 정해진 일이 매일 있는 것이 아니라, 대청소나 다다미를 교체할 때만 일이 있는 한직이었다.[100] 그러나 이들 하급무사는 특별하게 맡은 바 임무는 없어도 평생 월급이 나왔기 때문에 가난하지만 살아가는 데는 문제가 없었다.

▶ 식사

하루 세끼를 먹기 시작한 것은 에도시대 중기부터로 이전까지는 무사나 조닌町人할 거 없이 하루 두 끼 식사가 일반적이었다.

---

100) 참고로 번의 주요직으로는 마치부교(町奉行), 에도루스이야쿠(江戸留守居役), 야마부교(山奉行) 등이 있다. 마치부교는 영내의 행정과 사법 담당으로 서민들은 각자가 속한 동네(町)에서 자치(自治)가 기본이지만 풍기를 문란하게 한다거나 스스로 해결할 수 없는 사건은 마치부교에게 심판을 맡기게 된다. 에도루스이야쿠는 '에도의 가로' 다음으로 높은, 번의 에도야시키의 섭외 담당관. 다른 번의 루스이야쿠와 매일 만나는 것이 업무로 자기 번에는 돌아가지 않고 산킨코타이(参勤交代) 출발 시기 조정이나 중요 인사에 대한 선물, 의례 정보를 주고받는다. 야마부교는 영지 내의 나무를 관리하는 임무. 나무 심기, 밀랍을 관리한다.

무사들의 식사는 아주 심플했다. 무사나 조닌의 식단에는 별 차이가 없었다. 하급무사의 경우는 경제적 여유가 없었기 때문에 식사도 매우 검소했다. 무사들은 근검절약質素儉約이 기본으로 사치를 하는 것을 금했다.

조닌들은 메밀국수蕎麦, 스시寿司, 장어 요리 등 맛있는 음식을 찾아가며 먹었지만, 무사들의 식단은 '일즙일채一汁一菜', 즉 국물 한 가지 반찬 한 가지가 기본이었다. 특히 생선은 흰 살 부위만 먹었으며 제철에 잡히는 다랑어도 구경만 할 뿐이었고, 포장마차에서 파는 음식을 사먹는 것도 금지했다.

・조식朝食 7:00

일즙일채로 그릇에 가득 담은 흰 쌀밥에 국과 야채 절임이었다. 식사 순서는 엄격하게 정해져 있어서 집에서는 가장과 장남이 먼저 식사를 했다. 기무라 다쿠야木村拓也가 주연한 영화「무사의 체통武士の一分」을 보면 식사 장면이 나온다. 주인공은 자식이 없는 젊은 무사였기 때문에 혼자서 식사를 하고, 부인은 옆에서 수발을 드는 장면이 나온다.

・중식昼食 12:00

성으로 출근해서 하루 종일 근무하는 경우는 도시락을 지참한다. 쌀밥에 간장조림, 채소를 데쳐서 양념한 것이나 구운 생선 가운데 한 가지이다.

・석식夕食 18:00

석식으로는 생선과 국을 먹었다. 주군의 저택에 기거하는 가신이나 고용인은 스님들의 발우공양처럼 단무지와 찻물로 밥그릇을 씻듯이 해서 먹었다.

하급무사 가운데는 집 마당에 채소를 재배해서 자급자족하는 자도 있었다. 녹봉 30섬 정도의 가난한 무사라도 100평 정도의 토지가 주어졌기 때문에 자급자족할 만큼의 텃밭은 확보할 수가 있었다.

▶ 밤夜 19:00-21:00

밤에도 면학에 힘썼다. 에도시대 중기 이후가 되면 등유燈油 가격이 싸지면서 밤늦게 까지 자지 않고 유학 서적儒学書籍을 읽었다. 무사의 아내는 다른 집이나 친척들과 편지를 주고 받으면서 정보를 교환했다.

▶ 무사들이 기피한 음식

농공상보다 신분이 높았던 무사지만 식생활 면에서는 별 차이가 없었다. 그러나 서민들과 다른 점이 한 가지 있었다. 무사들에게는 '밥상의 금기', 즉 먹어서는 안 되는 음식이 있었다. 생선 가운데는 복어인 '후구鰒'와 전어인 '고노시로鰶', 서민들이 즐겨먹던 참치인 '마구로'는 무사들의 식단에는 오를 수가 없었다.

고급어종의 하나인 '복어'는 잘 알고 있듯이 내장에 독이 들어 있기 때문에 지금도 면허를 가진 자만이 다룰 수 있는 어종이다. '복어는 먹고 싶지만, 목숨은 소중하고'라는 말이 있듯이 함부로 먹다 보면 목숨을 잃을 수도 있었다.

무사들이 복어를 먹지 않았던 이유는 중독사中毒死를 피하기 위해서였다. 사실 복어의 독毒 자체가 문제가 아니라 '복어를 먹다 중독사하는 것은 무사답지 않다.'는 생각에서 비롯된 것이라고 할 수 있다. 여차하면 주군을 위해 전쟁에 나가 목숨을 바쳐야하는 것이 무사의 임무인데, 복어 독에 중독되어 목숨을 잃는다는 것은 멍청한 것이며 명예롭지 못하다고 여겼기 때문이다.

한편, 참치를 먹지 않았던 이유는 단순히 미신 때문이었다. 참치는 다른 말로 '시비'라 하는데 무가에서는 이것은 '死日'과 발음이 같다고 해서 기피했다는 것이다. 『게이초켄분로쿠慶長見聞錄』(1614년 간행)이라는 책에 "'시비'라는 발음이 '시비死日'로 들려 불길하다."고 기술하고 있다.

전어인 '고노시로'를 기피한 이유도 미신 때문이었다. '고노시로'는 '하리키리우오腹切魚'라 해서 할복하는 무사의 마지막 식사에 나오는 생선이었기 때문이다.

▶ 휴일(休)

에도나 교토·오사카에서는 가부키 공연 관람이나 신사참배와 같은 오락이 있었지만 지방의 번에서는 마쓰리와 같은 서민들의 행사에 무사가 참가하는 것을 금지하였다. 유일한 즐길 거리는 낚시로 마음의 평정심을 단련하기에 좋았다고 한다.

2) 무사의 일생

원래는 전쟁을 업으로 했지만 보상으로 생활을 보장받았던 무사들이 태평성대의 시대인 에도시대에는 어떤 일생을 살았을는지 궁금하다.

▶ 유소년 기幼少年期

5살이 되면 하카마즈케袴付け를 입는 의식을 치르고 작은 칼小刀을 받는다. 하카마는 일본 전통의상의 겉에 입는 바지로 허리에서 발목까지 덮으며, 넉넉하게 주름이 잡혀 있다. 에도시대 전기까지는 이 칼을 가지고 개를 잡기도 했다. 동시에 할복하는 방법도 가르쳤다.

무사의 집안에서는 보통 6, 7세가 되면 사숙私塾에 보내 공부를 시킨다. 조닌町人의 아이들처럼 데라코야寺子屋는 가지 않는다. 사숙에서는 사서오경과 무사로서의 예의범절에 대해서 배운다. 다로는 무술을 배우기 위해 도장에도 다녔다.

▶ 성인식 후(15~24세)

성인식 전의 머리 스타일인 마에가미前髪를 깎고, 사카야키月代라는 무사의 머리스타일로 바꾼다. 장군이나 번주를 직접 배알할 수 있는 가문의 경우에는 무사의 예복으로 소매가 없는 정장을 입고 인사를 하러 간다.

다로는 15살에 성인식을 치르고, 주로 아버지가 맡아오던 일의 견습생으로 근무를 시작한다. 적지만 보수도 받았다.

▶ 청년기(25~40세)

수습 기간이 끝나고 가독의 자리에 오르면 대부분은 아버지가 맡았던 지위와 임무를 물려받는다. 차남 이하는 양자 자리를 찾든지, 학문의 길을 통해 의사나 유학자로서의 길을 택하기도 한다. 정실부인 이외에 측실과 첩을 둘 수 있었던 것은 상급무사에 한限했다.

다로에게는 상사上士로부터 혼담이 들어온다. 당시 무가의 결혼은 부모들끼리 결정하는 경우가 많았다. 부모들끼리 혼담이 성립되면

양가에서 결혼의사를 알리고 윗사람의 허락을 받는다.

다로는 부인 얼굴을 결혼식 당일에 처음 봤다. 아버지가 현역으로 활동하는 동안에 아들이 공직에 나서는 경우는 극히 드물었다. 아버지가 사망하거나 은퇴를 해야만 공직에 나갈 수가 있었다.

▶ 장년기(40~54세)

나이가 들어 걷기가 불편하면 가마를 타고 성에 출근하는 것이 허락되었지만, 번주의 신뢰가 두터우면 좀처럼 은퇴(인쿄 隱居라 함)를 할 수가 없었다. 은퇴를 하면 취미생활을 할 수가 있었다.

아들이 성장하여 성인이 되고 나면 다로도 은퇴를 하고 노후를 보내게 된다.

무사에게 기본적으로 정년이라는 것은 없지만 보통은 45~50세 정도가 되면 지력知力·체력体力이 떨어져 은퇴를 한다. 후계자인 아들과 나이가 어느 정도 차이가 있는지, 아버지와 아들의 능력 등을 감안해서 65세 정도가 되면 강제로 은퇴하기도 했다. 양자의 경우는 주변에서 일찍 은퇴하기를 기대한다. 아울러 상사로부터 귀찮은 역할을 맡게 될 것 같아서 선수를 치고 그만두는 경우도 있었다.

에도시대 무사는 인원 과잉이었기 때문에 맡은 바 일이 없어 시간이 남아도는 경우가 많아서, 은거하면 점점 시간이 많아진다. 낚시를 하거나 하이쿠를 짓거나 데리코야와 같은 사숙을 열어 아이들을 가르치기도 했다. 경제적 여유가 있으면 유곽에 출입하거나 여행을 하기도 했다.

▶ 노년기(55세~)

평균 수명이 50세의 시대였지만 90세까지 장수하는 경우도 있었다.

3) 무사의 2남, 3남으로 태어나면 양자로

무가에서 가문이 끊기는 가장 큰 이유는 뒤를 이을 후계자가 없는 것이다. 그렇기 때문에 장남이 태어나는 것은 중요했다. 한편, 아들이 많을 경우에 장남은 아버지의 뒤를 잇지만, 차남 이하 형제들은 더부살이라는 의미의 헤야즈미部屋済み, 이소로居侯로 '찬밥 신세'를 면치 못했다. 그래서 2남, 3남이 이상적으로 생각하는 것은 첫 째, 번의 상급무사 눈에 들어 발탁되어 독립하는 것이었다. 그러나 막부는 물론, 지방 번도 막신이나 가신들이 넘칠 정도로 많아서 새로 발탁되는 경우는 매우 드물었다.

다른 하나의 방법은 장남이 없는 집안에 양자나 무코요시婿養子로 들어가 그 집안의 대를 잇는 것이다. 이것도 쉬운 일은 아니었다. 지참금이 없는 가난한 무사의 2남, 3남에게는 무코요시 얘기도 들어오지를 않는다. 녹봉이 높은 무사의 고용인으로 채용되는 길이 있기는 하지만, 이것 역시 드문 일이었다. 이도저도 아닌 경우에는 도박꾼의 경호원 같은 일을 하면서 살아갈 수밖에 없었다.

4) 무사와 칼刀

칼은 무사의 혼魂이며, 사용법에 대해서는 예법과 규범이 자세하게 정해져 있었다. 가장 기본적인 마음가짐은 언제 어디에서 적과 마주치더라도 곧바로 칼을 뽑을 수 있도록 하는 것이었다. 이것을 무사의 수칙이라고 하면 멋지게 들릴지 모르나 원래 칼이란 살상용 무기이다. 그런 위험한 물건을 들고 다니는 것인 만큼 취급방법에 대해서 세세한 규칙이 정해져 있었다.

본의 아니게 누군가에 의해서 악용되거나 하면 큰일이며, 무사의 혼魂이기도 한, 칼을 빼앗기거나 하게 되면 그 이상 창피한 일은 없었다. 그것으로 끝나는 것이 아니라 엄한 문책을 받는 사안이었다. 그렇기 때문에 무사는 칼을 잠시라도 놓아서는 안 되었다. 집에 있을 때는 긴 칼大刀은 칼을 걸쳐 두는 용구에 두지만, 와키자시脇差라 부르는 단도는 항상 허리에 차고 있었다. 장군이나 다이묘 역시 실내에서는 와키자시를 차고 있었다. 무사가 칼을 차지 않을 때는 목욕할 때와 잠잘 때뿐이었다. 물론 주군의 칼을 들 때도 예법에 따라 들어야만 했다. 칼을 빼앗기지 않도록 비단수건으로 칼자루를 쥐고 든다. 이렇게 하면 누군가가 습격해 오더라도 바로 대응할 수 있었기 때문이다.

그러나 목숨보다 중한 칼이라도 남의 집을 방문할 때는 맡겨야만 했다. 현관에 들어서면 허리에 차고 있던 칼을 뽑아 방문한 집의 고용 무사에게 맡긴다. 칼을 받은 쪽에서는 옻칠을 한 칼집에 흠이 생기지 않게 비단 천을 이용해서 칼집 두 군데를 들고 손님을 응접실로 안내한다. 응접실로 안내를 하고 나서는 손님 뒤쪽에 칼을 두고 나간다. 이때, 손님의 왼편에 칼자루가 오도록 놓는다. 방문객이 찾아오면 칼을 받아 드는 것은 주인집에 고용된 사무라이이지만, 가난해서 고용 무사를 둘 수 없는 경우에는 부인이나 딸이 그 일을 대신한다.

이처럼 무사에게 있어 칼은 중요하다. 그러나 어느 시대나 그렇지만 요릿집이나 술집에 가서 깜빡하고 칼을 두고 오거나, 잃어버리는 경우가 있다. 이런 어설픈 행동이 알려져 번에서 추방된 무사도 있었다고 한다.[101]

---

101) 歴史の謎を探る会編(2008) 『江戸の武士の朝から晩まで』 河出書房新社, pp42~43.

5) 자동차 통행이 왼쪽인 것은 무사와 관계가 있다.

에도시대의 무사는 걸을 때는 지금의 자동차 운전처럼 좌측통행이었다. 그 이유는 무심코 길 한가운데나 오른쪽으로 걷게 되면 예상치도 못했던 사고가 생길 수가 있었기 때문이다. 다른 무사와 스쳐 지나갈 때 허리에 차고 있던 칼이 부딪칠 수도 있었기 때문이다. 칼집이 서로 부딪치기라도 하면 칼부림이 날 수도 있는 상황이기 때문이다.

무사에게 있어 칼은 혼과 같은 것이기 때문에 그것을 부딪치는 것은 무례하기 짝이 없는 행위라고 생각했다. 이뿐만 아니라 상대방에게 결투를 청하는 것과 같은 의미도 있었다. 간혹 싸움을 걸기 위해 일부러 칼집을 부딪치는 자도 있기 때문에 아무 생각 없이 길을 걸을 수가 없었다.

또 무사는 걸을 때 손을 좌우로 흔들지 않고, 아래로 늘어뜨린 채 걸었다. 갑자기 누군가가 공격을 해 오더라도 바로 칼을 뽑을 수 있어야 했기 때문이다. 호주머니에 손을 넣거나, 행진 자세로 팔을 올리면서 걷는 방법도 해서는 안 되었다. 항상 한쪽 손을 준비하고 있어야 했다. 영화 「비검 오니노즈메隱し劍 鬼の爪」를 보면 시골 무사들을 상대로 근대식 군사훈련을 하는 장면이 나오는데 여기에서 무사들의 걸음걸이가 서양의 행진자세와 달라 애를 먹는 모습을 볼 수 있다. 우리에게는 익숙한 행진 자세가 당시 무사들에게는 상당히 어색한 자세로 보는 사람으로 하여금 실소를 자아내게 한다.

6) 무사는 외박은 금물

무사는 하는 일이 없어도 24시간 체제로 비상근무를 하는 직업이었다. 적이 기습해 오거나 비상사태가 발생하게 되면 언제든지 전투태세를 갖출 수 있어야만 했다. 그렇기 때문에 한가하게 집을 비우는 일은 용납이 되지 않았다.

주 거주지인 가미야시키上屋敷와 세컨드하우스 개념의 나카야시키中屋敷, 그리고 별장인 시모야시키下屋敷 등, 여러 채의 저택을 가지고 있는 다이묘도 잘 때는 가미야시키에 돌아가야만 했다.

주 거주지 이외의 집에 머물 수는 없었다. 태풍이 불어 어쩔 수 없이 돌아가지 못하는 경우를 제외하면 그날 안에 집으로 돌아가는 것이 기본이었다. 만약에 나카야시키나 시모야시키에 머물고 있을 때에 막부로부터 급한 연락이 왔는데, '귀가하지 않았다.'는 것이 알려지면 큰 문제가 되었기 때문이다. 막부의 '외박금지' 규칙 때문에 힘들어했던 사람은 여행을 좋아하거나 외출하는 것을 좋아하는 무사들이었다. 그렇다고 해서 여행을 하지 않았던 것은 아니었다. 아침 일찍 나서서 밤에는 돌아 올 수 있는 당일치기 여행을 수없이 반복했다.

무사에게는 외박금지뿐만 아니라 귀가시간도 정해져 있어서 오후 6시경에는 귀가해야만했다. 지금과는 달리 여가활동이 많지 않았던 시대에 1박 정도의 여행은 좋은 기분전환이 될 법도 하지만 그 조차도 누릴 수 없었던 무사는 긴장을 늦출 수 없는 직업이었던 것 같다.

에도시대 후기가 되면, 유복한 상인이나 서민들 사이에서 여행 붐이 일어난다. 에도에 거주하는 경우, 가까운 근교는 물론 후지산富士山이나 하코네 온천箱根温泉, 아타미熱海温泉, 나스那須温泉까지 가서 온천을 즐기고 오기도 하고, 멀리 이세신사伊勢神宮 참배도 했다. 반면, 무사의 경우에 여행이라고 하더라도 산킨코타이로 주군을 따라 동행한다거나, 교토의 니조조二條城에 간다거나 하는 것처럼 공무여행이 대부분이었다. 따라서 가족동반여행은 꿈도 꿀 수 없었다.

하지만 예외는 있었다. 친척에게 일이 생겼다거나, 경조사가 있을 때에는 번거롭지만 절차를 거쳐 상급무사에게 여행의 동행 인원, 소요 일수를 보고하고 여행 휴가를 받을 수가 있었다.

2. 무사와 교양

전국무장 구로다 나가마사黑田長政는 "문무는 마차의 양쪽 바퀴와 같아서, 치세治世에는 문을 취하고, 난세亂世에는 무로써 다스린다고 하지만, 치세에도 무를 소홀히 하지 말고, 난세에는 문을 포기하지 않는 것이 중요하다."고 말했다. "문과 무는 마차의 양쪽 바퀴"와 같다는 생각은 당시 무장들의 보편적인 생각이었다.

앞서 소개한 호조 소운北條早雲도 "문무궁마文武弓馬의 길은 항상 같다. 문을 왼쪽에 두고, 무를 오른쪽에 두는 것은 옛날부터 그랬다."고 적고 있다.[102] 이 말은 "무장이란 단지 무예만 뛰어나서는 안 된다."는 것을 의미한다. 문은 넓은 의미에서 교양이라고 할 수 있다. "문教養을 갖추고 있지 못하면 한 사람의 제대로 된 무장이라고 할 수 없다."라는 의미와 통한다. 모리 모토나리毛利原就의 아들 기쓰가와 모토하루吉川元春도 "교양이 부족하고 용맹하기만 하면 큰 무장이 될 수 없다"라고 잘라 말하기도 했다.

폭넓은 교양을 갖추고 있으면 앞을 내다볼 수 있는 안목이 생기며, 비로소 무장으로서의 리더십을 발휘할 수 있게 된다고 인식하고

---

102) 『早雲寺殿 21箇條』

있었던 것 같다. 또한 교양을 익히는 것이 지배계급으로서 무사가 갖추어야 될 요건이었다.

다음은 무장들의 다양한 교양활동과 내용에 대해서 소개하기로 하자.103)

3. 무사와 다도

일상생활과 전통이라 할 경우에 언뜻 어울리지 않을 것 같은 느낌이 들지만, 지금부터 소개하려고 하는 전통문화는 과거에는 물론이고 현재에도 일본인들의 생활 속에 녹아 있으며, 많은 사랑을 받고 있는 일본의 대표적인 문화이다.

일상생활과 전통에서 처음 다루는 다도는 심신을 세련되게 가꾸는 생활예술로서 여성들로부터 많은 사랑과 지지를 받고 있다. 그러나 다도의 역사를 보면 처음에는 여성들의 취미로 시작된 것은 아니었다.

여기에서는 일본다도의 성립과 발전과정에서 중요한 역할을 했던 무사계급과 다도와의 상관관계에 대해서 알아보도록 한다.

문화의 수입은 제도와 기술뿐만 아니라 풍습·습관도 적극적으로 수용하게 되는데, 다도도 그 중 하나이다. 일본인들의 외래문화숭배를 '당물장엄唐物莊嚴'이라고 부른다. 이것은 외래문화가 수입되어 들어왔을 때는 흔치 않은 것이었기 때문에 귀하다는 의미를 담고 있다. 다도 역시 예외는 아니었다.

---

103)

다도란, 일정한 양식에 따라 손님에게 차를 대접하는 행위로 일명 챠노유茶の湯라고도 한다. 다실茶室이라는 전용공간에서 다 도구茶道具를 사용하여, 손님에게 차를 만들어 대접하는 주인과 정해진 절차에 따라 차를 마시며, 다 도구를 감상하는 손님이 함께 만들어가는 전통예술을 말한다.

다도는 때때로 대본이 없는 연극이라고 일컬어지기도 한다. 하지만 따로 무대를 마련하지 않고 연기자인 주인과 관객인 손님이 같은 다실에 앉아 함께 다회라는 작품을 창조하는데, 이 과정을 통해서 주인과 손님은 일체감을 느낄 수 있다.

처음에는 챠노유라 불리다가 다도라는 명칭으로 바뀐 것은 에도시대 중기이며, 메이지 이후 검술剣術·유술柔術·꽃꽂이生け花 등을 각각 검도剣道·유도柔道·화도華道 등으로 부르기 시작했다. 이것은 기술術 보다는 도道의 면을 강조하는 사회적 분위기가 성행하면서이다.

다도는 단지 차의 맛과 색, 향을 즐기는 것이 아니라, 그 바탕에 깔린 정신, 다 도구에 나타난 미의식 등 정신적인 측면이 강조되는 전통문화이다. 다도는 일정한 예법에 따라 객에게 진한 차濃茶와 연한 차薄茶, 그리고 간단한 식사를 제공하며, 주객이 화경청적和敬清寂을 주된 내용으로 하고, 소박하고 단아함을 이념으로 하는 전통생활예술이며, 센노 리큐千利休에 의해 대성되었으며, 일본문화 가운데에서도 가장 일본적인 문화의 하나이다.

일본에서는 '하룻밤 지난 차는 마시지 마라'는 말이 있다. 차에는 카테킨, 카페인, 아미노산(테아닌, 글루타민산 등), 비타민(B류, C, E), 미네랄(인, 칼륨 외)등 몸에 좋은 성분을 포함하고 있다.

차에 포함되어 있는 카테킨은 네 종류로 발암억제작용, 혈중콜레스테롤 저하 작용, 혈압상승 억제작용 등이 있다. 카페인에는 각성

작용, 이뇨작용, 강심작용이 있다. 아미노산의 테아닌은 감칠맛의 성분이기도 하지만, 정신을 안정시켜, 릴렉스 시키는 작용이 있다. 비타민C에는 감기예방 효과가 있고, 비타민E에는 항산화작용이 있다.

차는 그런 의미에서는 뛰어난 건강음료이다. 하지만 이러한 차도 마시는 방법에 따라서는 몸에 해를 끼치는 경우가 있다. 차의 쓴맛의 원인이기도 한 카테킨에는 혈관을 수축하거나 체액의 분비를 억제하는 작용이 있다. 차를 찻주전자 같은 것에 넣어둔 채로 하룻밤 두면 카테킨이 물에 녹아버리기 때문에, 위액의 분비를 방해하여, 소화불량을 일으키기도 한다. 또 차에는 단백질이 포함되어있어, 장기간 그대로 두면, 여러 번 우려낸 찻잎의 단백질이 부패하는 경우도 있다. 그렇기 때문에 '하룻밤 지난 차는 마시지마라'는 속담이 있는 것이다.

(1) 성城보다도 선호한 다기茶器

무장에게 있어서는 '다도'가 일종의 지위였다. 전국시대는 새로운 예술이 꽃 피운 시기이기도 했다. 다도는 현실의 정치요구에도 맞는 점이 인정되어, 전국 다이묘들에게 선호되었다.

일본의 대표적인 전통문화의 하나인 다도의 뿌리는 무로마치시대 중기까지 거슬러 올라간다. 그때까지 다도라고 하면 외국에서 들어온 명품을 감상하면서 서원 안에서 차를 맛본다고 하는 것이 주류였다. 요컨대 '다도를 즐기는 마음'이라는 소중한 부분이 경시되고 있었던 것이다.

무로마치 막부 제8대 쇼군 아시카가 요시마사足利義政를 섬기던 다인 무라타 주코村田珠光는 종래의 방법을 개선해 다다미 네 장반의 정신적 깊이를 중시하는 '와비차'를 고안한다. 이 방법은 사카이의 다인 다케노 조武野紹鴎에 의해 계승된다.

방의 장식이나 도구를 보다 질소質素하게 해서 한 층 더 간소하게 하고 차로 손님을 대접하는 주인과 손님의 마음이 하나가 되는 '이치자곤류一座建立'의 경지를 목표로 했다. 이 다케노 조의 제자가 센노 리큐千利久이다. 리큐는 차의 작법이나 차를 내는 순서나 절차테마에点前를 정리하고, '다도茶道'라고 하는 문화를 완성시켰다.

많은 사람이 좁은 실내에 모여 하나의 찻잔으로 차를 마시는 다회는 참석한 사람들의 결속을 도모할 수 있다는 점에서 전국시대 다이묘들에게 환영받았다. 또 다도에 숨겨진 높은 정신성은 평소, 권모술수나 전쟁에 지친 무장들의 마음을 위로하는 것이었다. 다도는 이들의 힐링 수단이었던 것이다. 이리하여 다도는 전국시대 무장들 사이에서도 널리 보급되어갔다.

전국다이묘들은 정도의 차는 있을지라도, 모두 뛰어난 다인들이었다. 명품다기를 열심히 수집했다. 또 다이묘의 가신들은 주군으로부터 다회를 열수 있는 권리를 허가받고 명품다기를 받는 것을 가장 큰 명예로 여겼다.

노부나가의 가신 중 한 사람이었던 다키가와 가즈마스滝川一益가 조슈上州(지금의 군마 현)의 우마야바시 성厩橋城을 하사받았을 때 "성보다도 명품 고나스를 받고 싶었건만"이라 하면서 아쉬워했다는 이야기는 유명하다.

전국시대 무장들이 단순히 정신적 평온만을 구해서 다도에 몰두한 것은 아니었다. 다도는 현실의 정치적 요구에 부합한 것이기에 다이묘들에게 환영받았던 것이다. 예를 들면, 다실은 다수의 사람이 모이기 때문에 정보교환의 장으로서도 중요한 역할을 했다.

전국시대 초기, 중립도시였던 사카이에서는 평소 적으로 대하던 사람들도 한 방에서 다도를 즐겼다고 한다. 당연히 아군의 정보를 팔거나, 적에게 가짜 정보를 주거나 하는 장면도 있었음에 틀림없다. 다도를 정치에 이용하였기 때문에 '다도는 정치'라고 불렀다.

남과 섞이지 않고 밀담을 하고 싶을 때에도 다실이라는 격리된 공간은 최적이었다. 다실이 밀담의 장소로 애용되었다. 『명장언행록名將言語禄』에는 히데요시의 참모로 다도를 싫어했던 구로다 간베黒田官兵衛에게 히데요시가 "너와 내가 밀담한다고 하면 사람들은 의심을 한다. 하지만 '다도를 즐긴다.'라고 하면 안심한다. 그게 다도의 일부인 것이다."라는 말에 구로다 간베가 감동해서 "소신, 오늘 차의 참맛을 알았습니다!"하고 감탄했다는 이야기도 있다.

전국시대 무장이면서 가인이었던 호소가와 유사이細川幽斎는 후손들과 가신들을 위해 남긴 교훈서에서 "무사는 무도武道만 해서는 안 된다. 시와 차노유와 같은 교양을 취미로 할 줄 알아야 한다."고 했다.

교양활동은 전쟁을 업으로 하는 무사들과는 어떻게 보면 거리가 먼 것처럼 여겨진다. 하지만 일본의 무사들은 적어도 무로마치시대 이후가 되면 상당한 수준을 가진 교양인 집단이기도 했다. 특히, 다도는 스테이터스 심벌로 여길 만큼 무사들에게 있어서는 반드시 해야 하고, 알아야 하는 취미활동이었다.

다음은 무사와 다도에 대해서 알아보기 전에 먼저 선종과 무사의 관계, 즉 무사와 선종의 공통점에 대해서 살펴보기로 하자.

(2) 선禅과 무사

먼저 선종은 '한번 진로를 결정하면 뒤돌아보지 않고 정진하는 것을 가르치는 종교'이다. 선의 수업 내용도, 단순單純, 직재直裁, 자부自恃·自負, 극기적克己的인 것을 강조하고 있다고 한다. 이것은 무사의 전투정신과 일치하는 부분이 있다.

그리고 훌륭한 무사는 수도승과 같이 금욕적 계행자禁慾的戒行者[104]이면서 자숙적 수도자自肅的修道者여야 했다. 이런 마음가짐은 전투에 임할 때는 빛을 발한다. 무사가 전투에 임할 때는 적어도 물질적, 정애적情愛的,[105] 지적知的 모든 면에서 방해邪魔가 있어서는 이길 수가 없다. 무사들은 이런 방해를 극복하기 위해서 선종의 스님들처럼 차를 마시고 참선을 하였던 것이다.[106]

무사계급과 선종의 인연은 중세 가마쿠라시대로 거슬러 올라간다. 중국 송나라에서 선종을 공부하고 온 승려 에이사이栄西가 활약한 시대의 교토京都는 이미 구 불교旧仏教가 중심으로 새로운 불교의 종파인 선종이 들어갈 여지가 없었다고 한다.

반면, 신흥 무사의 수도로 발전하고 있던 가마쿠라鎌倉는 종교에 관해서는 전통을 무시하는 분위기가 강했으며, 선종의 교리教理가 무사들의 의식이나 삶과 일맥상통하는 부분이 많았기 때문에 무사들 사이에서는 자연스럽게 선종을 정신적 지주로 삼게 되었다.

그리고 스님들이 참선과 정신을 맑게 하기 위해 마셨던 차는 전쟁에 찌든 몸과 마음을 추스를 수 있는 좋은 힐링 수단이었으며, 음료였던 것이다. 아울러 선과 다도의 공통점인 사물을 단순화시킨다는 것도 무사들의 삶과 통하는 면이 많았다. 이처럼 선종은 무사들의

---

104) 불교에서, 계율을 지켜 닦는 일을 이르는 말.

105) 육친애·부부애와 같은 정겨운 사랑. 따뜻한 사랑.

106) 鈴木大拙著, 北川桃雄訳(2001) 『禅と日本文化』 岩波書店, pp35~36.

삶을 풍요롭게 하는 최고의 힐링 수단이었던 것이다.

차를 통한 힐링 효과는 무사들이 지속적으로 차를 즐기게 만들었으며 무사계급이 일본의 다문화를 적극적으로 후원하고 발전시킨 공로자라고 해도 될 것이다. 사실 일본을 대표하는 문화 가운데는 무사계급과 관계있는 것들이 많다. 그 가운데 가장 대표적인 것이 다도이다.

다음은 무사의 스테이터스심벌status symbol로서의 다도에 대해서 소개하기로 하자.

스테이터스status는 사회적으로 인정받는 높은 지위, 신분이라는 의미이다. 중세시대가 되면 무사들 사이에서 한 사람의 제대로 된 무장이 갖춰야 하는 덕목으로 시작詩作, 즉 시를 즐기고 다도를 할 줄 알아야 한다는 것이 당연한 것처럼 여겨졌다. 다도를 취미로 할 수 있을 때, 비로소 한사람의 무장으로 인정했다는 이야기이다.

다도는 취미로만 한정되었던 것은 아니었다. 오다 노부나가는 다도를 가신단 통제의 일환으로 잘 활용한 인물로 알려져 있다. 노부나가는 논공행상論功行賞으로 다기와 다회를 열 수 있는 권리를 나눠 주기 시작하면서 전국 다이묘들 사이에서 크게 유행을 하게 된다. 오다 노부나가는 '다도는 곧 정치이다茶の湯とは御政道'라고 말할 정도로 다도를 정치적으로 이용했다.

노부나가가 다기의 가치에 눈 뜨기 시작한 것은 1568년(永禄11)에 교토에 가서 다인 이마이 소큐今井宗久 등으로부터 명품다기를 선물로 받으면서부터라고 한다. 이때 노부나가는 소큐宗久에게서 다기를 보는 방법과 시장 가치에 대해서 배운 것으로 알려져 있다. 여기에 만족하지 않고 명품다기를 찾아내 수집하는 등 '다도를 적극적으로 정치에 활용'하면서, 가신들 사이에서도 명품다기를 선호하는 분위기가 형성되었다.

　노부나가가 다도를 어떤 식으로 정치에 이용했느냐면, 가신들이 허락 없이 다회를 여는 것을 금지하는 한편, 공을 세운 가신에게는 보상으로 다회를 열 수 있는 권리茶の湯許可制를 주었다. 그 결과, 가신들 사이에서는 다기茶器나 다회茶会를 열수 있는 권리를 받는 것이 영지領地나 성城을 받는 것과 같은 것으로 인식하게 되었다.

　이처럼 노부나가의 명품다기 수집은 단순히 취미 생활에 그치지 않고 정치에 이용되었다. 처음부터 매우 비싼 명품다기를 수집해 온 노부나가는 이것을 다회 자리에서 공개함으로써 조정은 물론 세간이나 지방의 다이묘들에게 자신의 부와 권력을 과시하는 도구로 이용하였다. 이런 점이 노부나가의 대단한 점이라고 할 수 있다. 노부나가의 가신들은 점점 더 다기와 다회를 열 수 있는 권리를 절실하게 원하게 되었다.

　노부나가의 중신重臣 다키가와 이치마스(또는 가즈마스 滝川一益)가 다케다 군武軍을 무찌르고 나서 명품 '주코고나스비珠光小茄子'라는 차를 넣어두는 용기를 원했다고 하는 것은 유명한 이야기이다. 그러나 노부나가는 차 용기茶容器나 다회를 허락하지 않고 관동의 영지를 주자, 이치마스는 크게 실망했다고 한다. 손바닥 크기의 다기가 일국一国 이상의 가치가 있었다는 것이다.

　같은 시기의 무장 마쓰나가 히사히데松永久秀는 노부나가가 그토록 갖고 싶어 하는 명품다기를 넘겨주면 죽음을 면할 수 있었지만, 그렇게 하지 않고 다기와 함께 폭사爆死한 이야기는 유명하다. 이것은 당시의 무장들에게 있어서 다기나 다회가 단순한 취미 이상의 것이었다는 것을 의미한다.

　노부나가가 중신들에게 나누어 준 명품다기는 다음과 같다.

시바타 가쓰이에柴田勝家에게 다완茶碗인 시바타 이도柴田井戸
니와 나가히데丹羽長秀에게 다기茶器 白雲
아케치 미쓰히데明智光秀에게 차솥茶釜 八角
하시바 히데요시羽柴秀吉(후에 도요토미 히데요시)에게 차 솥茶釜
乙御前
오다 노부타다織田信忠에게 차 용기初花와 차 단지茶壺 松花

노부나가는 자신에게 바쳐진 다기를 다시, 준 사람에게 하사하기
도 했다. 노부나가는 '천하를 얻는 자는 천하의 명품다기를 가져야
한다.'라고 말할 정도로 다도를 정치적 도구로 인식하고 있었다. 실
지로 공이 있는 가신에게는 영지를 하사하기도 했지만, 대신 명품다
기를 주기도 했다.

이뿐만 아니라, 다회를 열 수 있는 권리를 주었다. 당시에는 아무
나 다회를 열수 있었던 것이 아니라, 주군으로부터 다회를 열 권리
를 받은 자만이 다회를 개최할 수 있었던 것이다. 히데요시도 미키
성三木城 전투에서 공을 세우고 난 후, 다기를 하사받고, 다회를 열
수 있는 권리를 받았다고 한다. 노부나가로부터 다회를 열 수 있는
권리와 명품다기를 은상으로 받았다는 것은 중신으로서 크게 인정
을 받았다는 것을 의미한다.

당시 명품다기로 애용되었던 다기 가운데 조선의 도자기가 있었
다. 나중에 히데요시가 조선을 침략하고, 많은 조선의 도공들이 일
본으로 끌려간다. 이것은 당시의 무장들이 비싸고 귀한 조선의 도자
기를 얻기 위해서 도자기가 아니라, 이 도자기를 만드는 기술자인
도공들을 일본으로 데려가 귀한 대접을 해 주면서 조선의 도자기 기
술이 일본에서 꽃을 피우게 되었던 것이다.

리큐가 다도로 유명해지기 전부터 이미 다도는 전국시대 무장들에게는 특별한 것이었다. 노부나가에게서 히데요시로 권력이 바뀌면서 히데요시의 차 담당이었던 리큐 대에 이르면 다도는 절정에 달한다. 수많은 전국 다이묘와 무장들이 경쟁하듯이 리큐의 제자가 되어 리큐가 만들어내는 다도에 매료된다.

리큐가 상인이면서 도요토미 정권의 측근이 될 수 있었던 것은 노부나가 시대부터 있었던 '다도는 정치'에서 비롯된 것이며, 히데요시도 이를 답습했기 때문이었다고 할 수 있다. 물론 리큐가 추구하는 예술성이 높은 다도의 예술적 가치는 큰 것이었지만, 본인의 의사와 상관없이 권위가 커지면 커질수록 리큐를 시기하는 세력들도 생기기 마련이다. 결국 리큐가 할복할 수밖에 없는 지경에까지 이르게 된 것이다.

리큐에 대한 이야기가 되어버렸지만, 전국 무장들에게 있어 다도는 떼려야 뗄 수 없는 것이었다. 히데요시가 규슈 정벌에 나서 다이묘 아키즈키 다네자네秋月種実의 성을 공략할 때, 불 공격을 절대하지 말 것을 명했다. 성 공격을 할 때는 반드시 불 공격이 필수였지만, 이것을 금한 이유는 아키즈키가 명품다기를 가지고 있었기 때문이라고 한다. 히데요시는 그 명품다기를 반드시 갖고 싶었기 때문이었다. 그것은 노부나가도 갖고 싶어 했지만 갖지 못했던 것이었다. 참고로 그 다기는 규슈 땅 전부와 바꿀 만큼 가치가 있었다고 전해진다.

(3) 다도의 효용效用

다음은 다도가 무사들 사이에서 어떻게 활용되고 있었는지 다도의 효용에 대해서 알아보기로 하자. 다도의 '정靜'의 일순간이 전국시대의 '동動'에 찌든 무장들의 몸과 마음을 부드럽게 해 주었다는 점이다.

그리고 '시중의 산거'와 같은 분위기를 연출하는 다실은 다다미 4장반 크기의 좁은 공간으로 '밀실의 효과'[107]를 연출한다. 좁은 다실 안에서 하나의 찻잔으로 동석한 여러 명이 차를 마시는 행위는 그 자체가 일미동심一味同心, 즉 우리는 하나라는 의식을 만들기에 충분했다. 이것은 전투에 임할 때에 중요한 연대감형성으로 이어졌다. 전국시대는 주군과 가신이 일치단결해야만 살아남을 수 있는 시대였기 때문에 연대감을 고취시키는 방법으로 다도가 기여한 바는 크다고 할 수 있을 것이다.[108]

다도의 효능은 이 밖에도 있었다. 리큐의 시대, 다회에 참가했던 노부나가나 히데요시를 비롯해 당시 사람들은 자극적인 음식을 먹지 않았기 때문에 말차에 포함된 카페인 성분이 중추신경계와 말초신경계를 자극하여 졸음을 쫓아내고, 피로를 풀어주는 효과가 있었다. 밤새워 공부하는 학생들이나 직장인들이 마시는 에너지 드링크나 커피와 같은 역할을 차가 대신했던 것이다.

히데요시는 원정 전쟁을 갈 때도 리큐를 데리고 갔을 정도로 다도를 즐겼다고 한다. 군웅할거, 하극상,… 언제 잘릴지 모르는 불안정한 직장 생활을 하는 샐러리맨들과 다를 바 없는 전국시대 무장들이 불안감을 떨쳐버리고, 생존경쟁에서 살아남기 위한 싸움에서 버틸 수 있었던 것이 다도였는지도 모른다.

---

107) 다실 안에서 「一味同心」을 꾀할 수 있다.

108) 小和田哲男(1990) 『日本史小百科 武将』 近藤出版社, p84.

(4) 다인茶人들을 견제한 권력자들

다음은 리큐의 미학美學을 엿볼 수 있는 몇 가지 에피소드를 소개하고 당시의 권력자와 다인과의 관계를 소개하기로 하자.

어느 여름날 아침, 리큐는 히데요시에게 '나팔꽃이 아름다워서 차회를 열려고 하니 오십시오.'라고 사람을 보낸다. 히데요시는 '만개한 나팔꽃을 보면서 차를 마시면 틀림없이 멋질 것이다.'면서 흔쾌히 참석하기로 했다. 그런데 와서 보니까 나팔꽃은 모두 잘려져 있어 망연자실하면서 다실에 들어서니 도코노마床の間에 나팔꽃 한 송이가 걸려있었다. 그런데 비록 한 송이였지만 형언할 수 없는 나팔꽃의 아름다움에 탄복한 히데요시는 리큐의 미학에 경의를 표시했다고 한다.

히데요시는 리큐로부터 다도를 배웠음에도 불구하고, 그가 추구하는 다도는 리큐의 와비차詫び茶와는 정반대의 화려한 다도였다.

또 다른 에피소드는 어느 가을 날, 마당에 떨어져 있는 낙엽을 치우던 리큐가 깨끗하게 다 치우고 나서는 마지막의 낙엽을 여기저기에 흩뿌리는 것이었다. 주변사람들이 '실컷 낙엽을 치우더니 왜! 다시 뿌리느냐'고 묻자, 리큐는 '가을날 마당은 역시 낙엽이 조금은 있는 것이 낫다'고 말하면서 웃었다는 이야기이다.

그리고 차에 대한 생각을 알 수 있는 에피소드도 있다. 앞서도 소개한 적이 있는 제자들이 이상적인 다도란 무엇인가? 라고 묻는 질문에 대해서도 일상적인 것을 갖추고 평상심을 가지고 손님에게 차를 대접하는 것이 가장 어려운 것이며, 만약에 그것이 된다면 제자라 하더라도 스승으로 모시겠다고 할 정도로 당연하다고 생각하는 것이 가장 어려운 것이라고 생각을 했다.

리큐의 제자이면서 한편으로는 추구하는 다도가 정반대였던 히데요시는 정치권력뿐만 아니라 다인으로서의 권위를 얻고 싶어서 새로운 '비전祕傳의 규범'을 만들어서 이것을 자신과 리큐만이 가르칠 수 있도록 하자고 제안을 한다. 리큐는 이 비법을 제자인 오다 유라쿠사이織田有楽斎에게 전수하면서 '사실, 이것보다 더 중요한 비법'이 있다고 한다. 그것을 가르쳐 달라는 제자의 말에 리큐는 '그것은 자유와 개성이다.'라고 말한다. 이것은 처음부터 리큐의 마음속에는 비전이라는 것은 없었다는 것을 말하며, 이상적인 다도라는 것은 대단한 것이 아니라 규범은 중요하지 않다는 것을 말해주는 대목이라고 할 수 있다.

리큐가 고안한 다다미 두 장 크기의 다실인 『다이안待庵』(일본 국보)은 한계치까지 불(?)필요함을 배제한 궁극의 다실이다. 리큐가 생각해 낸 다실 입구인 니지리구치躙り口는 들어가는 입구가 좁고 낮기 때문에 머리를 숙이고 기다시피해서 들어가야만 한다. 이것은 천하의 권력을 쥐고 있는 히데요시도 예외가 아니었으며, 칼을 차고는 들어갈 수 없을 정도로 좁은 공간이었다. 결국 이것은 다실이라는 공간에 들어서면 신분의 높고 낮음은 상관없다는 리큐의 평등사상을 잘 말해주는 것이다. 이처럼 리큐는 차에 관해서 만큼은 천하의 히데요시라고 하더라도 자신의 생각을 굽히지 않았다.

리큐는 다도에 대한 생각을 다음과 같이 남기고 있다.

> "세상에는 차를 마시는 사람들은 많지만, 다도를 모르면 차가
> 사람을 마셔버린다."

리큐는 말년은 히데요시로부터 할복하라는 명을 받고 생을 마감한다. 리큐와 히데요시의 밀월관계의 절정을 「기타노다이차노유北野

大茶湯」로 보는 학자들이 많다. 이후 두 사람의 관계에는 미묘한 균열이 생기기 시작한다.

히데요시는 무역에서의 이익을 독점하기 위해서 사카이에 대한 세금을 무겁게 매기는 등 압력을 가하기 시작하면서 독립의 상징이었던 해자를 메워버린다. 이것은 노부나가조차도 하지 않았던 것이다. 사카이의 권익을 지키려던 리큐를 히데요시는 성가시게 생각했다.

1590年(68歲), 히데요시가 오다와라小田原에서 호조 씨北条氏를 공격할 때, 리큐의 애제자・야마노우에노 소지山上宗二가 히데요시에게 말대꾸한 것 때문에 그 자리에서 처형당한다. 이때 리큐는 큰 충격을 받는다. 다도에 관해서도 히데요시가 선호한 화려한 황금다실은 리큐가 이상으로 생각하는 나무와 흙으로 만든 소박한 초암다실과는 정반대의 것이었다. 히데요시는 차에 일가견을 가지고 있었기 때문에 리큐와는 사상적 대립이 날이 갈수록 깊어만 갔다.

이듬해인 1591년 1월13일의 다회에서 화려한 것을 좋아하는 히데요시가 검은 색을 싫어한다는 것을 알면서도 '검은 것은 오랜 마음黑は古き心なり'이라면서 태연하게 검은색 찻잔(라쿠야키 찻잔 黑樂茶碗)에 차를 태워 히데요시에게 내었다. 이것은 같이 참석한 가신들 앞에서 히데요시의 체면을 구기는 것이 되었다.

9일 후인 22일, 인망이 높았던 히데요시의 동생 히데나가秀長가 죽었다. 히데나가는 다이묘들에게 '공적인 것은 히데나가에 사적인 것은 리큐에게 말하라'고 할 정도로 리큐를 중용했었다. 리큐가 최대 후원자를 잃어버린 한 달 후, 히데요시는 돌연 리큐에게 '교토를 떠나 사카이 자택에서 근신하라'고 명령한다.

이유는 리큐가 참선하는 교토의 다이도쿠지大德寺의 정문을 2년 전에 사비로 수리했을 때, 문 위에 리큐의 목상을 만들었기 때문이라는 것이었다. 정확한 사실은 리큐의 기부금으로 절 건물을 수리할 수 있었던 것에 대한 사례로 다이도쿠지 측에서 만든 것이었다. 문제가 된 절의 정문은 히데요시도 지나다니는 곳으로, 비록 목상이라고 하더라도, 존엄이 지나다니는 문으로, 위에서 내려다보는 것은 무례의 극치라는 것이 이유였다. 히데요시는 리큐를 사과하러 오게 해서 주종관계를 분명하게 할 생각이었다고 한다.

히데요시의 의중을 파악한 가신단의 중신 마에다 도시이에前田利家는 리큐에게 사람을 보내 히데요시의 정실이나 어머니를 통해 사과하면 이번 일은 없었던 것으로 해줄 것이라는 것을 알려준다. 그러나 리큐는 이런 조언을 거절한다. '다도의 비법秘伝の礼法'에서 본 것처럼 다도가 권력의 도구가 돼버리면 와비차를 일으킨·무라타 주코村田珠光, 스승인 다케노 조武野紹鷗를 부정하는 것이 되어 버린다. 히데요시에게 머리를 조아리는 것은 선배 다인들에게 뿐만 아니라, 다도에 대해서도 굴욕적인 일이 된다.

리큐에게는 많은 제자들이 있었지만 히데요시의 눈 밖에 나는 것을 두려워해, 교토를 떠나는 리큐를 배웅한 사람은 후루타 오리베古田織部와 호소가와 산사이細川三斎 2명뿐이었다. 리큐가 사죄를 하러 오지 않고 사카이로 가 버린 것에 대해 히데요시는 2월25일, 리큐의 목상을 끌어내려 효수에 처했다. 이것도 만족 못하고 26일, 리큐를 교토로 불러들였다. 그리고 28일, 할복을 명했다. 리큐는 조용히 자신의 할복을 지켜보러 온 히데요시의 사자에게 차를 대접하고 할복한다.(리큐 나이 70세)

리큐의 사후 7년 뒤, 히데요시도 사망한다. 만년의 히데요시는 성급하게 리큐를 보낸 것에 대해 후회를 하며 리큐와 같은 다도의 예법으로 식사를 하고 리큐가 즐겼던 다실을 만들었다고 한다.

히데요시가 리큐에게 할복을 명령한 정확한 이유는 알 수 없지만, 여러 가지 설이 있었다.

- 다이도쿠지大德寺 정문金毛閣 위 2층에 리큐의 목상을 두어, 그 밑으로 히데요시가 지나 가야했기 때문이라는 것이 이유.
- 싼 다 도구를 비싼 값에 팔았다는 이유.
- 천황릉天皇陵의 돌을 마음대로 가져가서 다실 정원의 물 담는 항아리인 조즈바치手水鉢와 정원석庭園石으로 사용했다는 이유.
- 히데요시와 추구하는 다도가 달라서 대립했기 때문이라는 이유.
- 히데요시가 리큐의 딸을 측실로 삼으려 했으나, 리큐는 '딸을 팔아서 출세하고 싶지는 않다'는 이유로 거절했기 때문에 히데요시의 눈 밖에 났다.
- 조선의 문화에 대한 경애심과 히데요시의 조선침략을 반대했다는 이유.

리큐가 할복하고 난 후, 제자인 후루타 오리베古田織部가 히데요시의 다도를 담당하는 다두茶頭가 된다. 히데요시가 죽고 난 다음에는 이에야스의 명령으로 2대 쇼군 히데타다秀忠의 다도 스승이 된다. 그러나 오리베織部의 자유분방한 차가 인기를 끌면서 이에야스는 오리베가 리큐처럼 정치적 영향력을 가지게 되는 것을 염려하게 된다. 그래서 오리베가 히데요시 편과 내통한다는 음모를 꾸며 할복하게 만든다.

당시의 다도는 목숨을 건 예술이었던 것이다. 리큐, 오리베의 할복은 당시의 다인들을 위축시키기에 충분했다. 도쿠가와 막부의 치세 하에 사회가 안정되면서 리큐나 오리베와 같은 기성의 가치관을 파괴하는 파격적인 미를 추구하는 다도는 위험시 여겨지고, 보수적이면서 우아한 고보리 엔슈小堀遠州의 다도가 주류가 되었다.

후에 리큐의 손자 센노 소탄千宗旦이 리큐의 다도를 부흥시킨다. 그리고 소탄의 차남 소슈宗守가 무샤노고지센케武者小路千家, 삼남·소사宗佐가 오모테센케表千家, 사남·소시쓰宗室가 우라센케裏千家今日庵을 일으킨다.

리큐가 공식적으로 연 마지막 다회는 죽기 한 달 전으로 손님은 이에야스였다고 한다.

제4장. 닌자忍者

　지금은 일본뿐만 아니라, 세계적으로도 쿨 재팬Cool Japan의 대표 주자로서 인기가 있는 '닌자忍者 Ninja'이지만, 의외로 닌자가 어떤 사람들인지, 정확히 아는 사람은 많지 않다.

　닌자의 주된 일은 정보수집이다. 정보를 얻기 위해서는 상대가 알아채지 못하도록 눈에 띄지 않게 할 필요가 있다. 전국시대, 닌자는 전국다이묘戦国大名의 용병傭兵으로서 활약했다. 자기를 고용한 다이묘가 전쟁에 유리하도록, 적의 동태나 전력 등의 정보를 수집하기 위해서, 여러 가지 인술忍術을 사용해 잠입한다. 잠입해서 증거를 남기면 닌자 실격失格이다. 그 때문에 닌자와 관계가 있는 사료史料가 별로 남아있지 않고, 그 실태가 알려지지 않은 것이 많아 향후 다양한 연구가 기대되는 주제이기도 하다.

(1) 쿨 재팬과 닌자 붐

　닌자, 초인적인 신체 능력이나 둔갑술을 구사하며 문자 그대로 베일에 가려진 세계를 사는 이들은 이제 세계적으로 인기가 있는 캐릭터이다. 만화에서는 15년간에 걸친 연재가 2014년에 완결된 『NARUTO-나루토-』가 대표 격이지만, 이외에도 닌자를 소재로 한 만화나 애니메이션은 다양하다.

최근 닌자에 대한 관심이 높다. 2015년 일본기념일협회日本記念日協会에서는 2월22일을 닌자의 날로 지정했으며, 같은 해 10월9일에는 일본 전국에서 닌자와 관련된 행사를 하고 있는 지방자치단체로 구성된 일본닌자협회日本忍者協会가 결성되었으며, 2016년에는 일본과학미래관日本科学未来官・미에현종합박물관三重県総合博物館에서 닌자전忍者展이 개최되었다.[109]

이전에도 닌자 붐이 있었지만 이번의 붐은 전과는 다르다. 그 이유는 '쿨 재팬'의 영향이다. '쿨 재팬'이란, 1990년대에 영국의 토니 블레어 정권이 추진했던 '쿨 브리타니아'를 모방한 것으로 '재팬 쿨 Japan Cool'이라고도 부른다.

구체적으로는 일본의 근대문화인 영화・음악・만화・애니메이션・드라마・게임 등과 같은 대중문화를 가리키는 경우가 많다. 아울러 자동차・오토바이・전자기기 등의 일본제품과 산업, 현대의 식문화・패션・현대 아트・건축 등을 가리키기도 한다.

이밖에도 일본의 무사도에서 유래한 무도武道, 닌자, 전통 일본요리・다도・꽃꽂이華道・일본무용 등 일본과 관련된 모든 것들을 말하기도 한다. 이와 더불어 지금의 닌자 붐은 지방문화의 활성화와 알리기의 분위기 속에서 닌자와 관련이 깊은 지방자치체가 각각의 특색 있는 행사나 관광 상품을 개발하고 있는 것과도 관계가 있다. 지금까지 다양한 닌자를 주인공으로 하는 영화, 만화, 애니메이션이 나왔지만 이들 작품은 어느 특정 지방의 닌자를 주인공으로 한 것이 아니었다. 반면, 최근에는 이가 닌자伊賀忍者, 고카 닌자甲賀忍者, 기슈 닌자紀州忍者와 같이 그 지방 고유의 닌자를 적극적으로 홍보하고 있다.

---

109) 山田雄司(2016) 『忍者の歴史』 KADOKAWA, pp8~11.

그런데 닌자가 주목을 받고 있는 이유는 무엇일까. 슈퍼맨이나 울트라맨이 될 수는 없지만 닌자는 평범한 사람들이 훈련을 통해서 초인적인 능력을 발휘한다는 점에서 많은 사람들에게 매력적인 캐릭터로 인식되는 것은 아닐까! 즉, 닌자는 누구든지 될 수 있는 등신대等身大의 영웅인 것이다. 교과서에는 나오지 않지만 수수께끼가 많은 닌자는 이야깃거리로서는 다양한 영웅 상을 만들어 낼 수 있는 캐릭터이다.

일본에서는 일찍이 TV 드라마에 닌자가 많이 등장했다. 대표적인 것이 '가면의 닌자 아카카게假面の忍者 赤影'이다. 주인공이 큰 연을 타고 활약하는 모습에 청소년들이 열광하기도 했다.

1) 닌자

막부 공인의 무가사전『무가전고집』이라는 책이 있다. 이 책에는 닌자를 다음과 같이 적고 있다.

"간자間者 내지 첩자諜者를 닌자라 칭한다.", "평상시 닌자의 임무는 첩보활동이지만, 전시에는 적의 성채에 불을 지른다. 또 암살도 닌자의 임무이다.", "애초에 올바른 직종이 아니라면, 그 사람의 성품으로 정해지는 것이 아니다."

본래 닌자는 제도권 내에서 생겨난 직종이 아니었기 때문에 인품에 좌우되지 않는다. 사무라이라고 해도 보통의 사무라이라고는 할 수 없으며 "최하급 무사 아시가루足軽, 조닌町人, 랏빠乱破무뢰배), 슷빠素破(협잡꾼)와 같은 자들이다." 이것이 『무가전고집』의 닌자관이다.

2) 닌자라는 용어는 언제부터 쓰기 시작했나.

닌자가 왕성한 활동을 했던 시기는 전국시대로 이가·고카 출신 닌자들은 전국을 무대로 활약하고 있었다. 각지의 다이묘들이 이들을 고용하고 있었다. 왜냐하면 닌자의 활약 여하에 따라 싸움의 승패가 갈리었기 때문이다.

닌자라는 용어는 비교적 역사가 짧다. 다이쇼시대大正時代(1912~1926)에는 '닌샤忍者'라고 불렀다. 그 전에는 닌주츠샤忍術者나 닌주츠즈카이忍術使였다. 시대를 더 거슬러 올라가 에도시대에는 통일된 호칭이 없이 지방마다 부르는 말이 달랐다. 비밀을 폭로하다는 속담인 '칼 등을 갑자기 뽑아들다', '남의 비밀을 많은 사람 앞에서 느닷없이 폭로하다'는 의미의 '슷빠누꾸素っ破抜く'라는 말도 수도 교토 주변의 닌자를 부르던 말에서 유래했다고 한다.

대략 5만 석 이상의 번에는 대부분 닌자가 있었으며, 전국 각지에는 다양한 유파流派가 있었다. 유파명이 생겨난 것은 대부분 에도시대 초기로 보여 지며, 유파의 창시자의 이름, 지명, 번명藩名에서 유래하거나 미나모토源나 요시즈네義経나 구스노기 마사시게楠木正成와 같은 역사의 인물을 빙자한 이름도 볼 수 있다.

전국에는 다양한 유파가 있었던 것으로 여겨지는데 이 가운데 대부분은 이가·고카 계통으로 추정할 수 있다. 이가나 고카 출신의 닌자가 많았던 데는 에도 막부에서 이가·고카 출신 닌자들을 고용하고 있었기 때문으로 각 번에서도 막부처럼 이들을 고용했다. 그것은 이들이 가지고 있는 다양한 기술(무술·정보수집·약학·병법·주술 등)을 활용할 목적이 있었기 때문이다.

가가 번加賀藩 마에다 가前田家에 고용되었던 에친젠 류越前流는

1581년에 있었던 덴쇼 이가의 난天正伊賀の亂에서 살아남은 이가 닌자들을 고용했다. 이가, 고카 출신이 아닌 닌자 그룹도 있었다. 천황가에 고용된 단바丹波 지방 출신의 무라쿠모 류村雲流나 나가노長野의 이토 류伊藤流, 가고시마鹿児島의 효도兵道, 동북지방의 하구로 류羽黑流, 시즈오카 현静岡県의 아키바 류秋葉流 등은 산야에 기거하면서 수행하는 산악신앙에 불교와 도교道教 등을 가미한 종교의 수행자들이 중심이 된 닌자 집단이다.

3) 정보수집과 발신

닌자는 정보를 수집·발신하기 위해, 여러 가지 둔갑술忍術을 만들어냈다. 정보의 발신 방법 중의 하나로 봉화가 있다. 봉화는 옛날부터 있었지만, 닌자는 재빠르게 이것을 자신들의 것으로 이용했다. 이가와 고카에 전해지는 인술서인 『만센슈카이万川集海』에는 많은 종류의 봉화에 대해 적고 있다. 2001년에 나바리 시 다츠구치名張市電口의 봉화산에서 이가시립 레이보중학교伊賀市立靈峰中学校의 학생들이 실험해 본 결과, 봉화는 지금도 충분히 사용할 수 있다는 것을 알았다.

4) 닌자의 생활

닌자의 하루는 어떠했는지 궁금해진다. 예를 들면, 전국시대의 닌자는 다이묘의 용병과 같은 일을 하고 있었지만, 항상 전쟁이 있었던 것은 아니다. 닌자의 생활에 대해서는 오다 노부나가가 이가를 공략했던 덴쇼 이가의 난天正伊賀の亂에 대해서 상세하게 기록하고 있는 군기물軍記物 『이란기伊乱記』에 '이가 사람들의 풍속에 대해서伊

州人民風俗之事'라는 항에는 아래와 같이 적고 있다.

> "평생을 인시寅時에 일어나, 낮 동안에는 가업에 힘쓰고 오후부
> 터 해질 때까지, 무예궁마 훈련을 했다. 옛날부터 이가伊賀에 전
> 해져 오는 유풍으로서 인술의 신통력을 전수하고, 어떤 요새일
> 지라도, 몰래 들어갈 수 없는 장소는 없었다."

5) 닌자의 마음가짐

목숨을 건 위험한 일을 하고 있던 닌자들은 어떠한 마음가짐으로
일에 임하고 있었을까?『만센슈카이万川集海』1권에 닌자의 각오로서
'정심正心'이라고 하는 항목이 있다. 문자 그대로, 올바른 마음을 가
진다는 것이다. 올바른 마음이란, 인의仁義, 충신忠信을 지킨다는 것
이다. 인의는 '사람의 도리를 행해야 할 길이란 것', 충신이란, '충의
와 진실. 성실하고 솔직한 것'이다.[110]

'주군에게 충성하고, 나라를 사랑하는 마음으로 인술을 행하여야
한다. 만약에 이것을 잊고 행동하는 것은 도적과 마찬가지이니, 항
상 잊지 말라.', 닌자는 '정심'을 가지는 것이, 무엇보다도 먼저 요구
되었다. 즉, 닌자는 고용주를 위해, 올바른 도리를 바탕으로 인술을
쓰지 않으면, 숨어들어가 뭔가를 훔치는 도둑과 같다는 것이다. 이
것은 어느 인술서忍術書에나 동일한 내용이 적혀있다.

인술은 일본고유의 풍토나 심성 속에서 길러진 문화 중 하나이며,
그 근간은 전쟁을 피해 자연이나 사람들과 공존해가기 위한 종합생
존기술이라고도 할 수 있다. 인술을 적과 싸우기 위한 기술의 일종,
즉 좁은 의미에서의 무술武術, 격투술格鬪術, 암살술暗殺術이라고 이해

---

110) 伊賀忍者研究会編(2016) 『忍者の教科書』 笠間書房, pp2~3.

하고 있는 사람들이 많다. 그러나 싸움이나 전쟁을 목적으로 한 것만은 아니었다.

인술은 에도시대에 대성된 것이지만, 그때까지 긴 전란을 포함한 생활 속에서 만들어진 인간의 정신성을 소중히 하고, 사람들이 평안하게 살아가기 위해 필요한 지식이나 기능을 집적했던, 자존자위自存自衛의 기술이다. 결코 전쟁을 목표로 해서 만든 것은 아니었다.

상대편에 몰래 잠입해, 정세를 살펴 자기편에 보고하거나, 모략을 꾸미고, 때로는 기습 등의 직접적인 행동으로 교란하고, 혼란에 빠뜨려 약체화 시키는 등의 고전적인 군사행동이 인술이다. 인술은 작게는 자기나 가족·지역, 크게는 천하국가를 보호한다는 평화유지를 목적으로 정보를 수집하고, 변화에 대해서는 신속, 과감, 효과적으로 대응하기 위한 기능이라고 할 수 있다.

예부터 '인술의 인은 감내堪忍하는 것'이라고 가르치고, 모든 것을 참고 견디는 기술이라고 인식하고 있다. 사실 '인忍'은 단순히 참는 것만을 의미하는 것이 아니라, 모든 고난과 고통을 극복하는 경지에 이르는 것을 중요하게 생각한다. '인'이라는 글자는 마음心 위에 칼날刃이 타고 있는 모양이다. 이 자체에 알 수 있듯이. 밀지도 당기지도 못하는 절대적 부동심, 철벽의 마음이 닌자의 마음이고, 인술忍術의 진수인 것이다. 몰래 잠입해서 정보나 적의 목숨을 빼앗는 것이 인술이기 때문에 잘못 사용하면 도적과 같은 것이 되어버린다. 그러므로 자기의 욕망을 위해서가 아니라, 대의大儀를 중심에 두는 닌자의 윤리인 '정심'하는 마음자세를 중요하게 생각했다. '정심'은 인·의·충·신을 지켜, 결코 사리사욕에 쓰지 않고, 생사를 떠나서 기술을 구사하는 닌자로서의 마음을 의미한다.

『만센슈카이』14권 '자물쇠 알기 16개조'는 열쇠에 대해 적고 있다. 여러 가지 자물쇠 그림이 실려 있다. 다양한 자물쇠 종류와 특징을 나열하고, 잠입할 때의 자물쇠 여는 방법에 대해 적고 있다.

이렇게 되면 도둑과 별반 차이가 없다. 그렇기 때문에 더욱, 닌자는 '올바른 마음正心' (목적을 위해, 바르게, 도리를 지키는 것)하는 마음가짐이 필요하다고 강조해 왔다. 닌자는 '올바른 마음'을 가지지 않으면 도둑과 별반 차이가 없다는 것이다.

6) 닌자의 임무

평화로운 시대에 닌자의 임무란 어떤 것일까? 닌자는 무엇을 했을까? 닌자의 임무를 몇 가지로 분류해보자.

닌자에게 가장 중요한 임무는 '의중意中'을 읽는 것이다. 번주의 명을 받아 타국에 잠입해서 정보를 모아오는 것이다. 번주의 심중을 읽고 움직이는 것이다. 그 다음 두 번째가 '화재 순찰'이다. 화재가 나지 않도록 순찰을 한다. 그리고 세 번째가 '불침번不寝番'이다. 영주는 산킨코타이 기간이 가장 위험하다. 성을 떠나 있기 때문에 경호를 담당한다.

예를 들면, 기시와다 번岸和藩의 번주인 오카베 씨岡部氏가 고카 마을 근처인 즈찌야마辻山의 역참마을에 머물고 있을 때 습격 사건이 일어난다. 이때 번주 오카베는 담을 넘어 옆집으로 도망쳐 위기를 벗어난다. 이렇듯 이동하는 동안이 위험하기 때문에 번주가 혼진本陣에 숙박하는 동안 닌자가 불침번을 선다. 자지 않고 불침번을 서는 것은 힘든 일이다.

오카야마 번주의 불침번을 서면서 다이묘 행렬을 수행하는 동안 닌자가 과로사한 경우도 있다. 오카야마 번에 고용된 닌자 집단이

10~18개나 있었고, 있었고, 250년 동안 10세대를 거쳤기 때문에, 과거 100명 이상의 닌자가 오카야마 번을 위해 활동하고 있었다는 것을 알 수 있다. 이들의 이력을 적은 기록에 의하면, 번주 경호와 불침번을 번갈아 서고 있었다는 것을 알 수 있다. 다이묘 행렬은 경비를 아끼기 위해서, 이동 속도를 높인다. 숙박비를 아끼기 위해서 이동을 서두른다. 그렇기 때문에 닌자는 자지 않고 불침번을 서다가 다음날도 계속 행진해야만했기 때문에 육체적 고충이 상당했다. 보통 체력으로 할 수 있는 일이 아니었다. 기록을 보면 동료와 교대하기도 했지만, 수면부족, 과로가 누적되어, 도중에 한명이 과로사했다는 이야기이다.

네 번째 임무는 '화재 시 종문장宗門帳을 지키는 것'이다. 종문장은 현재의 호적등본이나 주민등록증과 같은 것으로 무사의 이름이 적혀 있다. 성채에 화재가 났을 때, 이것을 닌자가 가지고 나오게 되어 있었다.

다시 이야기를 가장 닌자다운 임무인 '의중'으로 돌아가 보자. 이 의중이 어떤 상황에서 하달되는지를 보면 이웃 번의 번주가 면직되었을 때, 즉 번주가 영지를 뺏겼을 때나 농민봉기가 근처에서 일어났을 때이다. 이웃 번의 번주가 면직되면, 그 번주가 자포자기하는 심정으로 영지에서 농성을 벌일 가능성이 있는지 어떤지를 닌자를 보내, 조사하고 감시한다. 또 근처의 영지에서 봉기가 일어나면, 주위의 번에서는 농민봉기가 어떤 식으로 진행되고 있는지, 예의 주시할 필요가 있었기 때문에 닌자를 보내 그쪽 상황을 수시로 가로家老나 번주에게 알린다.

또 도박이나 기독교도 적발에도 이용되었다. 닌자는 항구도시 등에서 도박을 단속하거나 기독교도를 적발하였다. 그러나 위험을 무릅쓰고 잠입하는 등, 고도의 인술을 사용한 정보 수집은 에도 중기 이후가 되면 별로 볼 수 없게 된다.

용불용설用不用說이란 말처럼 기술도 쓰지 않으면 쇠퇴하는 것처럼 막말이 되면 닌자는 예전과 같은 활약을 하지 못한다. 시대변화는 닌자에게도 예외 없이 다가온다. 어느새 선조대대로 내려오는 정보원로서의 임무에 대한 긍지는 사라져 간다. 오카야마 번에서는 1869년(메이지 2)에 번 가로藩家老가 10개의 이가 닌자 가문을 모아놓고 '쌀 5섬 정도를 더 줄 테니 평범한 병사가 되라.'는 조건을 제시하며, '닌자 폐지'를 선언한다. 오카야마 번이 제시한 조건을 이가 닌자들이 거부하거나 저항했다는 기록은 없다. 지금까지 그들은 잠행이나 불침번을 서는 등, 고달프고 힘든 임무가 많았다. 오히려 지금까지 받던 녹봉보다 많이 받을 수 있을 뿐만 아니라, 힘들고 스트레스가 많은 시노비忍び의 임무는 하지 않아도 된다는 것이 다행이었는지 모른다. 그 직후 번이 폐쇄되고 현이 설치되었다.

(2) 닌자의 역사

의외로 그 역사는 길다. 전쟁이나 전투 전에 적의 동태를 살피기 위해서 정체를 숨기고 적지에 잠입해서 정보를 알아보는 것은 중요하다. '적을 알고 나를 알면 백전백승'이라는 손자병법도 있듯이 싸우기 전의 정보가 중요하다. 또한 싸우지 않고 해결하는 것도 중요하다. 이때 닌자는 은밀하게 접근해서 적을 회유하거나 매수하는 일도 했는데, 이것은 싸우지 않고 이길 수 있는 혹은 피할 수 있는 방법이기도 했다. 그래도 싸워야 하는 경우에는 미리 적의 전력을 약화시키기 위한 공작을 편다. 불만을 가진 적의 유력 무장에게 좋은 조건을 내걸어 아군으로 끌어들이거나, 이것이 불가능할 경우에는 적지에 들어가 데마Demagogie, 즉 허위 정보를 퍼뜨린다. 상대 무장을 의심케 하거나 분란을 일으키는 등 이간 공작을 한다. 이렇게 해서 싸움이 벌어지면 자기편의 피해를 최소화하기 위해서 야습이나 기습을 하거나, 이들이 장기로 하는 불 공격으로 불을 이용한 공격으로 적을 교란시키거나 바람이 심한 날에는 방화를 한다.

그 밖에도 독극물을 이용해서 적의 전력을 약화시키거나 난공불락의 성이 있으면 성 공략 전문가로서 불려가기도 했다. 이러한 고도의 전술을 다룰 줄 아는 닌자는 특수부대와 같아서 전투가 있을 때마다 용병으로 고용되었다. 전쟁이 사라진 에도시대에도 닌자는 정보수집에 관여하면서 막부나 번의 체제유지를 위해 기여하기도 했다.

다음은 닌자의 역할이 크게 바뀐 변혁기를 중심으로 살펴본다.

1) 전국시대戰国時代(1467~1573) : 용병으로 여러 전투에 참가

전투에서 적진에 몰래 숨어 들어가 적을 계략에 빠뜨린다. 이런 일반적인 상상이 맞아떨어지는 시대가 전국시대이다. 특이한 기술을 갖춘 뛰어난 용병 집단으로서 다이묘나 무장들에게 고용되었다. 임무는 크게 나누면 두 가지이다. 스파이와 전투. 싸우지 않고 상대편을 무너뜨리기 위해 정보를 수집하거나, 유언비어를 퍼뜨리거나 적을 매수하기도 했다. 막상 전투가 시작되면 성 공격 전문가로서 전쟁터에 참가하여 야습과 화약을 사용해서 방화나 군량미 탈취, 독극물을 섞어 넣기도 하는 등 게릴라전을 통해 적에게 데미지를 입히고, 아군의 피해를 최소화시키는 일을 담당한다. 지금의 특수부대와 같은 것이다.

닌자를 잘 이용한 사람으로 다케다 신겐武田信玄이 있다. 다케다 신겐은 남자뿐만 아니라 소속이 없이 유랑하는 무녀들을 이용해서 여성만이 물어볼 수 있는 정보를 입수했다. 이렇게 해서 여러 나라의 정보를 꿰차고 있던 신겐을 다리 긴 스님이라는 의미로 '아시나가보즈足長坊主'라고 불렀다.

2) 에도시대江戸時代(1603~1868)

천하를 판가름하는 전투였던 세키가하라 전투関が原の戦い 이후, 에도막부가 성립되었다. 이후 천하태평 시대를 맞이하면서 닌자의 역할에도 큰 변화가 일어났다. 전투의 스페셜리스트로서 활약하던 닌자는 산킨코타이로 성을 지키는 호위무사로 평화를 유지하기 위한 요인 경호SP나 번교藩校의 강사로 활약한다. 참고로 닌자가 마지막으로 활약한 것은 1637년 시마바라의 난島原の乱. 고카 닌자 10명이 막부 편에 서서 적진에 잠입해서 병량兵糧을 몰래 훔쳐내는 일을 했다.

닌자를 가장 많이 고용한 사람은 도쿠가와 이에야스德川家康이다. 이에야스의 인생에 있어서 최대의 위기였던 이가고에伊賀越え, 당시 닌자들의 활약으로 목숨을 건진 후 돌아와서는 200명의 이가 닌자를 고용했다. 많을 때는 300명이 넘었다고 한다.

고카 닌자로 유명한 이는 세키가하라 전투[111]를 전후로 활약한

---

111) 세키가하라 전투는 1600년 9월 15일, 도쿠가와 이에야스가 이끄는 동군 10만 명과 이시다 미쓰나리가 이끄는 서군 8만 명이 도요토미 정권의 주도권을 놓고 지금의 기후 현에 위치한 세키가하라에서 싸운 전투를 가리킨다. 이 전투에서 승리한 도쿠가와 이에야스는 이후 에도 막부를 설립하

야마오카 도아미山岡頓阿弥일 것이다. 고카 닌자가 없었다면 이에야스가 천하를 호령하는 일은 힘들었을 거라는 말이 있다. 왜냐하면 세키가하라의 전투에서 이에야스에게 시시각각으로 정세를 보고하고, 고바야카와 히데아키小早川秀秋의 배신 공작을 배후에서 주도한 것은 야마오카山岡의 고카 닌자였기 때문이다. 야마오카 군山岡軍의 고카 닌자는 가미가타上方에 잔류한 도쿠가와 편에 서서 세키가하라 전투를 맞이했다. 일부는 후시미 성伏見城을 수성하며, 서군 이시다 미쓰나리石田三成 측의 진군을 늦추다 전사하였다.

이 후시미 성의 전투는 비참했다. 고카 닌자는 이 비참한 전투에도 참가했다. 세키가하라 접전이 있기 전에 도쿠가와 이에야스는 가장 신뢰하는 죽마고우 도리이 모토타다鳥居元忠를 후시미 성에 남기고 관동으로 물러가기로 했다. 이에야스가 관동으로 물러나면 이시다 미쓰나리 등이 거병을 일으킬 것이 자명했기 때문에, 후시미 성을 지키는 사람들은 이시다 무리의 대군에 포위된다. 죽음은 확실했다.

그러나 후시미 성의 도리이에게 많은 병사를 내어주면 병력이 분산되므로 이후에 이시다 측을 칠 수 없게 된다. 그래서 이에야스는 부득이 성을 버리기로 하고 1,800명의 병력만을 후시미 성에 남기고 갔다. 최대 10만이란 이시다의 병력이 후시미 성을 습격할 것이라 예상되었다. 10만 명 대 1,800명이 벌이는 싸움은 승산이 없다. 전멸이 예상되므로 이에야스는 후시미 성에 부모 자식이 모두 남지 않도록 하고 관동으로 물러났다. 이것은 미카와의 무사 가문이 단절되지 않도록 한 이에야스의 배려였다.

후시미 성으로 들어간 1,800명은 이제 확실하게 죽겠지만 그 장

기 위한 토대를 마련했다. 때문에 이 전투를 '천하를 판가름하는 싸움'이라고 한다.

군인 도리이 모토타다와 이에야스는 마지막 말을 나누었다고 한다. 이에야스와 모토타다는 어릴 때부터 같이 자라온 사이다. 이에야스는 어렸을 적에 스루가駿河의 이마가와 요시모토今川義元의 인질로 있었다. 이에야스는 인질 생활로 스트레스가 쌓여 자주 모토타다에게 화풀이를 하기도 했다. 이에야스는 매사냥을 좋아했지만 인질이었기 때문에 처음에는 매를 준비할 수 없었다. 그래서 매 대신에 때까치로 놀곤 했다. 모토타다가 때까치를 손에 앉히려하니 어린 이에야스가 갑자기 그 방법이 나쁘다며 화를 냈다. 모토타다를 툇마루에서 차버렸다고 한다. 그러나 모토타다는 어떤 불평도 말하지 않는다. 모토타다의 부친도 아무런 불만도 말하지 않았다.

도리이 모토타다의 부친은 이렇게 말했다고 한다. "이에야스 공公은 지금 인질이다. 위축되어선 안 된다. 친한 사람을 갑자기 가차 없이 몰아세우는 것은 오히려 대장군 감에 어울린다. 장래가 기대된다." 그리고는 어느 날 미카와 오카자키 성三河岡崎城의 창고로 데려가는데 거기에는 영락전永樂錢[112]이 산처럼 쌓여있었다. 그리고 이에야스에게 말한다. "이 돈은 이에야스 공이 도쿠가와 가를 부흥시킬 때 쓰실 자금으로 준비해 둔 돈입니다. 미카와 무사가 필사적으로 아껴 모은 돈입니다. 돈은 옆으로 쌓으면 쓰러지기 때문에 세로로 신중히 쌓았습니다." 미카와 무사란 충성스러운 자들이다. 무엇이든 희생한다. 후시미 성에서 도리이 모토타다를 남겨 두고 갈 때 이에야스는 울었다고 한다.

이때 미카와 무사는 아니지만 고카 닌자 백여 명이 후시미 성에 남았다. 당연히 살아 돌아올 수는 없었다. 실제 4만 명의 군세에 포

---

112) 무로마치시대 중국의 명에서 수입하여 에도 초기까지 활발히 유통된 화폐로 1608년에 유통이 금지 되었다.

위된 백 명의 고카 사무라이侍 중에서 살아 돌아온 자는 30명 남짓이었다. 무장 급이 10명 있었지만 생존자는 절반 정도였다. 그때 배신한 일부 고카 닌자가 적군을 성으로 끌어들였다. 하지만 배신하지 않은 고카 닌자도 있었기에 많은 전사자가 나왔다. 그때의 공으로 고카 닌자는 도쿠가와 가에서 상당한 우대를 받게 되었다고 생각한다.

이어서 세키가하라 전투에서 보인 닌자의 활약에 대해서 살펴보자. 고카 인은 오미近江(시가 현 滋賀県)에서 세키가하라에 이르는 지형을 잘 알고 있어서 서군의 움직임을 이에야스에게 보고하고 있었던 것 같다. 세키가하라의 전투에서 이에야스 편으로 돌아선 고바야카와 히데아키 군小早川秀秋軍의 진군 속도가 빠르지 않다는 것을 보고할 정도였다.

고바야카와 히데아키는 사냥을 해가며 고카에서 가까운 비와호 부근을 느릿느릿 나아갔는데, 이것은 전의戰意가 없다는 증거이다. 고카의 야마오카 도아미는 이에야스에게 이런 정보까지 전했을 것이다. 그리고 교섭의 여지가 있다고 보고 이에야스는 고바야카와의 포섭 공작을 구체적으로 시작했다. 고바야카와의 가로에게 사자를 보내 거래를 한다. 그 때 구로다 조스이黒田如水, 나가마사長政 부자나 야마오카 도아미가 정보전과 포섭공작을 펼쳤다. 그 덕에 이에야스가 세키가하라에 도착했을 때는 이미 싸우지 않고 승리를 잡은 상태였다.

그러나 세키가하라에서 이에야스의 배짱은 대단한 것이었다. 정말 대담한 전투를 벌였다. 이에야스의 본진 뒤에 위치한 세키가하라의 난구산에는 모리毛利의 대군이 진을 치고 있었다. 그들이 산에서 내려와 이에야스를 습격하면, 이에야스는 조금도 버틸 수 없는 상황이었다. 그런데 이에야스는 대담하게도 고바야카와 군에게 총알까지 퍼

부으며 전진했다. 배신을 독촉하여 등을 돌리게 하면서 하루 만에 승리를 거머쥐었다. 보통 근성이 아니었다. 배짱이 넘치는 행동이었다.

'이에야스 공은 귀는 두렵고, 눈은 대담하다'고 한다. 이에야스는 적의 정보를 귀로 듣는 동안은 걱정거리들로 겁에 질린다. 무섭고 두려워서 준비를 단단히 한다. 그러나 적의 깃발을 확인하면, 정말 대담하게 행동에 나선다. 이에야스의 작전 패턴을 보면 언제나 그렇다. 고마키 나가쿠테의 전투小牧長久手の戦い[113]에서도 전투 전에는 주도면밀하게 준비한다. 깊은 수로를 파거나, 보루 등을 만든다. 그러나 막상 작전에 돌입하게 되면 '아군의 뒤통수를 보며 지휘를 하면 전쟁에서 이길 수 없다.'는 말을 입버릇처럼 하면서 전진하는 아군의 사기를 북돋았다. 말안장을 맨주먹으로 때려 손이 피투성이가 되면서도 고함을 지르며 적군을 돌파하는 것이다.

사전에 확실히 준비해 두고, 전투가 시작되면 사납게 뛰어든다. 이것이 이에야스의 진면목이다. 또 이렇게 해도 미가와의 무사단은 한마음으로 죽기를 마다하지 않는 사기 높은 군단이었다.

3) 메이지시대明治時代(1868~1912) : 의약 지식을 살려 제약회사를 만들다

메이지 유신 후, 닌자가 활약할 수 있는 장소는 없어졌다. 막번 체제가 무너지고 서구화・근대화의 물결 속에 요즈음 식으로 하면 구조 조정의 대상이 된 닌자 가운데 도쿄에 있던 자들은 경시청警視庁에 취직을 하고, 지방에서는 불火 기술을 이용해서 불꽃 기술자로 전향하기도 했다.

---

113) 도요토미 히데요시와 도쿠가와 이에야스가 유일하게 대결한 전투.

달리기를 장기로 하는 자들은 우편배달부가 되는 등 각자의 장기를 살려 전직転職하는 시대였다. 이 가운데 특히 주목할 만한 것은 근대식 제약회사가 만들어지면서 닌자의 세계에서 전승되고 있던 약 제조 기술이 의료 현장에서 큰 기여를 하게 되었다. 닌자의 고장이었던 시가 현 고카 시甲賀市에는 지금도 20여 개의 제약회사가 있다. 이 수만큼 많은 닌자가 있었다는 증거이다.

(3) 닌자의 고장, 이가伊賀와 고카甲賀

1) 닌자 발상의 땅, 이가와 고카

닌자라고 하면 이가와 고카가 유명하다. 이가나 고카는 비교적 수도 교토에 가깝고, 주위가 산으로 둘러싸여있는 천혜의 요새로 다이묘 세력이 약했던 반면, 자치권이 발달해서 지배 권력에 대한 저항이나 투쟁을 목적으로 하는 봉기(잇키 一揆)를 일으키기 위해 무장한 집단이 강한 지역이었다. 그래서 이들이 용병으로 고용되거나, 해자를 넘어 성에 잠입하거나 전투에 참가했다는 기록이 여러 곳에서 확인되고 있다. 또, 당시 정치 중심지였던 교토에 가깝고, 빠르게 중앙의 정보가 들어온다는 이점을 살려, 전국시대에는 중요한 지역이었다. 전투에 패한 사람들이 숨어있기에 좋은 외딴 고장이기도 했다. 이런 곳이었기 때문에, 전술에 뛰어난 닌자가 생겨났다. 이들을 이가모노伊賀者, 고카모노甲賀者라고도 불렀다. 덧붙여서 닌자는 역사적으로는 '시노비노모노忍の者'가 정확한 표현이다.

전국시대가 되면 이가와 고카의 무장 세력들은 오다 노부나가 군에 의해 괴멸적인 타격을 받지만, 도쿠가와 이에야스가 혼노지의 변本能寺の変 이후, 사카이堺에서 이가, 고카를 거쳐 본거지인 아이치

현愛知県의 오카자키岡崎로 피신할 때 이들이 경호하여 무사히 산길을 빠져나올 수 있었다. 이 일을 계기로 이에야스에게 중용되면서 여러 전투에서 이에야스 군의 선봉에 서서 싸우기도 했다. 이들에 대한 이에야스의 평가는 대단히 높았다.

1590년(天正18) 8월 1일, 도쿠가와 이에야스가 에도를 거점으로 삼으면서 이가 닌자, 고카 닌자는 에도 성江戶城 주변에 살면서 장군 부인의 거처나 다이묘 저택을 경비하거나 에도 성 건축현장의 근무 상태를 보고하는 일 이외에도 밀정으로서도 많은 활약을 했다. 이뿐만 아니라 조총부대로써도 고카햐쿠닌구미甲賀百人組, 이가햐쿠닌구미伊賀百人組를 편성하여 에도 성 오오테산노몬江戶城大手三之門 경비뿐만 아니라 지방 번의 다이묘들에게 고용되기도 했다.

『군뽀시요슈軍法侍用集』라는 책에는 닌자 집단 중에서도 이가 닌자와 고카 닌자가 제일 뛰어나다고 적고 있다. 평화의 시대인 에도시대가 되면 전투에 참가하는 일은 없어진 반면, 정보수집이나 경호가 주된 임무가 되었다. 닌자라고 하면 지붕 밑에 숨어서 남의 대화를 몰래 듣는 이미지가 있지만 실제는 그 지역 사람들과 친분을 쌓아 정보를 캐는 경우가 더 많았다.

17세기 중엽이 되면 잠입 기술이나 닌자로서의 마음가짐에 대해서 기술한 책이 등장하기도 한다. 1676년(延寶4)에는 닌자들 사이에 전해지는 기술이나 수법이 제대로 전수되고 있지 않는 것에 대한 위기감을 느낀 후지바야시 야스타케藤林保武는 중국의 병서인 『손자병법』과 다양한 병서, 둔갑술을 정리한 『만센슈카이万川集海』를 편찬했다. 여기에는 등기登器·수기水器·개기開器·화기火器 등의 도구를 그림으로 올려놓기도 했다. 이외에도 교제술·대화술·기억술·전달술·주술·의학·약학·식물·기상·둔갑·화약 등 다양한 내용이 기술되어 있다. 이처럼 인술忍術이란 다양한 지식을 기반으로 한 서바이벌기술이라고 말할 수 있다.

실제로 닌자는 사라졌지만 에도시대의 소설이나 가부키와 같은 예능 등에서는 허상의 닌자를 소재로 다루고 있다. 에도시대 초기의 닌자는 인술을 사용해 잠입하거나 중요한 물건을 몰래 가져오는 등의 역할을 하는 것으로 그려져 있었다. 이와 관련해서 유명한 이시가와 고에몬石川五右衛門 이야기가 있다. 여기에서 이용되는 인술은 요술妙術의 영향을 받아 매우 불가사이 한 인술로 변화했다.

2) 이가伊賀 닌자의 역사

이가를 닌자의 고장이라고 하는 이유는 무엇일까? 이가지역에 많은 도래인들이 정착해서 살았던 것을 이유로 꼽기도 한다. 시작은 도래인들이 전해준 기술에서 비롯했다는 말이 있다. 이가는 도래인의 거주지로 벼농사를 비롯한 다양한 조건이 갖추어져 있었다. 도래인은 최첨단 기술을 이가 사람들에게 전했다. 예를 들면 철을 만드는 기술이다. 철이 있으면 칼과 괭이를 만들 수 있다. 칼이 있으면 싸움에 괭이가 있으면 농사에 힘을 발휘한다.

전국시대부터 에도시대에 걸쳐서 활약한 닌자 중에 핫토리 한조服部半蔵가 있다. 한조의 조상도 도래인渡来人과 관계가 있다. 핫토리는 '하토리베服部部', '하타오리베機織部'라는 고대에 길쌈 기술을 전한 도래인이라고 여겨진다. 나중에 '베'의 부분이 사라지고 '핫토리'가 되었다. 지금도 전국에 핫토리라는 지명이 남아 있는데, 핫토리 씨의 출신은 이가 국이라고 한다. 핫토리 씨의 조상으로 헤이안시대의 무장 핫토리 이에나가服部家長도 이가국伊賀国 출신이다. 핫토리 가문의 조상신인 고미야 신사小宮神社는 현재의 이가 시 핫토리에 있다.

745년(天平17), 쇼무 천황聖武天皇이 화엄종 총본산인 도다이지東大寺를 만들었다. 대불전大仏殿은 세계 최대의 목조 건축물이다. 도다이지는 9세기에는 광대한 장원과 승병을 거느리는 사원이었다. 이가국伊賀国에는 도다이지의 영지인 장원莊園이 많았다. 특히 이가 남부의 구로다장원黑田庄과 이가 북부 다마다키장원玉滝荘이 도다이지의 이가 장원의 중심지였다.

한편, 닌자의 원형을 구로다黑田의 악당悪党이라고 보는 견해가 있다. 10세기 말쯤 되면, 구로다의 나무꾼杣人들은 마을을 만들고, 도다이지의 장원 주민으로 자립해간다. 1054년(天喜2) 도다이지의 지원을 받아 장원의 확대를 도모하는 구로다 장원 주민과 고쿠시国司와의 사이에 싸움이 일어났다.

구로다 장원은 도다이지 게시직下司職을 독점한 오에 씨大江氏가 다스리고 있었다. 게시는 장원에서 사무를 관장하는 책임자이다. 닌자로 유명한 모모치 씨百地氏는 오에 씨의 후손이다. 이윽고, 오에 씨는 무사단을 형성하고 도다이지와 맞서게 된다. 이들이 '구로다 악당黑田の悪党'으로 불리는 무사단으로 성장한다. 악당이란, 일본역사에서 중세시대에 기존의 지배체계에 대항하는 자 또는 계층을 말한다. 이 악당이 이가 닌자의 원형原形이 되었다고 보는 견해가 일반적이다. 악당의 전성기는 가마쿠라시대 후기부터 남북조시대까지이다. 가마쿠라시대 말경, 막부의 고케닌御家人 핫토리 지호服部寺法는 도다이지 측의 요구로 이들 악당을 단속하는 일을 했다. 하지만 악당 가운데는 지호의 집안사람도 있었다. 지호는 악당이 실속적인 이익이 있다고 판단해서 다카하타 우에몬타로高畠右衛門太郎라는 이름으로 바꾸고 악당이 된다. 그리고 '가장 유명한 최고의 악당当国名誉大悪党張本'이라

불릴 만큼 큰 세력으로 성장한다.

3) 고카甲賀 닌자의 역사

고카甲賀의 역사는 오래되어 고카에 전해지는 「닌쥬츠오기덴忍術応義伝」에는 쇼토쿠 태자를 섬긴 고카 우마스기甲賀馬杉의 오토모노 호소히토大伴細人가 모노노베 씨物部氏 정벌 때 군술軍術을 가지고 숨어들어 승리를 얻었던 것을 계기로 쇼토쿠 태자의 시노비라고 불리게 되었다고 한다. 672년(壬申), 덴지 천황天智天皇의 장자 오토모 왕자大友皇子와 덴지 천황의 동생 오오아마 왕자大海人皇子(후에 덴무 天武 천황) 간의 싸움 '진신의 난壬申の乱' 때에도 고카는 관여했다.

고카의 지형도 닌자의 탄생과 관계하고 있다고 여겨진다. 고카는 시가 현滋賀県 최남단에 위치하고 동쪽은 해발 1,000미터를 넘는 스즈카 산맥鈴鹿山脈, 중앙은 완만한 구릉과 시가라키 산지信楽山地, 남부는 이가와 접하고 있다. 스즈카 산맥에서 야스 강野洲川과 소마 강杣川이 흐르면서 복잡하게 뒤얽힌 계곡을 형성한다. 고카에도 도래인이 정착해서 살았으며, 나라시대에는 쇼무 천황聖武天皇이 시가라키노 궁紫香楽宮 건설을 위해 고카의 입지적 중요성에 주목하기도 했다.

일찍부터 수도의 정보를 감지할 수 있는 산간부의 숨겨진 마을이었던 고카에는 수도에서 전란이 있을 때마다 많은 황족, 귀족, 무사들이 피해 들어왔다. 이때 새로운 기술과 지식이 따라 들어왔다. 그리고 전국다이묘들의 영향력이 크게 미치지 않는 지역이었다. 여기는 낙인落人과 산무사山武士, 산적들이 살던 땅이다. 가혹한 상황에서 살아남기 위해서는 유익한 정보를 확보하는 것이 중요했다.

헤이안시대부터 가마쿠라시대까지 고카에는 산악 불교인 천태종 밀교天台宗密教가 들어온다. 천태종 밀교와 슈겐도修験道는 관련이 깊다. 고카에는 한도데라 이와모토원飯道寺岩本院과 우메모토원梅本院이 있고, 한도산飯道山은 슈겐도의 일대 성지였다. 슈겐샤修験者는 지역을 넘어 각지에 네트워크를 가지고 있었다. 고카 사람들이 슈겐도술修験道術을 익히면서 전국의 강자인 고카 닌자가 탄생하게 되었던 것이다.114)

4) 무사명부武士名簿 부겐쵸分限帳와 닌자

아직까지 닌자에 대한 연구는 많지 않다. 닌자는 학술적으로 연구하는 것이 어렵기 때문이다. 무엇보다 닌자는 알려지지 않은 것이 많은 비밀스러운 존재이기 때문에 사료가 많지 않다. 고카에는 『닌쥬츠히덴쇼忍術秘傳書』가 남아있기는 하지만, 중요한 것은 적혀있지 않다. 중요한 내용은 구전으로 전해지고 있기 때문이다. 사료가 남아 있지 않은 것을 학술적으로 연구하는 것이 어려운 일이라 지금까지 닌자 연구가 이루어지지 못했던 이유가 된다.

최근까지도 많은 연구자들은 닌자에 대한 관심은 가지고 있으나, 학술적인 연구는 무리일지도 모른다고 생각했다. 그러나 고카 지방에는 닌자의 후손이 살고 있고, 닌자 연구에 필요한 고문서도 존재한다는 것을 알게 되었다. 고카 시에 거주하고 있는 와타나베 젠우에몬渡辺禅右衛門이라는 사람은 오와리 번尾張藩의 시노비忍び(첩자, 잠입, 정탐, 정찰, 정보원, 스파이), 즉 닌자의 자손이다. 그는 정년까지 도쿄에서 샐러리맨 생활을 했다. 이때만 하더라도 자신이 닌자의 후손이라는 것은 전혀 몰랐다고 한다. 자신의 가문이 막부 말까지 닌

---

114) 伊賀忍者研究会編(2016) 『忍者の教科書』笠間書房, pp4~6.

자였다는 것은 생각지도 못했다. 그런데 정년 후에 집에서 전해져 내려오고 있는 고문서를 발견하고, 놀랐다고 한다. 실제로 오와리 번에는 기무라 오쿠노스케木村奥之介라는 고카 출신 닌자가 있었다. 이 사람 외에도 5, 6명의 고카 시노비가 있었던 것 같다.

다음은 고문서의 내용을 토대로 닌자의 세계에 대해서 소개하고자 한다.

닌자의 활동상황이나 임무가 기록된 고문서가 남아 있는 번이 있다. 에도시대 260여 개의 번 가운데는 규율이 엄격한 번과 느슨한 번이 있었다. 규율이 엄격한 번으로는 사쓰마 번薩摩藩, 사가 번佐賀藩, 미토 번水戸藩이 있다. 이렇게 규율이 엄격한 번은 무사가 백성을 쉽게 대하는 경우가 빈번하다. 한편, 규율이 느슨한 번으로는 오카야마 번岡山藩이나 오와리 번尾張藩이 있다. 이들 번은 영민들에 대한 통제가 느슨하고, 대체적으로 비밀 누설도 쉽다. 오카야마 번에서는 상당히 신분이 높은 무사라도 백성과의 결혼이 가능했다. 오카야마 번이나 오와리 번에서는 닌자 관련 정보도 꽤 남기고 있다. 번 소속 무사의 명부名簿인 부겐쵸分限帳에는 닌자의 이름이 실명으로 남아있다. 오카야마 현립 도서관岡山県立図書館에서 인터넷으로 오카야마 번 무사의 명부인 부겐쵸를 공개하고 있는데, 거기에는 닌자의 실명実名이 그대로 남아있다.

이처럼 규율이 느슨했던 오카야마 번에서 남겨놓은 기록을 통해, 베일 속에 숨겨져 있던 닌자의 실태를 비교적 잘 알 수 있다. 가령, 오카야마 번은 겐로쿠 아코 사건元禄赤穂事件[115] 때에도 닌자를 고용

---

115) 에도시대 겐로쿠(元禄) 초에 일어난 사건. 아코 번의 번주인 아사노 나가노리(浅野内匠頭)가 에도성의 연회장에서 막부의 중개자였던 기라 요시나가(吉良上野介)를 상처 입힌 사건으로 할복. 이후 아코 번의 47명의 가신들이 기라 요시나가에게 복수 한 후 번주를 따라 할복. 일본의 의리(義理)를 보여준 사건으로 일반적으로는 '주신구라(忠臣蔵)'로 알려짐. 주신구라는 이 사건을 토대로 한 인형조루리

하고 있었다. 오이시 구라노스케大石倉之助 측에서 아코 성赤穗城에서 농성을 하는지 아닌지 닌자를 통해 탐색을 벌였다는 것을 알 수 있다. 당시 닌자의 보고서가 나무상자에 담겨져 남아 있다. 오카야마 번의 닌자는 아코에서 가마와 배를 이용해 탈출한 뒤 귀국했다.

우선 기본적인 상황부터 살펴보자. 에도시대 닌자의 수를 추정해 보면, 전체 인구는 막부 말에 3,500만 명, 중기인 1,700년 전후로는 3,000만 명, 에도시대 초이자 전국시대의 끝 무렵에는 1,500만 명 전후로 추정되고 있다. 막말幕末의 인구와 비교하면 현재 인구는 그때의 약 4배인 1억 2,700만 명이다.

무사는 막말부터 메이지에 걸쳐 35만 명 정도였다. 가족을 포함하면 대략 150만 명, 총 인구의 약 5%이다. 즉 스무 명에 한 명이 무사와 그 가족이었다. 그렇다면 닌자는 각 번에 몇 명 정도 있었을까? 오카야마 번은 고쿠타가石高 31만 석으로 인구가 30만 명이었다. 전체 인구의 약 1/100의 규모이다. 오카야마 번에 고용된 닌자는 대략 에도시대 초에 18개 가문이었다가, 막말이 되면 10개 가문으로 줄어든다.

오카야마 번뿐만 아니라 아코 번 아사노 번浅野藩에도 기록이 있다. 아코 사건을 일으킨 아코 번의 부겐쵸에 닌자가 몇 명 있었는지 보면, 1701년(겐로쿠 14)의 아코 부겐쵸赤穗分限帳에 5명이 있었다. 1국 이상의 영지를 가진 다이묘国持大名[116]가 20명, 작은 번에서는 5명 정도의 닌자를 고용하고 있었던 것 같다.

하지만 번 규모와 비례해서 닌자수가 비례하는 것은 아니다. 단지

나 가부키인 '가나데혼주신구라(仮名手本忠臣蔵)'의 통칭. 또한 이 사건을 다룬 여러 작품군의 총칭이기도 하며 작품과의 구별을 위해 사건 자체를 논할 경우 아코 사건이라 한다.

116) 에도시대에 일국(一国) 이상을 영토로 가진 大名.

리축제山車祭り로 유명한 기시와타 번岸和田藩은 아코 번과 규모는 비슷했지만 50명의 고카 닌자를 거느리고 있었다. 무려 10배나 많은 닌자를 거느리고 있었던 것이다. 나아가 기시와타 번 근처의 도쿠가와 고산케御三家 중 하나인 기슈 번紀州藩에서는 고카, 이가 닌자를 200명 이상이나 고용하고 있었다. 막부가 고카 닌자 100명, 이가 닌자 200명을 거느리고 있었던 것은 익히 알려진 사실이지만, 고쿠다카 35만석의 기슈 번이 닌자 대국忍者大国이라 할 만큼 많은 닌자를 거느리고 있었던 것은 아마 기슈 번이 서 일본의 다이묘를 감시하고 있었을 가능성이 크다. 교토, 오사카에 가까운 아마가사키 번尼ヶ崎藩, 와카야마 번和歌山藩도 많은 닌자를 거느리고 있었다. 이 역시 막부로부터 서 일본을 감시하라는 특명이 있었던 게 아닐까 추측된다.

이처럼 번에 따라 고용 닌자의 수가 달랐다는 것을 알 수 있다. 그 가운데는 기나이畿内 지역의 번이 많은 닌자를 수하로 두고 있었던 것 같다. 그런데 공식적인 무사 명부인 부겐초에 실려 있는 닌자가 전부는 아니다. 오와리 번을 비롯한 몇몇 번의 기록을 보면 상당히 복잡한 닌자 사회의 구조가 보이기 때문이다. 사료가 비교적 많이 남아있는 오와리 번에는 고카와 이가 닌자가 있었고, 기무라 오쿠노스케가 이야기한 고카 닌자의 사료가 나왔다. 오와리 번에는 지카마쓰 시게노리近松茂矩[117]라는 병학자兵学者가 있었다. 그는 번주로부터 일본 무술을 집대성하라는 명령을 받고 닌자에 대한 조사를 했다. 기무라 오쿠노스케에게 닌자의 기술에 대해서 청취해 남긴 기록이 남아있다. 이것을 오와리 번에 전해지는 닌술비전서忍術秘伝書라고

---

117) (1697-1778) 에도 중기의 병학자(兵学者). 오와리 번의 번사. 일전류병학(─全流兵学)의 창시자. 무술을 좋아했던 도쿠가와 요시미치(德川吉通)에게 병학무술을 집대성하라는 명을 받고 일본적 병학에 신도(神道)정신을 접목. 이후 오와리 번의 독특한 병법의 기반을 구축하였다.

해도 좋을 것이다.

『만센슈카이』8권에서는 인술의 세계에는 '요우닌陽忍'과 '가케닌陰忍'이 있다고 적고 있다. '요우닌'은 계략의 앞일을 꿰뚫어 보는 지혜를 가지고 모습을 드러내면서 적중에 들어가는 것이다. '가케닌'은 기술을 사용해서 자신의 모습을 숨기고 몰래 들어가는 것이다.

먼저, 요우닌은 자신을 '시노비忍び'라고 밝히고 영주를 섬기는 닌자다. 고카, 이가출신이라는 것을 드러내놓고 섬긴다. 요우닌은 일상에서 볼 수 있는 직업이나 복장을 하고 적중에 들어가는 것으로 때와 장소에 어울리는 모습으로 변장하고, 머리를 미는 방법도 그 지방의 사람과 같게 한다. 예를 들어 승려, 수도자로 변장하고, 필요하다면 여장女裝도 했다. 거리공연사로 변장한다면 원숭이를 이용하는 곡예도 할 수 있었을 정도였다. 또, 잠입하는 나라나 마을의 지리도 조사해둘 필요가 있다. 여러 무장들이 전투 때에 쓰는 깃발이나 막부의 문장, 성주의 인감의 모조품을 가지고 있으면 편리하다고도 쓰여 있다. '손자병법'에 '적을 알고 나를 알면 백전백승' 이라고 쓰여 있듯이, 적에 대한 것이라면 무엇이든 알아 두면 싸움에는 지지 않기 때문이다. 오카야마 번의 닌자 중에도 이가 출신이 10명 정도 있었는데 이들이 요우닌이라 봐도 무방할 것이다. 인적이 드문 후미진 곳에 작은 집을 짓고 살았다. 그들이 닌자라는 것은 공공연한 비밀이었다. 이것이 요우닌이다. 오와리 번의 기록에는 '요우닌은 기무라 오쿠노스케와 같은 부류'라고 적혀있다. 이것은 오와리 번에서는 고카 출신인 기무라 일족을 공식적으로 고용하고 있었다는 것을 의미한다.

한편, 그렇지 않은 닌자도 있다. 바로 가케닌이다. 가케닌은 평소에는 은밀하게 또는 시노비로서 사람들에게 알려지지 않도록 하면서, 주어진 임무를 비밀리에 수행하는 고용된 닌자이다. 적중에 몰래 들어가기 전에는 적의 성에 대해 치밀하게 조사해, 잠입할 장소나 탈출할 장소를 생각해둔다. 또 달이 뜨고 지는 시간을 조사해 알아보고, 달이 뜨기 전이나 지고난 후에 잠입해야 한다고 한다. 가케닌은 그다지 밝지 않은 달빛조차 신경 쓰고, 자신의 모습이 드러나지 않도록 주의했다. 그리고 잠입하려는 날에는 낮잠을 자두는 것이 좋다고도 적고 있다. 비록 닌자라도 졸음에는 이길 수 없다. 기시와타 번에는 50명의 고카 닌자가 있었다. 그러나 이들이 모두 기시와타의 단지리 마을에 기거하는 것은 아니었다. 기시와타에 상주하는 것은 8명 정도였고, 나머지 42명은 고카 마을에서 대를 이어 살았다. 급료는 기시와타에 사는 자는 주고코쿠시치닌부치十五石七人扶持(봉록)[118] 정도로, 지금의 약 500만 엔에서 600만 엔 정도의 연봉이었다.

이 8명을 뺀 나머지 42명은 가케닌이었다. 그들은 평소에는 농사를 짓다가 전쟁이나 사건 등이 발생하면 기시와타의 번주 오카베岡部를 위해서 기시와타 번에 가담하여 은밀하게 임무를 수행했다. 이들은 그림자 시노비로 평소에는 성채 근처에는 오지 않으며, 보이지 않는 곳에 있었다. 비상근으로 번주의 요청이 있을 때에만 활동하는 이런 가케닌의 급료는 적을 수밖에 없다. 쌀로 치면 5석, 돈으로 하면 5냥(1냥=현재 시세 30만 엔)이 조금 안 된다. 대략 150만 엔 정도이다. 다른 수당 등을 더하면 연 수입은 약 200만 엔 정도였다고 한다. 적은 수입으로 가족을 부양하기 어려웠을 가케닌은 평소에는 고향인 고카에서 농사일을 하면서 명령을 기다렸던 것이다.

---

118) 15石의 쌀을 수확할 수 있는 넓이의 땅에서 세금 수령 + 35俵의 쌀을 봉록으로 수령하는 것을 말함.

이처럼 닌자도 상근 닌자常勤忍者와 비상근 닌자非常勤忍者가 있었다. 이러한 사정으로 인해서 고카 일대의 수행자들은 여러 번의 비상근 닌자, 즉 그림자 시노비로 고용되었을 가능성이 크다. 이 점을 고려하면 다이묘 가大名家의 번 무사 명부에 실려 있는 수보다도 닌자 수는 많았을 것이라고 추정할 수 있다.

다음은 닌자를 고용하는 방법인데, 1,700년경까지 각 번은 상당한 수의 닌자를 고용하고 있었던 것 같다. 오카야마 번의 고문서에 '닌자부족忍者不足'이라는 기술이 있다. 닌자가 부족하다는 의미다. 오카야마 번은 하야가와 로쿠베早川六兵衛라는 이가 닌자를 고용했다. 그런데 이 시노비 집안은 로쿠베가 마지막으로 대가 끊겼기 때문에 '시노비가 부족하다. 게다가 그 맥도 끊어졌다.'고 닌자가 줄었다는 것을 기록에 적고 있다.

막부나 여러 번도 1,700년경까지는 닌자를 자주 고용했다. 이유는 평화의 시대가 지속되면서 이후, 닌자를 고용하는 번이 줄어든다. 닌자를 계속 고용하지 않으면 대가 이어지지 않고 가문이 단절되어 닌자는 없어지게 된다. 원래 닌자는 재주에 능한 사람들이기 때문에 방치하면 어디론가 가버리며 대우가 좋은 다른 가문을 섬기게 된다. 오카야마 번에도 원래는 18개의 닌자 가문이 있었지만 막말이 되면 그 수는 절반 정도로 줄어든다.

게다가 막말이 되면, 오카야마 번의 닌자들은 닌자 일을 하지 않고 다른 일에 손을 대기 시작했으며, 전통적으로 해오던 인술 연마는 뒷전인 채 익숙하지 않은 일에 손을 대면서 실패하는 일이 발생하기 시작했다. 금융업을 시작하면서 돈으로 인한 트러블을 일으킨 경우도 있다. 전란의 시대에 제대로 실력을 발휘하는 닌자는 평화가 지속되면서 인술도 퇴보하여 비난을 받기도 했다.

그러나 막말에 다시 전쟁이 시작되니, 닌자에게도 참전 기회가 왔다. 조슈 전쟁長州戦争[119]이다. 오카야마 번이 조슈를 향해 출진했지만, 그 때 닌자는 거의 도움이 되지 못했다. 옛날이라면 사전에 지인이 있거나, 지인을 만들거나, 잠입하는 등 한발 앞서 전선에 들어가 정보를 모아왔다. 그런데 시대가 바뀌면서, 그런 활동은 볼 수 없었다. 출진은 했지만 이렇다 할 활동은 없었다. 그래서 번에서는 오히려 일반 무사 중에 적당한 자를 선발해서 탐색대로 쓴 것 같다.

(4) 인술忍術과 인구忍具

1) 인술忍術이란?

닌자의 특징이라고 하면 단연 '인술'을 사용한다는 것이다. 비전秘伝의 두루마리를 물고 지켄인智拳印을 외면 연기가 나면서 순식간에 어둠으로 사라져 없어진다. 이런 닌자의 이미지는 에도시대의 소설 『지라이야고케츠단児雷也豪傑譚』에서 시작되었다. 이런 매우 기묘하게 여겨지는 기술도 실제로는 사람의 심리나 착각을 이용한 교묘한 트릭이다. 닌자는 사람의 감정을 다루며, 다른 사람을 자유자재自由自在로 조종하는 기술이 뛰어났다고 한다.

닌자가 싸우는 방법은 주로 게릴라 전술로 상대의 허를 찌르는 기

---

119) 조슈전쟁(長州戦争, 長州征伐, 長州征役, 幕長戦争) 1864년 8월부터 1866년 10월까지 두 차례에 걸쳐 막부 정권이 토벌군을 구성해 조슈 번 정벌에 나선 사건. 조슈 전쟁은 1867년 1월 23일 토벌군이 공식 해산되면서 종결. 실질적으로 조슈 번의 승리로 끝나면서 막부의 정치적 권위가 크게 몰락. 에도 막부 지배체제가의 붕괴에 결정적인 역할. 조슈 번과 사쓰마 번은 더 이상 막부의 통제를 받지 않게 되었으며, 주요 번들과의 열후회의(列侯会議)로 막부를 견제한다.

長州 藩은 에도시대 4, 5위에 안에 드는 경제력과 군사력을 갖춘 큰 번. 1860년대 이후 조정에서 외세를 배격하고자 하는 존왕양이운동(尊皇攘夷運動)은 더욱 고조되었고, 조슈 번은 존왕양이파를 대표하는 세력으로 막부와 갈등. 사쓰마 번과 비밀협약을 맺고 1868년 왕정복고를 수행. 신정부에 의해 폐번되지만 이토 히로부미 등 이후 정국을 주도하는 인물들을 배출했다.

습공격이었다. 평소에 신체 능력과 정신력, 인내력을 단련하는 것으로 잠복 기술을 익혔다.

2) 『만센슈카이万川集海』[120)에 전하는 인술

『만센슈카이』에는 이가를 닌자의 본거지로 보고, 이가·고카에는 49개의 유파流派가 있었다고 적고있다. 이 49개 유파의 시조始祖가 다테오카노 도준楢岡道順[121)이다. 인술은 타국이나 타인의 저택에 숨어드는 기술, 사람에게서 정보를 빼내는 기술, 적에게 기습을 가하거나 도주하거나 하는 첩보 활동이나, 게릴라전 등에 필요 불가결한 기술을 갖추고 있다. 그 기본은 변장술·침입술·보술步術·주술走術·은형술隱形術·도청술盜聽術·견적술見敵術·비술飛術·전달술伝達術·도주술遁走術·분신술分身術·환술幻術·접술 외 개기開器(문을 열기 위한 도구)·등기登器·화기火器·수기水器를 잘 다루기 위한 개술開術·등술登術·화술火術·수술水術이 있었다. 그 중에서도 화술은 237종의 기술이 적혀있다. 닌자가 이 화술을 특히 잘 다루었다고 한다.

도도 번藤堂藩 이가 닌자였던 사와무라 진자부로 야스스케沢村甚三郎保祐 후손의 집에는 지금도 봉화통과 수중 횃불이 전해지고 있어, 화술을 자유자재로 다루고 있었다는 것을 알 수 있다.

이러한 인술의 베이스가 되는 것은 손자병법孫子兵法[122)이나 요시즈네병법義経兵法,[123) 구스노기병법楠木兵法[124) 등의 병법서나 여러 무

---

120) 1659년(延宝4)에 藤林左武가 저술한 인술서.

121) 전국시대(戦国時代)의 伊賀流 닌자, 中忍, 도쿠가와이에야스(徳川家康) 등을 섬김.

122) 중국 오나라의 손무가 편찬한 병법서

123) 源義経가 편찬한 병법서

124) 楠木正成가 편찬한 병법서

술로 슈겐도修驗道, 밀교密教, 음양도陰陽道, 도교道教 등 당시의 최첨단의 지식을 망라해 고안된 것이라 여겨진다. 인술은 무술과 병법, 심리적 기술 등 최첨단 군사력을 결집시킨 종합병법이라 할 수 있다. 또, 닌자의 근원은 슈겐도와 음양도에 있다고도 했고, 신불神仏 등의 종교의 힘을 빌려, 새로운 비술을 개발했다. 슈겐도의 개조開祖 엔노오즈노役小角125)가 특기로 했던 주술 구자쿠묘오孔雀明王126)는 재난災難을 물리치고 연명해, 악을 쫓아버리는 효과가 있었다고 한다. 닌자는 임기응변으로 자신이 믿는 수호신을 자신의 편에 두고, 신불에 의지함으로써 자신의 힘을 강하게 했다.

① 은형술隱形術

『만센슈카이』에는 형체를 감출 수 있는 '은형술'에 대해서 적고 있다. 정식으로는 마리지천摩利支天 은형술로 '온·아니치·마리시에이소와카'라는 주문을 외면서, 손가락을 꼬면, 형체를 감출 수 있다는 비술이다. 단, 이 기술에는 트릭이 있었다. 마리지천은 불꽃을 신격화한 것이다. 태양을 등지고 아수라阿修羅와 싸웠다는 전설에서 태양을 등지는 것으로, 상대는 눈이 부셔 보이지 않게 되는 착시현상을 이용한 기술이다. 닌자가 이용하는 방법은 현대과학으로 설명할 수 있는 것으로 황당무계한 기술은 아니다.

② 이이즈나술飯綱術

이이즈나술은 인술보다 주술의 일종이라고 할 수 있다. 신슈信州·이이즈나산飯綱山의 신으로부터 감득感得한 다키니텐ダキ二天의 요술

---

125) 奈良시대의 수도자, 주술사
126) 불교의 밀교에서 높이 받드는 명왕

이다. 부부 사슴의 가죽과 거북의 등딱지를 이용하여, 이이즈나곤겐飯綱權現[127]의 앞에 바치며 신불의 가호를 빌자 깜짝할 사이에 인술을 전수받고 하늘을 날 수 있게 되었다고 한다. 이 기술은 고카의 오하라 가 문서大原家文書의 고요군칸데키류甲陽軍鑑的流[128] 안에 나오는 기술이다. 이이즈나 기술은 일반적으로는 영적인 여우같은 작은 동물을 이용하는 기술이다. 이 책에는 이이즈나 기술을 사용한 닌자의 부적 만드는 방법이 적혀 있고, 이 부적을 몸에서 떼지 않고 가지고 있으면 인술을 터득하고 자신의 목숨도 지켜준다고 여겼다.

③ 구지호신법九字護身法

진나라晉의 갈홍葛洪[129]이 쓴 호보쿠시抱朴子[130] (4세기경) 내편권 17 "도쇼편登涉篇[131]"에는 산에 들어갈 때 외치는 '롯코신주쓰六甲神呪'로서 '린표토샤카이진레츠자이젠교臨兵鬪者皆陳列在前行'라는 것이 있다. 고대 중국의 도교道敎에서 이용되는 주문이다. '臨兵鬪者皆陳烈在前'의 아홉 자九字를 외치면서 주문을 외고 주술을 부리면서, 불법佛法의 주문을 외고, 자기 몸에 결계를 펼쳤다. 결계를 펼침으로써 악운邪気을 달아나게 하고, 몸과 마음의 조화에 힘쓰고 모든 악을 이겨내는 힘調伏을 갖는다고 생각했다. 이것이 밀교와 슈겐도,[132] 음양도[133]에 도입되고 악운을 물리치고, 번뇌煩惱를 깨우쳐 마귀를 쫓는

---

127) 신불 조화의 신
128) 甲斐国의 다이묘인 武田氏의 전략, 전술을 기록한 군학서
129) 西晉·東晉시대의 도교 학자, 저술가
130) 중국 진나라의 도사 갈홍의 호, 또는 그 저서명. 106편이라 전해지지만 현존하는 것은 내편 20, 외편 50, 자서 2. 建武 1년에 완성.
131) 수행을 위해 산으로 들어가는 선인지원자를 위한 마음가짐을 저술한 抱朴子내편.
132) 奈良시대의 수도자 役小角를 시조로 하는 밀교(密教)의 한 파(주법呪法)을 닦고 영험(靈驗)을 얻기 위해 산속에서 수도생활을 했다.

법이라고 되어있다. 이 수련방법이 인술에도 받아들여져 재난으로부터 몸을 지키는 주술법呪法으로 여겨졌다. 실제로는 호신법을 가지고 몸을 지킬 수는 없지만, 중요한 임무를 행하기 전에 정신 집중이나 자기 암시를 위해 이용하였다.

3) 닌자의 도구

무언가를 하기에 앞서 최소한으로 필요한 7개의 도구를 '나나쓰노 도구七つの道具'라고 하는데, 『쇼닌기正忍記』에는 '나나쓰노 도구'가 아니라 첩보 활동에 필요한 6개의 도구, 즉 잠행에 필요한 여섯 가지 도구'가 소개되어 있다. 그것은 닌자만이 가지고 다니는 독자적인 무기나 도구가 아니라, 일반 여행객들이 쓰는 휴대용 여행도구와 같은 것이다. 만에 하나, 적국에서 붙잡혀 조사받더라도 누구나 가지고 다니는 도구이므로 의심받는 일을 없었다.

① 인롱印籠(휴대 약 케이스)

드라마 '미토고몬水戸黄門'의 마지막 장면에 고몬黄門이 꺼내드는 것이 미쓰바 아오이三つ葉葵 문장이 들어간 인롱이다. 인롱은 휴대용 약통이다. 3~5단 정도로 나눠진 구조로 되어있기 때문에, 여러 종류의 약을 수납 할 수 있다. 상처에 바르는 약, 복통 등의 약이나 휴대식량, 독약까지 닌자는 여러 가지 약을 휴대하고 있었다. 야외활동이나 장기간의 잠입 중에 병이나 상처가 났을 때, 약은 필수품이었다.

---

133) 음양도는 음양·오행의 이치로 길흉을 판단하며 재액을 물리치는 것을 목적으로 하는 학문이었다.

② 삿갓

차양이나 비바람을 피하기 위한 여행도구로 일반적으로 다양한 형태의 삿갓이 있었다. 특히 창이 큰 삿갓은 얼굴 전체를 가리기에 충분했기 때문에, 닌자에게는 안성맞춤이었다. 자신의 얼굴이 알려지면 정보 수집을 잘 할 수 없었다.

③ 석필(쵸크)

지금의 분필 같은 것이다. 자기편에게 정보를 전달할 때, 여러 소재에 표시나 문자를 써서 전하는 것이 가능했다. 이 외에 먹통과 붓을 넣을 수 있는 휴대필기구도 있었다.

④ 3척三尺 수건

1척은 에도시대의 길이를 나타내는 단위로 약 30.3cm이다. 3척은 약 110cm가 된다. 단순한 면 수건이지만, 용도가 다양하여 닌자에게는 필수품이었다.

예를 들어, 무기를 갖고 있지 않은 상태로 적과 싸워야 하는 상황이 되었을 때, 수건이 있는 것만으로 방어 도구로서 도움이 되었다. 더욱이 축축한 수건은 채찍 같은 무기도 된다. 방어 도구, 무기 외에도, 붕대, 얼굴 가리게, 물 여과 등, 여러 가지 용도로 사용했다.

⑤ 우치다케打竹(라이터, 손난로)

죽통 안에 불씨를 넣은 것. 재빠르게 불을 붙이는 것이 가능하나, 불씨를 장시간 유지 못하는 것이 결점이다. 그 밖에 부싯돌도 있지만, 불꽃으로 발화시키기 때문에, 불을 붙이는데 시간이 걸린다. 추운 겨울 잠입시에는 손난로 같은 역할을 했다고 생각된다.

⑥ 가기나와鍵(갈고리 달린 로프, 수갑)

올가미를 던지는 요령으로 줄 끝에 달린 금속 갈고리를 목표물에 걸어 사용한다. 지붕 위에 올라갈 때나, 성 주위의 수로를 건널 때에 사용한다.

에도시대에는 범죄인을 체포하는 것을 '포박하다'라고 하는데, 줄을 사용해 상대를 억누르는 도구로도 사용할 수 있다. 낫에 긴 사슬을 달고 그 끝에 쇠뭉치를 달아 휘두르면 무기로 사용할 수도 있었다.

4) 닌자의 일곱 가지 변장忍者七変化

『쇼인기正忍記』에는 변장에 알맞은 7가지의 직업을 소개하고, 이것을 시치호데七方出라고 부르고 있다. 시치호七方라는 것은 동, 서, 남, 북, 천, 지, 인(중심)의 전방위全方位를 가리키는 것으로, 모든 상황에 대해서 임기응변으로 모습을 바꾸는 것을 말한다. 적지에 잠입하더라도 의심받지 않을 직업이 좋다. 하지만 단순히 복장을 바꾸는 것만으로는 금방 위장이라는 것이 들켜버린다. 변장한 직업에 필요한 지식이나 기술도 습득 해둘 필요가 있었다.

① 승려出家

문자 그대로 불문佛門에 들어간 사람이다. 간신勸進이라 해서 사원 건립이나 수리를 위한 기부활동이나, 탁발托鉢을 하며 포교활동이나 수행을 했다.

② 고무소虛無僧, 普化宗의 승려

통소, 삿갓을 쓰고, 칼을 휴대하는 것이 허용된 머리를 깎지 않은 선종普化宗의 승려. 창이 큰 삿갓은 얼굴을 가리는 데에는 안성맞춤이었다. 보화종의 승려는 에도시대가 되면 막부의 통제 하에 여러 지방을 자유롭게 왕래할 수 있는 특권을 받은 밀정으로서도 활약했다.

③ 슈겐도修驗道의 수도자

슈겐도의 수도자. 두건, 법의를 입고, 손에는 금속의 지팡이를 들고, 수행을 위해 산속을 돌아다녔다. 가지기도(기우제나 병을 치료하는 기도)나, 부적, 약 등을 팔며 다녔다.

④ 상인

아킨도라고도 한다. 손님이 있는 지역에 다른 지방의 상품을 운반하고, 판매하는 사람을 행상인이라 부른다. 상품에 관한 지식이나, 방언 등도 체득 해 둘 필요가 있었다.

⑤ 호가시放下師(곡예사)

'도로의 패거리'라고 불리며 곡예나 마술, 원숭이 곡예 등으로 여러 지방을 순회하는 사람들이다. '호가放下'라는 것은 불교용어로 모든 집착을 떨쳐버리는 것을 의미한다. 예술을 하면서 불법을 설파하는 호가소放下僧이 기원이라고 한다.

⑥ 사루가쿠시猿楽師134)

현재의 노가쿠能樂 배우. 신사의 건립이나 수리를 위해, 입장료를 받고 여는 노勧進能 공연을 위해 각지에서 공연이 이루어졌다. 또, 다이묘가 노能 배우를 고용하거나, 초청하였기 때문에 사루가쿠시는 전국 어디에나 있었다. 노로 대성한 간아미観阿弥, 제아미世阿弥 부자가 닌자라는 설이 있을 정도다.

⑦ 평소의 모습

특수한 직업이 아니라, 일반적인 농민이나 장인, 또는 무사로 생활했다.

(5) 지식인집단, 닌자

1) 닌자는 지식인 집단

지금까지 이가와 고카 닌자의 역사와 인술, 그리고 닌자의 도구 등에 대해서 살펴보았다. 그리고 여기에 이가, 고카 지역에 닌자가 많이 배출된 이유로 이들이 상당한 지식인 집단이었다는 점을 들 수 있다. 이가, 고카 사람들은 시노비의 일만 할 수 있었던 것이 아니라 시노비도 할 수 있었다는 것이 정확할 것이다. 이유로 이 지역의 리터러시,135) 즉 높은 식자율識字率을 들 수 있다. 이 지역은 예전부터 지식수준이 높은 곳이었다. 또한 토착무사들 중에는 지성파 정보장교 타입의 장군이 많이 배출되었다. 다키라는 곳에서는 오다 노부나

---

134) 익살스러운 동작과 곡예를 주로한 연극으로, 후에 가무·흉내 내기 등을 연기하는 노,교겐의 근원이 되는 예능.

135) Literacy: 1. 읽고 쓰는 능력·응용력 2. 활용 능력 3. 정보 수집·분석, 활용능력.

가의 가신 다키가와 가즈마스滝川一益가 나왔다. 그리고 조금 더 가면, 도요토미 히데요시의 측근 야마오카 가게토모山岡景友(후에 출가해서 山岡道阿弥로 유명)가 나온 촌락이 있다. 그리고 와다 마을에서 와다 고레마사和田惟政가 나왔다. 이처럼 고카 출신의 무장들이 많이 배출되었다.

이 지역은 문화가 개화되어 문맹률文盲率이 낮다. 일반인까지도 문자를 읽고 쓰는 것이 당연한 것처럼 생각하는 지역이다. 1882년(메이지 15)에 일본인의 문맹률 조사가 각지에서 이루어졌다. 리차드·루빈쟈는 연구서「일본인의 리터러시 1600〜1900년」(2008년)에서 흥미로운 사실을 기술하고 있다. 이 책에 의하면 이가 지역의 문맹률은 상당히 낮았다는 것이다. 이것을 가고시마 현鹿児島県, 시가 현滋賀県, 오카야마 현岡山県과 비교하고 있다. 1882년의 시가 현 여성의 문맹률은 50%로 상당히 낮았고, 남성은 10%에 불과했다. 같은 시기의 가고시마 현은 읽고 쓰기가 가능한 것은 남성은 30% 정도이며, 여성은 5% 전후로 시가 현과 비교하면 문맹률이 높았다.

일본이 메이지 이후, 신속하게 근대화가 이루어질 수 있었던 것은 문맹률이 낮은 지적인 국민들이 있었기 때문이라고 하지만, 전국적으로 균일하게 낮은 문맹률은 아니었다. 메이지 전기까지 일본에서의 식자률은 교토 주변과 도카이東海(도쿄-교토로 이어지는 해안선)·세토우치瀬戸内(혼슈, 시코쿠, 규슈를 둘러싼 긴 바다)지역이 높고, 동 일본이나 동북·남 규슈는 낮았다는 것이다.

카를로·M·포라라는 학자는 다음과 같은 흥미로운 연구를 하고 있다. 1850년 경, 지구상에서 인구의 절반 이상이 읽고 쓰기가 가능한 사회는 많지 않았다. 유럽에서 80% 이상이 글을 읽을 수 있는 사회는 스웨덴·독일(프로이센)·스코틀랜드 정도였다. 다음으로 잉

글랜드가 70% 채 안 되고, 프랑스 · 오스트리아=헝가리 제국도 60%가 안 된다. 당시 이탈리아나 스페인은 문맹률이 비교적 높은 나라로 글을 읽을 수 있는 사람은 인구의 25%정도였다. 가장 높은 것은 러시아로 문맹률이 90%이상이었다고 한다.

유럽은 남쪽으로 갈수록 문맹률이 높은 상황이었다. 여기에는 종교나 사회 경제적인 것과 관계가 깊다는 것이다. 북 유럽은 프로테스탄트[136]가 많다. 한편, 남쪽은 가톨릭교도가 많다. 가톨릭에서는 성서를 꼭 집에만 두지 않는다. 일요일에 교회에 가면 성서가 있는데다, 신부가 말씀으로 그리스도의 가르침을 전한다.

그리고 독일이나 북 유럽은 프로테스탄트이다. 프로테스탄트는 집에 있는 성서를 스스로 이해하지 않으면 안 된다. 교회를 다니는 일 없이 성서의 가르침을 익히는 것으로, 신과 자신과의 사이에 1대 1의 관계를 만드는 것이 프로테스탄트의 특징이다. 그렇기 때문에 어릴 때부터 확실하게 읽고 쓰기를 가르치고 있다.

그리고 남쪽이나 동쪽으로 갈수록 유럽은 농노제農奴制사회라는 것이 문맹률과 관계가 있다는 것이다. 대지주가 종속된 농민을 이용하여 농사를 지었다. 독자적인 자영 농민들의 비율이 낮았다. 대지주가 부리는 대로 움직이는 농노들은 글을 읽고 쓸 수 없을뿐더러, 교육도 받을 수 없는 상태였다. 그래서 러시아나 동 유럽은 문맹률이 높았던 것이다.

지금도 유럽 EU의 국가들 중에서 소득이 높은 나라는 일찍이 문맹률이 낮은 나라들이다. 1850년대 즉, 160년 전의 문맹률의 고저가 그대로 경제격차로 굳어져 오늘날까지 이어지고 있는 것이다. 아마

---

136) 16C 종교개혁 이래 로마 가톨릭 교회에 항의하여 분리한 그리스도교의 각 파.

도 1,600년에서 1,900년까지의 300년 동안 지구상에는 북 유럽을 제외하면 고카, 그리고 교토 인근 지역의 문맹률이 낮은 농촌이다. 고카 근방, 시가 현의 요카이치 시四日市市 등이 유명한데, 이 부근은 중세의 '소손惣村'이 출현한 지역이다. 일본 역사 교과서에도 나오지만 이 소손은 구성원인 마을 사람들이 규율을 정해, 강력한 자치를 행사하고 있었다.

소손의 규범에는 '1. 개를 기르면 안 된다. 1. 이권경합(과부족)의 경우에는 모두 단결한다.'와 같은 것이 적혀 있다. 700년도 더 전인 가마쿠라 시대 때부터 규율서가 있었던 것이다. 마을 안에서도 신분이 높은 농민들이 주축이 되어 만들었다고는 하지만 제정법을 농민이 정하고, 그 조문을 문자로 써서 모두 함께 읽으며 자치를 행하는 놀라운 사회다. 게다가 이 농촌질서가 600여 년이나 계속되고 있다. 공동문서共同文書로써 마을마다 약 500년 전의 고문서를 모두 가지고 살아가는 사회는 지구상에 어디를 찾아봐도 흔하지 않다.

이렇듯 고카나 이가 사람들은 문자를 알고 있었다. 교토나 나라에 가까웠으며, 여기에는 사원이나 신사가 많다. 경문経文을 익히는 것이 문자나 지식의 원천이 되었다. 중세 사람들의 교육은 실로 종교적이다. 교육을 사원에 의존하고 있다. 미나모토노 요시즈네源義経가 구라마야마鞍馬山로 들어간 이야기는 유명하지만 사원에서 수행한 것은 요시즈네만이 아니다. 중세는 무사는 물론 호족이나 상급 농민 모두 교육은 절과 신사에서 받았다. 대체로 7살에서 10살 정도에 절로 들어가 산다. 중세의 절과 신사는 신과 부처의 구별이 없었기 때문에 여기에서 끊임없이 불경을 읽는 스님과 똑같은 수행을 했다.

그런데 에도시대가 되면, 그것이 크게 변화한다. 우리의 서당에 해당하는 데라고야寺子屋가 생겨나 집에서 통학하게 되었다. 절에 자제를 살게 하는 것은 힘든 일이기 때문에 중세에는 어지간히 신분이 높거나 부유하지 않으면 교육을 받을 수 없었다. 하지만 에도시대가 되면서 데라고야가 생겨나고 이곳을 통해서 교육이 대중화되었다.

반면, 고카에서는 중세 시대부터 식자율이 높았다고 생각되는데, 이유는 일반 민가도 절과 같이 수행을 열심히 했기 때문이다. 고카에서는 평범한 집도 종종 '어디어디의 보坊'이라는 가호屋号를 가지고 있다. 가령 고카 류甲賀流 닌자 도장道場인 모찌즈키 가望月家는 '혼지쯔보本日坊'라고 한다. 산에서 수련할 때 기거하는 '슈쿠보宿坊(참배자가 묵는 절의 손님방)'의 형식을 취하고 있다. 일반인들이 수련하듯 경문을 읽었다. 경문은 한문으로 되어 있기 때문에 읽고, 이해하는 것이 어렵다. 그러나 고카에는 그것을 이해할 수 있는 사람이 많이 있었다.

게다가 고카 지역에는 호족들이 '소惣'라는 연합체를 만들어 자치를 행하고 있었다. 알려진 듯이 고카 지역의 토착 무사들이 연합해서 결속단체를 만들어 자치를 행했으며, 외부의 침략에 대비했다. 그리고 고카의 토착 무사들은 개인 성채를 가지고 있었다. 가로세로 50미터 정도의 정방형正方形의 땅에 5미터에 가까운 토벽土壁으로 둘러싼 무사주택이다. 이것이 촌락마다 한두 채가 있었는데, 그곳에 기거하며 각자가 고손郷村을 지배하였다.

무로마치시대室町時代부터 전국시대의 고카는 토착 무사의 소우주小宇宙와 같은 세계였지만, 결코 폐쇄된 세계는 아니었다. 무로마치 막부가 소란스러울 때, 장군이나 조정에서 종종 이 고카의 골짜기로 피난을 왔다. 그들이 교토에서 전쟁에 패해 도망쳐 올 때마다 수도의 세련된 문화가 이곳으로 흘러들어 왔다. 수도의 정치상황이 생활에 영향을 미치기 때문에 고카 사람들은 중앙의 정치나 정보에도 민감

했다. 물론 고카에는 수련용 숙소가 흔했기 때문에 경문을 읽거나 주문을 외우는 사이에 문맹율도 낮아진 지역이었다. 거기에 수도의 세련된 문화와 중앙 정치가 유입되어 들어온 것이다. 그러는 사이 토착 무사들이 인텔리전스知的, 즉 정보활동을 하게 되었다고 보여 진다.

2) 중세형 닌자, 조시키雜色137)

중세 전기에도 이가와 고카 닌자와 같은 지식인 집단이 있었다. 이들을 조시키라 한다. 가마쿠라시대 조시키 가운데 미나모토 요리토모의 조시키가 유명하다. 조시키란 여러 가지 잡용직에 종사하는 데서 온 직명으로 고대부터 있었다. 가마쿠라의 조시키는 ①온시 조시키御使雜色, ②조자쿠 조시키朝夕雜色, ③구니 조시키国雜色 등 세 가지로 분류된다. 이중에서도 ①온시 조시키는 주군인 미나모토 요리토모의 명령을 수행하는 중요한 임무를 담당하였는데 이들은 고케닌 감시나 막부의 재정·소송과 관련된 비교적 중요한 사안을 다루는 일을 맡고 있었다. 그러나 재미있는 것은 이들에 대한 기록이 요리토모 장군기將軍期에 집중적으로 보이다가 그의 죽음 이후가 되면 사료상에서 거의 볼 수 없게 되었다는 것이다.138) 이것은 요리토모와 조시키가 긴밀한 관계에 있었다는 것을 말해준다.

이들에 대한 요리토모의 각별한 관심과 애정은 가마쿠라 막부의 역사서 『아즈마카가미吾妻鏡』에서 발견 할 수 있다. 몇 가지를 소개하면 다음과 같다.

---

137) 졸고(2010) 「일본 중세 무가사회의 결합원리에 대한 연구-미나모토노 요리토모를 중심으로-」『일어일문학』 47집.

138) 조시키에 관한 연구로는 『野田只夫(년도불명) 「封建社会に於ける雜色人の位置」『ヒストリア』8 과 福田豊彦(1969) 「賴朝雜色について」」『史學雜誌』78-3 p.6. 이 있다.

오카와 가네토大河兼任의 반란을 진압하고 가마쿠라로 돌아오려는 오토모 요시나오大友能直에게 요리토모는 반란을 진압하던 중 사망한 조시키 사와야스沢安의 사인을 규명하고 범인을 검거하고 돌아오라고 한 것이나,[139] 사망한 조시키 나리사토成里에 대해서 다년간 쌓은 공이 고케닌에 뒤지지 않는다고 치하하고, 그를 추모하는 마음에서 후손을 찾아 데려오도록 명령하는 등,[140] 요리토모의 조시키에 대한 애정과 관심을 『아즈마카가미』 곳곳에서 발견할 수 있다. 그것도 특정인에게 국한된 것이 아니라 다수였다는 점에서 요리토모와 조시키 관계는 생각보다 긴밀했었다고 할 수 있다.

주군 요리토모로부터 두터운 신뢰를 받았던 조시키는 과연 어떤 집단이었을까? 조시키는 그들의 신분을 밝힐만한 계보나 사료가 거의 없고, 대부분은 묘지名字조차 없는 자들이었지만, 개인적으로 무력을 행사할 정도의 군사력은 물론 상당한 지식을 가지고 있었다.

가마쿠라 막부는 고케닌제御家人制를 근간으로 하는 무사정권으로 장군 주변의 인적기반이라고 하면 먼저 고케닌을 꼽게 된다. 그리고 고케닌의 관리·통제야말로 막부 존립의 열쇠라고 할 수 있다. 그리고 고케닌제가 정권창출과 통치를 위해서 인위적으로 만들어진 공적인 주종관계라는 점에 대해서 이견을 제시하는 연구자는 거의 없다. 그리고 고케닌제는 요리토모와 동국무사 간에 이루어진 주종관계로서 이들은 자신과 일족의 이익을 위해서 주군을 받들지만 가신 상호간에는 특별히 연대감은 없었다.[141] 그러나 사적史的으로 주목받지 못하고 있지만, 요리토모에게 전속하면서 고케닌·교쿠다리간

---

139) 吾妻鏡, 建久元年1月6日, 同年4月9日條.

140) 吾妻鏡, 建久3年8月22日條.

141) 家永三郎(1982)『日本文化史』, 岩波書店, p.118.

진쿄下り官人과는 다른 의미에서 막부의 성립에 기여한 조시키의 존재는 관련 사료가 제한적이기는 하지만 결코 간과할 수만은 없다.

고케닌제가 막부 성립을 계기로 제도화된 공적인 주종관계라면, 조시키는 요리토모가 거병하기 이전부터 맺어진 사적 주종관계였다. 공적인 인간관계가 제도나 시스템에 의해서 움직인다고 한다면 사적인 인간관계는 신뢰가 전제된다고 할 수 있을 것이다.

요리토모는 가마쿠라를 떠날 때는 반드시 조시키를 데리고 다니면서, 만약의 사태에 대비하였던 것으로 보인다. 이처럼 요리토모는 조시키를 적절하게 이용하면서 정권창출의 기초를 닦고, 고케닌 통제에 집중하려했다. 그리고 이들은 요리토모가 거병을 하자, 어떤 형태로든 동참하여 그들의 역할을 다하였다. 이즈모 도키사와出雲時沢를 조시키 장長에 임명할 때 그 이유가 요리토모가 거병하였을 때 쌓은 공이 컸기 때문이라는 사실이 이를 증명해 준다. 그리고 조시키는 집단을 이루고 있었으며,[142] 군사적 임무를 수행함에 있어서도 고케닌과 동등하게 경쟁할 정도였다.[143]

이들에 대한 기록이 한정적이어서 제대로 된 평가를 내리기란 쉽지 않다. 하지만 이들이 요리토모 장군기에 고케닌이나 교쿠다리간진과 비교해도 전혀 부족함이 없을 정도로 큰 활약을 하였다는 것은 틀림없는 사실이며, 이들 개개인의 역량도 뛰어났다는 것이다.

실지로 조시키 가운데는 학문적 소양과 교양을 갖춘 지식인도 있

---

142) 『吾妻鏡』治承4年(1180년)12月28日條. 요리토모기에 활약한 조시키 가운데 이름을 알 수 있는 자는 13명으로 그들이 모두 요리토모의 조시키였다고 가정할 경우에 하나의 집단을 이루고 있었다고 판단하는 것도 공론은 아닐 것이다.

143) 『吾妻鏡』建久3年3月20日條. '於山内有百力日溫室, 住又諸人幷土民等可浴之由, 被立札於路頭, 是又爲法皇御追福也, 俊兼奉行之, 今日御分也云々, 平民都秉, 堀藤次等沙汰之, 以百人被結番, 雜色十人在此內云々.' 이것은 御白河法皇追福를 위해서 온실(지금의 목욕탕)을 백일 간 개방하여 여러 사람이 이용할 수 있도록 하였는데, 이곳의 경비를 100명이 맡게되었다. 이때 조시키 10명이 고케닌과 어깨를 나란히 하였다는 내용의 기사이다.

었다. 이들은 오히려 관동무사들보다 교양 면에서는 앞서 있으면서 군사력을 겸비하고 있었다. 그 실력을 알고 있던 요리토모가 적극적으로 이들을 기용했던 것은 어쩌면 당연한 일이었는지도 모른다. 가지와라 가게토키梶原景時를 총애하였던 것과 같은 맥락에서 이해할수 있을 것이다. 고케닌이 대규모의 병력을 동원할 때에 유효하였다고 한다면, 조시키는 개개인의 자질이 뛰어난 잘 훈련된 특수부대, 즉 가마쿠라시대의 닌자집단이었다고 할 수 있을 것이다.

이들이 군사적 능력과 교양을 갖추고 있음에도 불구하고, 이들 대부분이 토지와 묘지名字[144]를 갖고 있지 않다는 것 때문에 주목을받지 못하고 있는 것은 사실이다.[145] 하지만 이들 중에는 이즈모 도키사와・요시노 사부로吉野三郎・아다치 신자부로安達新三郎처럼 묘지를 가진 자들도 있었다. 따라서 조시키 집단을 하나의 기준으로 보는 것이 아니라 조금 더 다양한 관점에서 파악할 필요가 있지 않을까? 요리토모와 주종관계를 맺은 무사라면 미우라三浦・치바千葉・오야마小山 씨와 같이 대규모의 족적기반을 가지고 있는 호족무사나보잘 것 없는 시골 출신 무사 모두를 고케닌이라고 부르고 있는 것을 감안하면 조시키도 여러 형태가 있었다는 것을 전제로 해야 할것이다.[146]

---

144) 지방에서 성장한 무사들은 자신들의 거관(居館)을 중심으로 영지를 형성하는데 이것을 혼료(本領)이라고 부른다. 혼료는 조상의 무덤이나 조상신이 모셔져 있어, 일족의 결속력을 다질 수 있는 토지였다. 이 혼료를 거점으로 삼으면서, 무사는 본래의 성(姓)과는 다른 혼료의 지명을 묘지로 사용하게 되었다. 이런 묘지 발생의 토지를 '묘지의 기원이 되는 토지(名字地)'라고 부른다. 헤이안시대에는 국아(國衙)의 명부에 묘지를 등록하게 됨으로서 무사라는 신분이 승인되었다. 따라서 묘지를 사용한다는 것은 무사로서의 특권이며, 가마쿠라 막부법을 보면 무사에게 '묘지를 삭제한다(名字を削る)'한다는 명예형(名譽刑)도 있었다.

145) 福田豊彦는 '이들이 확실한 토지를 가지고 있지 못한 부랑인들과 같은 존재"라고 인식하고 있다. (전게주 139)의 논문, p.6.

146) 文治3年 고시라가와(後白河)법황과 귀족들을 상대로 힘겨운 외교교섭을 마치고 가마쿠라로 돌아오면서 호조 도키마사(北條時政)는 라쿠추케고(洛中警固)를 이유로 일족 헤이로쿠 도키사다(平六時定)를 책임

묘지란 족적기반을 두고 있는 토지에서 비롯된 경우가 많기 때문에 고케닌의 경우는 대부분이 묘지를 사용하고 있었던 반면 토지를 가지지 않았던 조시키의 경우 굳이 묘지를 사용할 필요성이 없었을는지도 모른다. 그러면 이들이 고케닌이 되고자 하는 노력은 하지 않았을까? 필자는 고케닌이 아니더라도 자신의 능력을 인정해 주는 주군 요리토모가 있었고, 요리토모로부터 절대적인 신뢰를 받고 있었기 때문에 이들은 형식적인 관계인 고케닌보다는 실제적인 인간관계에 만족하고 있었던 것으로 생각한다.

고케닌제는 가마쿠라 막부를 대표하는 공적인 주종관계이며 이를 통해서 족적기반인 토지를 보전할 수 있는 수단이었을 뿐이지 고케닌이 된다는 것이 반드시 요리토모로부터 인정을 받았다는 것을 의미하는 것은 아니었다. 즉 고케닌이 되었다고 해서 입신출세를 의미하는 것은 아니었다. 오히려 대부분의 조시키는 고케닌들을 통제하고 단속하는 자신들의 입장에 만족하였는지도 모른다.[147] 적어도 요리토모 장군기는 그랬던 것 같다.[148]

고케닌이 대규모의 병력을 동원할 때에 유효하였다고 한다면 조시키는 오다 노부나가織田信長의 친위대[149])와 같이 요리토모가 의도하는 대로 움직이는 잘 훈련된 특수부대였다고 생각한다.

이처럼 조시키의 사례를 통해서 요리토모 장군기의 막부는 제도

자로 하는 35명의 병력을 남겨두고 온다. 이때 교토에 남은 자들의 이름을 보면 관직이나 제대로 된 묘지(名字)를 가진 자는 일족인 '헤이로쿠 도키사다'와 「아즈사신다이후(あづさ新大夫)」정도였다. (『吾妻鏡』동년3월27일 조)

147) 졸고(2005) 「가마쿠라 막부의 측근정치에 관한 고찰」 『일본어문학』제30집, p8.

148) 山本邦雄는 '요리토모 생존 중에는 활약이 두드러지다가 그 후 (역사 속에서)모습을 감추어 버린 조시키는 요리토모에게 있어서는 신뢰할만한 측근세력'으로 보고 있다. 동씨(1998) 『頼朝の精神史』講談社, p178.

149) 谷口克廣(1998) 『信長の親衛隊』中公親書, 中央公論新社.

나 시스템이 아니라 '인간관계'에 의해서 움직이고 있었다는 것을 다시 한 번 확인할 수가 있었다.

마지막으로 초기 막부는 '인간관계'가 중요하게 작용하고 있었다는 것을 알 수 있는 사료를 하나 소개하기로 하자. 이것은 막부의 행정을 담당하는 만도코로政所가 업무를 시작하면서 장관인 오에노 히로모토가 내린 「만도코로쿠다시부미政所下文」에 대해서 유력 고케닌 지바 쓰네타네千葉常胤가 재발급을 요구한 내용이다.[150]

> "만도코로의 구다시부미(下文)는 직원(家司)들의 서명에 불과한 것이므로 이것을 가지고는 후대에 자랑거리로 삼을 수 는 없다. 내 것만은 별도로 장군가(=요리토모)의 직필이 찍힌 구다시부미를 달라! 그러면 그것을 자손대대의 귀감으로 삼고 싶다"

이것은 장군과 고케닌의 관계가 얼마나 개인적인 것이었는지를 짐작케 한다. 일개 장관의 이름으로 발행된 구다시부미로는 고케닌들의 마음을 얻기가 어려웠다는 것을 의미한다. 이것은 아직까지 동국무사들의 의식 속에는 시스템에 의한 정권운영이라는 관념이 희박하였다는 것을 말해준다.

요리토모는 정권 초기에 겪게 되는 인재난과 정권의 불안정함을 극복하기 위해서 인간관계에 기반을 둔 통치방법을 선호하지 않을 수 없었다. 고케닌 상호간에 존재하고 있던 대등의식의 고취도 정권 초창기의 한계를 극복하는 데는 효과적이었지만, 인재 선발기준은 철저하게 개개인의 능력을 보고 결정하며 그 판단은 오로지 요리토

---

150) 吾妻鏡、建久3年(1192) 8月5日條. '今日政所始(中略)千葉介常胤先給、御下文、而御上階以前者、被敏御判於下文、被始置政所之後者、被召返之、被成政所下文之処、常胤頗確執、謂政所下文者、家司等署名也、難備後鑑、於常胤分者、別被訓置御判、可為子孫末代亀鏡之由申請之、仍如所望云々.'

모가 함으로서 인사를 둘러싼 고케닌들의 불만을 불식시키는 효과가 있었다.

새로운 시대로의 이행을 갈구하는 사회적 요망에 부응하는 형태로 등장한 가마쿠라 막부는 선례가 없는 획기적인 사건이었다. 그러나 본보기가 없는 최초의 무가정권은 처음부터 귀족정권의 적대자로써, 귀족정권을 타도할 목적으로 일어난 것이 아니라 고대적 정치체제를 모태로 하면서 무가적 정치 형태와 통치방식을 만들어 나갔다. 막부의 성립과 발전과정에는 수많은 인간관계가 녹아들어있었으며, 정치권력 주변에는 항상 일정치 않은 다양한 계층, 성향의 인물들이 등장하여 정권유지를 위한 노력을 경주하여 왔으며, 정권 창출과 유지를 위해서는 명분이나 실리, 그리고 정통성만이 작용하는 것도 아니고, 제도나 시스템이 정치를 움직이는 것 역시 아니었다. 정치는 인간관계에 의해서 움직이고 있었다는 것을 요리토모 장군기를 통해서 확인할 수 있었다.[151]

---

151) 上杉和彦(2003)『源頼朝と鎌倉幕府』新日本出版社, pp166－167.

후기

    사람도 그렇지만 한 사회나 국가를 이해하기 위해서는 우선 '관심'을 가져야 한다. 일본은 거리상으로나, 정서적으로나 우리와 가장 가까운 이웃이다. 이웃사이는 항상 즐겁고, 좋은 것만은 아니다. 때로는 견제하고, 이기려고 하면서 살아왔다. 이것은 한일관계뿐만 아니라 유럽의 역사를 보더라도 마찬가지이다. 중국과 베트남 관계도 그랬다. 이웃 간에는 다툴 수는 있지만, 동반자관계를 구축하는 것이 중요하다. 더불어 살아가기 위해서는 상대에 대한 '관심'이 필요하다.

    일본인들은 봉건제 사회였던 에도시대와 근대 메이지시대를 다음과 같이 표현하면서 두 시대를 이미지하고 있다. 봉건시대를 '상투튼 머리를 두들기면 완고고루頑固固陋한 소리가 들린다.', 반면, 일본을 세계사의 주변국에서 강국으로 변화시킨 메이지 근대국가를 '서양식 머리를 두들기면 문명개화하는 소리가 들린다.'고 표현할 만큼 일본인들은 봉건제 사회를 고리타분하고 발전이 없는 사회로, 근대를 스스로 문명사회로 진입해서 단기간에 세계강국이 된 것에 대한 자긍심과 찬사를 보내는 상반된 평가를 가지고 있었다.

일본은 개국 이후, 문화 유입은 유럽으로부터의 유입이 압도적 우위를 차지했다. 이것은 오랫동안의 봉건적 억압과 인습으로부터 일본인들을 해방시키고, 공장과 철도, 우편, 학제가 도입되면서 서구화의 생활양식을 가능하게 만들었다. 그러나 한편으로는 전통문화를 무시하거나 홀대하는 경향이 생기면서 서구화만이 능사라고 믿는 사회적 풍조가 생겨나기도 했다.

메이지 근대화가 일본을 아시아의 새로운 강국으로 부상시킨 개혁의 시대이며, 일본인들이 자국의 역사 가운데 세계를 상대로 자신감을 가지게 만든 시대로 인식하고 있는 점에 대해서는 이견異見이 없다. 그러나 일본문화를 연구하는 입장에서 보면 상대적으로 평가 절하되고 있는 봉건사회는 외래문화의 영향을 최소한으로 받으면서 지금의 전통문화가 확립된 시대였다는 점에서 주목할 필요가 있을 것이다.

역사학자 세키 유키히코關幸彦는 일본의 중세를 '선례가 될 만한 모델이 없는 시대'라고 말한다. 이것은 고대는 중국과 한반도로부터의 영향이, 근세와 근대는 서양과의 만남이 결정적으로 작용하였으며 당시 일본은 이들 지역과 국가를 모델로 했던 반면, 중세는 참고할만한 모델이 없이 시작된 것이라는 것을 표현한 말이다. 일본의 무사시대는 이렇게 시작된 것이다. 이후 700 여년이라는 세월을 지배해 온 무사와 관련된 역사, 전통과 생활문화, 사회조직과 행동패턴, 사고방식을 빼고 일본, 일본인, 그리고 일본사회를 이야기 한다는 것은 불가능하다.

자신의 이름 석 자가 박힌 책을 낸다는 것이 부담스럽고, 조심스럽기만 하다. 매년 숙제 하듯이 1편의 논문을 쓰면서 어느 정도의 맷집이 생긴 것 같기는 한데, 그래도 불안하다. 그럼에도 불구하고 책 출판을 결심하게 된 것은 지난 몇 년 간 힘들고, 고통스러운 시간을 잘 견디어 준 반려伴侶에게 작은 위안이 되었으면 하는 마음에서이다. 의사라면 병을 낫게 하는 약을 처방하고, 수술을 할 테지만 내가 할 수 있는 것이라고는 이것 밖에 없다는 생각에 결심하게 되었다. 구성이나 완성도 등, 부족한 구석이 많은 부끄러운 첫 경험이지만, 이것이 시작이라는 마음으로 용기를 내어본다.

부경대 연구실에서
2017년 12월 신 종 대

참고문헌

제1부

1장

이성형(2003) 『콜럼버스가 서쪽으로 간 까닭은?』 까치.

오세영(1993) 『베니스의 개성상인 1,2,3권』 장원.

주경철(2002) 『문명과 바다』 산처럼.

이토 아비토 지음/임경택 옮김(2009) 『일본 사회 일본 문화』 소와당.

関幸彦(2008) 『武士の時代へ』 NHK出版.

日本史教育研究改編(2002) 『日本の歴史』 山川出版会.

松田 毅一/E・ヨリッセン(1983) 『フロイスの日本覚書』 中央公論社.

村井章介(1988) 『アジアのなかの中世日本』 校倉書房.

_____(1993) 『中世倭人伝』 岩波書店.

エドウイン・O・ライシャワー/福島正光訳(1990) 『ザ・ジャパニーズ・トウデイ』 文芸春秋社.

http://www.karakusamon.com/orient/mugi_yagi.html

2장

1979년 10월 7일자 『한국일보』 등.

곽차섭(2003) 『조선 청년 안토니오 코레아 루벤스를 만나다』 푸른역사.

이병수(1988) 「朝鮮の姓ー韓国・北朝鮮の現行制度を中心にー」 黒木三郎外編 『家の名・族 の名・人の名』 三省堂.

주경철(2009) 『문화로 읽는 세계사』 사계절.

캐롤라인 알렉산더(2003) 『인듀어런스 어니스트 새클턴의 위대한 실패』 뜨인돌.

데이비드 코드 머레이 지음. 이경식 옮김(2001) 『바로잉(원제 Borrowing Brilliance』 흐름 출판.

網野徹哉(1992) 「インデイオ・スペイン人・『インカ』 歴史学研究会編 『南北アメリカの五百年「他者」との遭遇』 青木書店.

網野善彦(2001) 『日本とは何か』 講談社.

石川英輔(1997) 『大江戸生活事情』 講談社.

上杉和彦(2003)『源頼朝と鎌倉幕府』新日本出版社.

黑木三郎 편(1988)『家の名・族の名・人の名』三省堂.

関幸彦(2008)『武士の時代へ』NHK出版.

日本史教育研究会編(2016)『日本の歴史』新泉社.

福田以久生(1995)『武者の世』吉川弘文館.

山口正之(1967)『朝鮮正教史』雄山閣.

3장

구태훈(2009)『일본사 파노라마』재팬리서치21.

이영・연민수(2000)『일본고중세사』한국방송통신대학교출판부.

다케미쓰 마코토(2007)『3일 만에 읽는 일본사』서울문화사.

小和田哲男監修(2000)『すぐわかる日本の歴史』東京美術.

関幸彦(2008)『武士の時代へ』NHK出版.

東京外国大編(1995)『留学生のための日本史』山川出版社.

日本史教育研究会(2002)『Story 日本の歴史』山川出版社.

日本史教育研究会編(2016)『日本の歴史』新泉社.

本郷和人(2018)『日本史のツボ』文芸春秋社.

제2부

1장

신종대(2012)「중세 일본의 묘지와 나마에 연구」『일어일문학』54집.

이병수(1988)「朝鮮の姓―韓国・北朝鮮の現行制度を中心に―」 黑木三郎 外 編『家の名・族の名・人の名』三省堂.

家永三郎(1982)『日本文化史』岩波書店.

石川英輔(1997)『大江戸生活事情』講談社.

磯田道史(2013)『歴史の読み解き方』朝日新聞出版

笠松和比古(1993)『士(サムライ)の思想―日本型組織と個人の自立―』日本経済新聞社.

_____(2003)『武士道その名誉の掟』教育出版.

_____(2007)『武士道と日本型能力主義』新潮社.

八番和郎監修(2016)『別冊宝島2527 江戸三百藩の家計簿』宝島社.

https://search.yahoo.co.jp/image/search?ei=UTF-8&p=%E8%B8%8F%E3%81%BF%E7%B5%B5

2장

『早雲寺殿 21箇條』

小和田哲男(1990) 『日本史小百科 武将』 近藤出版社.

鈴木大拙著, 北川桃雄訳(2001) 『禅と日本文化』 岩波書店.

歴史の謎を探る会編(2008) 『江戸の武士の朝から晩まで』 河出書房新社.

3장

『吾妻鏡』(1989) 吉川弘文館.

신종대(2005) 「가마쿠라 막부의 측근정치에 관한 고찰」 『일본어문학』 30집.

_____(2010) 「일본 중세 무가사회의 결합원리에 대한 연구-미나모토노 요리토모를 중심으로-」 『일어일문학』 47집.

家永三郎(1982) 『日本文化史』 岩波書店.

伊賀忍者研究会編(2016) 『忍者の教科書』 笠間書房.

上杉和彦(2003) 『源頼朝と鎌倉幕府』 新日本出版社.

谷口克廣(1998) 『信長の親衛隊』 中公親書, 中央公論新社.

野田只夫(년도미확인) 「封建社会に於ける雑色人の位置」 『ヒストリア 8』

福田豊彦(1969) 「頼朝雑色について」 『史學雑誌』.

山田雄司(2016) 『忍者の歴史』 KADOKAWA.

신종대 ────────────────────────

일본 도호쿠東北대학에서 일본사 전공으로 석사, 박사 학위를 취득하고,
2002년부터 부경대학교 인문사회과학대학 일어일문학부 교수로 재직 중이다.
일본중세사가 전공이며, 최근에는 일본생활문화사, 일본의 친족명칭과 양자제도에 깊
은 관심을 가지고 있다.
주요 논저로『일본학의 지평』(공저),「가마쿠라 막부의 측근 정치에 관한 고찰」,「武家
政權における側近政治の硏究」,「鎌倉幕府の人的ネットワークに關する一考察」,「일본 중
세 무가사회의 결합원리에 대한 연구」,「가마쿠라 호조의 인적결합과 의제적 친족관계」,
「중세 일본의 묘지와 나마에 연구」,「중세 무사의 이름과 권력의 상관관계 연구 -묘지
(名字)를 중심으로-」,「鎌倉時代 武家의 惣領繼承과 假名(게묘) 硏究」,「친족명칭과 이
름을 통해서 살펴본 鎌倉시대 武家의 지배원리」,「일본 전근대 시대별 무사 연구 -가마
쿠라와 에도시대 무사를 중심으로-」,「무사의 이름체계 연구」 등이 있다.

해양국가 일본, 그리고 사무라이

초판인쇄 2019년 02월 25일
초판발행 2019년 02월 25일

지은이 신종대
펴낸이 채종준
펴낸곳 한국학술정보㈜
주소 경기도 파주시 회동길 230(문발동)
전화 031) 908-3181(대표)
팩스 031) 908-3189
홈페이지 http://ebook.kstudy.com
전자우편 출판사업부 publish@kstudy.com
등록 제일산-115호(2000. 6. 19)

ISBN 978-89-268-8673-1 13330